【无形期货实战系列】

一年十倍的

期货操盘策略（七）：期货实盘操作解析

无　形◎著

中国经济出版社
CHINA ECONOMIC PUBLISHING HOUSE
·北 京·

图书在版编目（CIP）数据

一年十倍的期货操盘策略．七，期货实盘操作解析／无形著．
—北京：中国经济出版社，2020.3
ISBN 978－7－5136－5861－4
Ⅰ.①一…　Ⅱ.①无…　Ⅲ.①期货交易—基本知识　Ⅳ.①F830.9
中国版本图书馆 CIP 数据核字（2019）第 187122 号

责任编辑　耿　园　余静宜
责任校对　李若雯
责任印制　巢新强
封面设计　任燕飞工作室

出版发行　中国经济出版社
印 刷 者　北京力信诚印刷有限公司
经 销 者　各地新华书店
开　　本　710mm×1000mm　1/16
印　　张　18.25
字　　数　296 千字
版　　次　2020 年 3 月第 1 版
印　　次　2020 年 3 月第 1 次
定　　价　68.00 元
广告经营许可证　京西工商广字第 8179 号

中国经济出版社　**网址** www.economyph.com　**社址** 北京市东城区安定门外大街 58 号　**邮编** 100011
本版图书如存在印装质量问题，请与本社销售中心联系调换（联系电话：010－57512564）

前　言

一图一世界

在与读者朋友进行交流的时候，常会听到这样的问题：我是应当看分时图还是应当看K线图呢？我进行日内投机操作，应当看1分钟K线还是3分钟K线呢？1分钟K线在上涨，但3分钟K线却在下跌，这该怎么办呢？

其实，一图一世界，你非要把两个不同的世界放在一起，又怎么可能有好的融合呢？

分时图有它的好，K线图有它的妙！分时图简单整洁，没有上下影线的干扰和多个指标之间的矛盾，留给投资者的是最朴实的走势数据。而K线图则可以综合反映市场信息，再加上副图中各个指标的帮助，可以更全面地看透价格波动的每一个细节，但对投资者的综合运用能力有要求。所以，在交易经验不多、心态容易混乱的情况下，建议多看看分时图，因为你不可能像K线图一样随时调整周期，分时图的界面只有一个选择，当你没有那么多选择的时候，心反而会静下来，这就是分时图的奥妙。而K线图则可以带你进入另一个世界，这个世界包罗万象、内容更加丰富，你想要的它都有，但许多人却用不好，因为丰富的内容反而成了此时的枷锁，让人眼花缭乱。多个指标选择谁？多种周期选择谁？眼越花心越乱。而当你战胜了自己，K线图的美好世界就又呈现在了你的眼前。

所以，到底是选择分时图来看还是K线图来看呢？先看分时图！看过关了，再看K线图！

该选什么周期操作呢？这个周期在涨，那个周期在跌，怎么处理？两个世界没有“怎么处理”的说法，只有选择其中一个的做法！这个周期在涨，你去做多即可，你又不在另一个周期上操作，它下跌又如何？你决定了在什么周期做，就请关注这个周期上的问题，而不要理会其他周期，否则就是自寻烦恼！

三千世界，各自缤纷，请选择你想留下的那个世界，好生地守护着它就可以了。千万不要吃着碗里的，看着锅里的，想着盆里的，挂念着缸里的。交易的烦恼其实就是选择太多：品种的选择、方法的选择……返璞归真，只有一个世界，心也就清静了许多。

一图一世界，任何一个世界都有它的美好，不要对比，不要分好坏，只有适不适合！

为了感谢各位读者朋友的一贯支持，笔者每周二、周四还有期货投资技巧公开培训视频课程，欢迎各位读者朋友持续学习，不断提升自己的实战能力！周一、周三、周五还有其他资讯，如交易机会提示、各品种当前强弱力度排名、实战操作技巧图例讲解等，欢迎大家阅读！

同时，凡购买《一年十倍的期货操盘策略》系列书籍的读者朋友，均可与我方联系，获得以下两个福利：

1. 联系助教免费领取随书赠送的20个期货投资技巧教学视频，以帮助您进一步加深对市场的理解！

2. 免费参与周末现场特别培训课程。此培训为面授，需要各位读者朋友自行前往笔者所在城市。

笔者团队联系方式：

QQ：987858807［李助教（领取视频及技术交流答疑）］

电话：13810467983、18588880518（可加微信，请注明为读者）

扫码加微信：

无　形

2019年6月28日

目录
CONTENTS

第1章　2019年6月3日实盘解析：跌停万不可做多

无形：

进行日内操作，第一件事就是要在8:59和20:59对开盘或夜盘已有的数据进行分析，以此确定当时市场的整体环境，包括涨跌家数的对比、涨跌幅度的对比、涨跌幅居前的品种中有没有形成板块的，由此确定当天的操作方向和最适合操作的目标品种。

内部培训学员李天志：

我之前看过您的《一年十倍的期货操盘策略》1~6册，而后又参加了您的内部核心培训课程，全面且系统地学习到了您创立的盘面多空分析技术。在此之前，这个市场中从未有人讲解过这方面的分析方法。通过学习，我现在对每天盘面的多空判断有了基本的了解，该做什么、该怎么去做都非常清楚。盘面多空判断可以向投资者透露出这样的信息：什么是当天的主流、今天应当采取激进还是稳健的操盘手法、今天有可能的获利幅度有多大等。这些信息如果仅看K线走势是根本无法得出答案的，真是感谢您为我们带来了这么多独特、实用且简单易学的实战方法。

无形：

许多投资者在实盘操作中会处于一团混乱的状态，其中的主要原因就是没有对当前市场的多空状态进行准确的定性，在多头市场中一直做空，或是在空头市场中一直做多，结果反复被打止损。该对龙头品种进行操作时，却选择了当天力度不强的跟风品种进行操作，结果收益率和别人比差了一大截。

2019年6月3日的实盘走势非常经典，通过对这一天的走势进行跟踪式决策分析，可以使投资者明白当有跌停品种出现时该如何进行正确的操作。

既然您看过《一年十倍的期货操盘策略》丛书，请说一下图1-1这一天早开盘时的数据意味着什么？

代码	序	名称	最新	涨跌	↑涨幅
sc1907	1	原油1907	431.4	-30.6	-6.62%
j1909	2	焦炭1909	2133.0	-50.0	-2.29%
bu1912	3	沥青1912	3064	-62	-1.98%
ru1909	4	橡胶1909	11940	-240	-1.97%
sp1909	5	纸浆1909	4780	-86	-1.77%
TA909	6	PTA 1909	5282	-92	-1.71%
MA909	7	甲醇1909	2391	-37	-1.52%
eg1909	8	乙二醇1909	4438	-64	-1.42%
p1909	9	棕榈1909	4420	-56	-1.25%
fu1909	10	燃油1909	2636	-29	-1.09%
ni1907	11	沪镍1907	97650	-890	-0.90%
l1909	12	塑料1909	7735	-70	-0.90%
y1909	13	豆油1909	5450	-48	-0.87%
pp1909	14	PP1909	8169	-68	-0.83%
jm1909	15	焦煤1909	1386.5	-11.5	-0.82%
CF909	16	棉花1909	13400	-110	-0.81%
SF909	17	硅铁1909	5844	-42	-0.71%
zn1907	18	沪锌1907	20590	-135	-0.65%
cu1907	19	沪铜1907	46160	-200	-0.43%
rb1910	20	螺纹1910	3754	-15	-0.40%
RM909	21	菜粕1909	2509	-10	-0.40%
SM909	22	锰硅1909	7394	-28	-0.38%
m1909	23	豆粕1909	2912	-9	-0.31%
OI909	24	菜油1909	7059	-16	-0.23%
AP910	25	苹果1910	9650	-16	-0.17%
SR909	26	白糖1909	4945	-6	-0.12%
v1909	27	PVC 1909	6825	-5	-0.07%
CJ912	28	红枣1912	10435	-5	-0.05%
al1906	29	沪铝1906	14155	-5	-0.04%
ZC909	30	动煤1909	574.6	1.0	0.17%
FG909	31	玻璃1909	1381	3	0.22%
hc1910	32	热卷1910	3644	11	0.30%
jd1909	33	鸡蛋1909	4502	19	0.42%
ag1912	34	白银1912	3586	16	0.45%
au1912	35	黄金1912	295.45	3.25	1.11%

图 1－1　2019 年 6 月 3 日 08:59 涨跌排行榜

内部培训学员李天志：

从涨跌家数的对比来看，下跌的家数远多于上涨的家数，这说明当天的盘面处于明显的空头状态，因此，这一天应当以做空为主。从跌幅前五名的品种来看，能源化工板块是当天空方的龙头，因此，应当对该板块进行做空的操作。而从上涨的前五名来看，品种较乱，没有能够像下跌的品种一样形成明显的板块结构，这意味着做多的难度会大一些。

无形：

下跌家数多，并且下跌幅度大，意味着空方力量占优势，因此，要积极地进行做空操作。由于原油夜盘开盘时间较晚，在其他能源化工品种收盘之后，原油继续在盘中下跌并且出现了较大的跌幅，所以，开盘后要留意能源化工其他品种的补跌。当然，这种补跌是没有任何交易机会的，根据历史经验，往往是一开盘就以跳空向下的方式展开。

虽然有少量的上涨品种，但一是数量少，二是幅度小，三是没有形成板块，说明多方力量不足且呈散沙状。因此，做多肯定是不合适的。

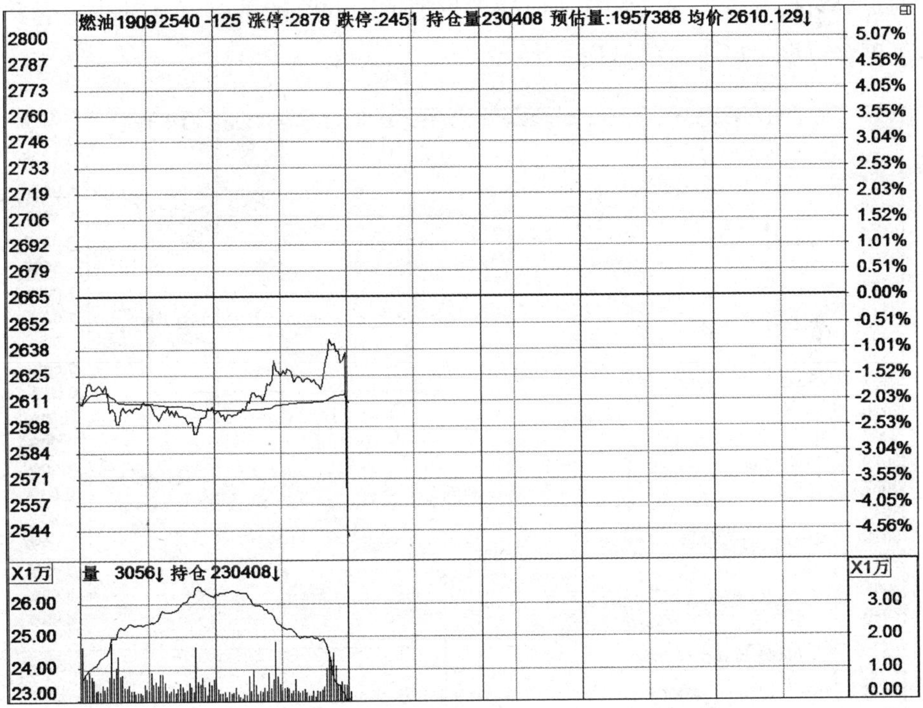

图1-2 燃油1909合约2019年6月3日走势图

既然能源化工是当天的主流品种，我们来看一下图1-2中09:00开盘时跌幅第二名的燃油的表现。之所以不看跌幅第一的原油，是因为它离跌停的价格很近，虽然跌幅是最强的，但已失去了操作的空间。

燃油一开盘果然一步到位，08:59的数据是下跌1.98%，一开盘就到了下跌4.56%的位置，面对这种走势该如何处理？

内部培训学员李天志：

一下子跌了这么多，肯定不能去追了，万一下跌一步到位之后开始连续反弹，结局就不好了。

无形：

既然不能在刚开盘时进行操作，就应当在价格出现反弹时再做，此时的交易策略就是死等反弹出现。只要不出现反弹，不管怎么下跌都不去追。

一开盘，日盘的走势与夜盘的走势出现了“断档”现象。因此，夜盘的走势对投资者来说是没有任何参考价值的，此时能做的就是等待，等有了更多数据之后再进行操作。

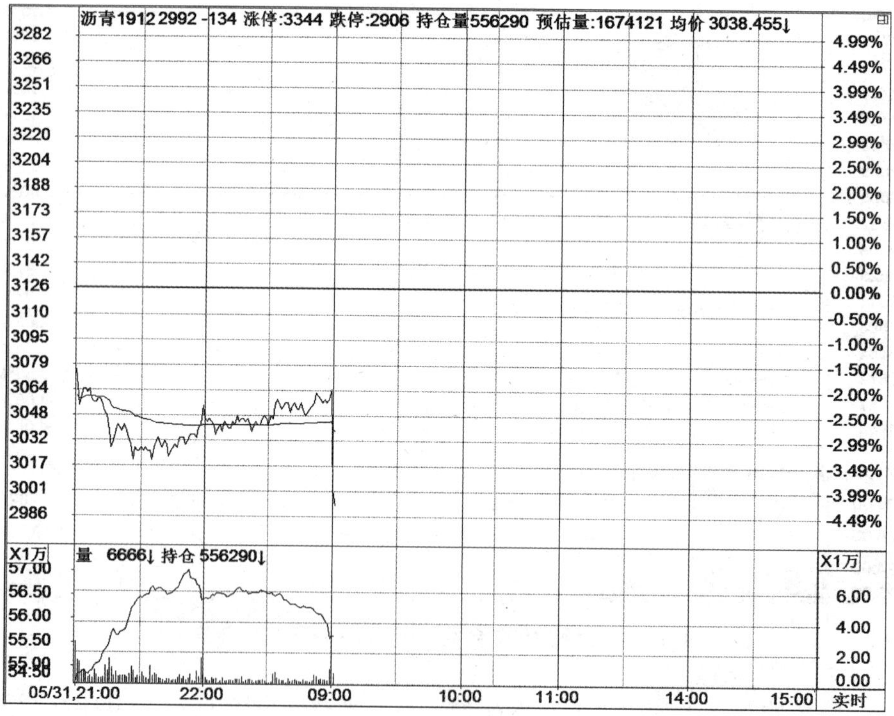

图1-3 沥青1912合约2019年6月3日走势图

在图1-3中，沥青开盘时价格直接跳空，一步到位，跌幅也超过了4%。如果抛开跌幅大小的因素，只看沥青与燃油的分时图走势，谁更适合在夜盘期间进行做空操作呢？

内部培训学员李天志：

应当是沥青夜盘的数据更适合做空。开盘后的下跌过程中，沥青的走势比燃油要强。下跌过后的反弹过程中，燃油上涨的劲头更足，而沥青反弹的力度则较弱；燃油创新高，沥青则连开盘时的高点也没有突破。所以，如果仅从夜盘数据来看，沥青是最好的目标对象。

无形：

开盘之后，沥青也是跳空至低点，虽然它的跌幅在盘中一度大于燃油，但日开盘的跌幅却小于燃油。由于二者开盘的走势高度一致，都是直接跌下来，因此，采取的交易策略也一样：耐心等待反弹出现之后进行做空的操作。

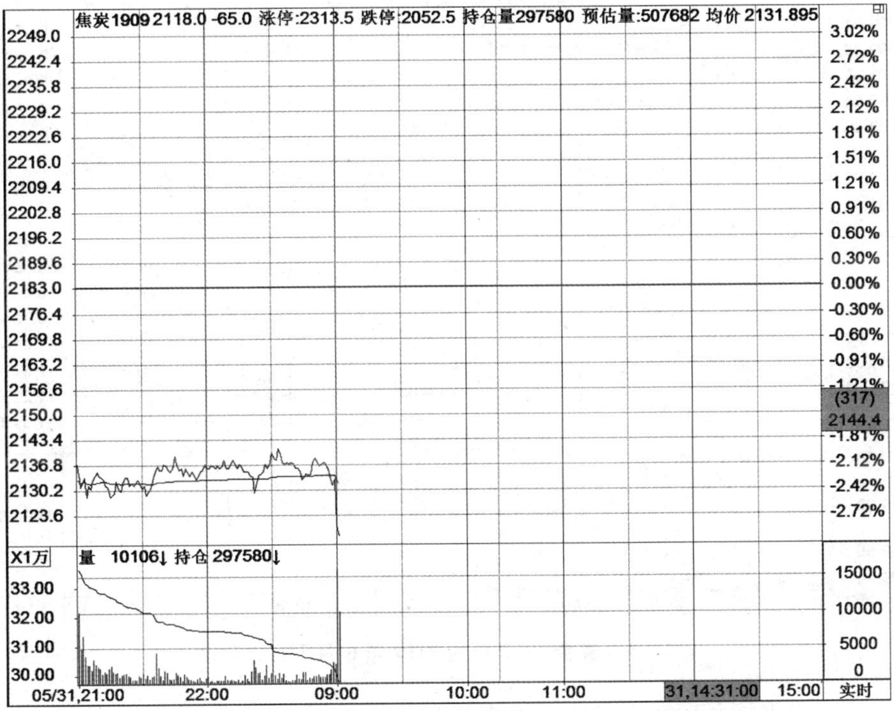

图1－4　焦炭1909合约2019年6月3日走势图

焦炭是黑色系板块中最活跃的一个品种，非常容易跑到涨跌幅的前列。虽然黑色系板块在这一天并没有全部进入跌幅前列，但由于焦炭跌幅靠前，因此也有必要看一下图1－4中它的走势。

内部培训学员李天志：

焦炭的走势与燃油、沥青一样，都是开盘后直接跳空，只不过跳空的幅度略小一些。从夜盘的走势来看，焦炭并没有什么活跃波动的迹象，所以，我认为焦炭开盘时的交易策略也与燃油、沥青一样，都要等一会儿再说。

无形：

因为焦炭低开后的幅度不大，所以后期存在机会的可能性比较大，毕竟空间没有被透支。操作上一定要等反弹出现再说。如果反弹幅度大则使用逢高做空的手法操作，如果反弹幅度小则用突破的方法进行操作。

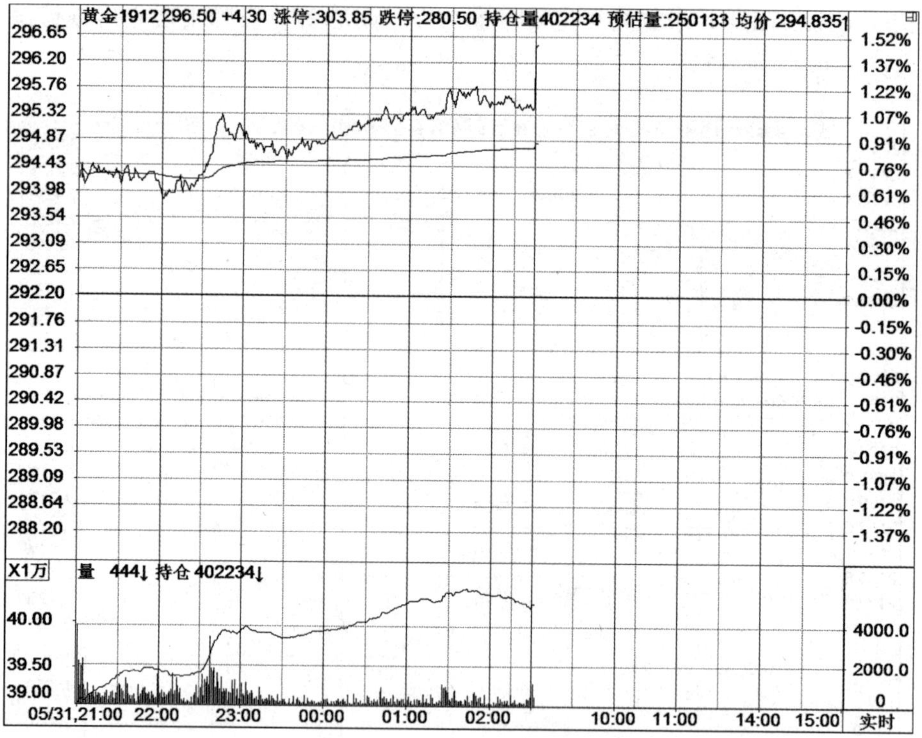

图1－5　黄金1912合约2019年6月3日走势图

这一时期，中美之间发生经贸摩擦，能源化工板块大受影响，同时，不稳定的局势使得黄金的避险功能再次发挥，因此在能源化工板块大幅下跌时，黄金出现了上涨。在图1－5中，开盘后黄金便出现了高开的走势，这种走势与能源化工品种一致：由于开盘后的价格位置没有任何介入点，因此，只能等后期出现调整走势之后再进行操作。

内部培训学员李天志：

今天的盘面是明显的空头，所以，虽然黄金的价格从夜盘开始一直在涨，但我认为它并不是好的目标品种，只能作为替补，当做空的品种全部没有机会的时候，才可以考虑对它进行操作。

无形：

思路完全正确。之所以看黄金的表现，就是因为它是涨幅的第一名。

代码	序	名称	最新	涨跌	↑涨幅
sc1907	1	原油1907	429.6	-32.4	-7.01%
fu1909	2	燃油1909	2528	-137	-5.14%
MA909	3	甲醇1909	2312	-116	-4.78%
bu1912	4	沥青1912	2986	-140	-4.48%
TA909	5	PTA 1909	5170	-204	-3.80%
CF909	6	棉花1909	13070	-440	-3.26%
j1909	7	焦炭1909	2119.5	-63.5	-2.91%
sp1909	8	纸浆1909	4726	-140	-2.88%
pp1909	9	PP1909	8011	-226	-2.74%
ru1909	10	橡胶1909	11865	-315	-2.59%
CJ912	11	红枣1912	10170	-270	-2.59%
eg1909	12	乙二醇1909	4396	-106	-2.35%
l1909	13	塑料1909	7650	-155	-1.99%
SF909	14	硅铁1909	5782	-104	-1.77%
AP910	15	苹果1910	9506	-160	-1.66%
SM909	16	锰硅1909	7308	-114	-1.54%
p1909	17	棕榈1909	4412	-64	-1.43%
ni1907	18	沪镍1907	97340	-1200	-1.22%
jm1909	19	焦煤1909	1382.0	-16.0	-1.14%
v1909	20	PVC 1909	6755	-75	-1.10%
y1909	21	豆油1909	5440	-58	-1.05%
zn1907	22	沪锌1907	20520	-205	-0.99%
rb1910	23	螺纹1910	3740	-29	-0.77%
cu1907	24	沪铜1907	46110	-250	-0.54%
OI909	25	菜油1909	7038	-37	-0.52%
al1906	26	沪铝1906	14145	-15	-0.11%
ZC909	27	动煤1909	573.8	0.2	0.03%
FG909	28	玻璃1909	1379	1	0.07%
hc1910	29	热卷1910	3639	6	0.17%
RM909	30	菜粕1909	2526	7	0.28%
m1909	31	豆粕1909	2930	9	0.31%
jd1909	32	鸡蛋1909	4498	15	0.33%
SR909	33	白糖1909	4968	17	0.34%
ag1912	34	白银1912	3601	31	0.87%
au1912	35	黄金1912	297.05	4.85	1.66%

图1-6　2019年6月3日10:30涨跌排行榜

在任何情况下，多头与空头的龙头都需要关注，做不做是一回事，关注还是必须要关注的。毕竟黄金代表了当天绝对多头的最大力度，万一空头力度全部消失了怎么办？如果有了黄金作为备选，就可以直接操作了。

替补品种不一定要操作，但必须要关注。重点还是从空头品种中寻找机会，这是当天的主要交易策略。

上午小节停牌之后，给了投资者15分钟的休息时间，所以，要利用这个时间对盘面进行一番研究。每隔10分钟就要看一下盘面的多空状态，以便及时了解盘面的最新动向。在图1－6中，从10:30的排名来看，并没有什么明显的变化，能源化工依然集中在跌幅前列，仍然需要从这个板块中“淘金”。

内部培训学员李天志：

通过学习我发现了一个规律，一旦涨幅或跌幅居前的品种构成了一个板块，那么，这个板块的霸主地位就会一直保持到收盘，很少会出现其他品种顶替它们的位置。

无形：

正是这样的规律。如果没有形成明显的板块，那么品种之间的名次就容易产生变化，而一旦形成板块，这个板块的稳定性就会非常高。因此，板块结构越明显，投资者赚大钱的机会就越大。虽然只过了一个多小时，但可以确定的是，能源化工板块的空头状态会一直延续到收盘。

再来看看图1－7中燃油的表现。开盘一步到位后，燃油果然如预期的那样形成了反弹的走势。反弹的幅度比较小，这是好的一点，说明多方力量非常虚弱。虽然跌幅在4.5%一带，但因为原油已经跌停，所以，燃油还是有下跌空间的，只要有反弹就会有好的介入机会。

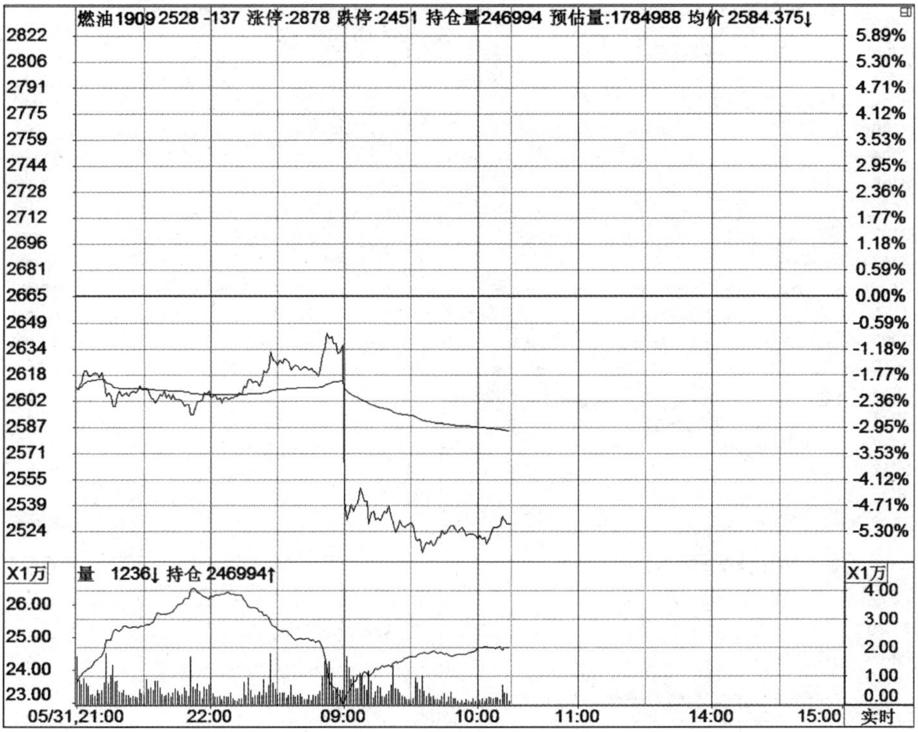

图1－7　燃油1909合约2019年6月3日走势图

内部培训学员李天志：

日盘开盘后的反弹带来了逢高做空的机会，后期价格创出新低的话还有突破做空的机会。刚刚开盘时间还早，就算错过半小时又有什么关系呢？耐心等待才是取胜的关键。

无形：

经过反弹并且下跌到低点后，价格出现了连续反弹的走势。由于原油还死死地封在跌停板上，因此，燃油的反弹其实是一件好事情，意味着价格的波动又一次提供了逢高做空的大好机会，只要后期有符合要求的开空点位便可以入场操作。

图1－8中沥青的走势也比较好，开盘后出现了反弹，而后给投资者带来了逢高做空的交易机会。通过燃油与沥青的走势，大家应当学会这种处理方法：一旦价格大幅低开，千万不要追，本着宁愿放弃机会也绝不轻易

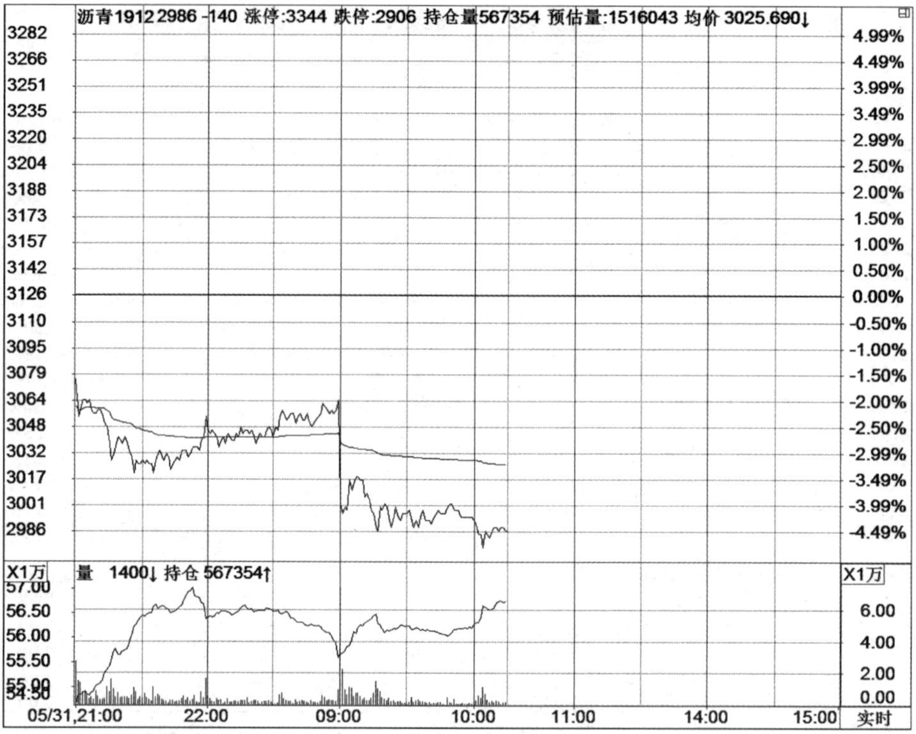

图 1－8　沥青 1912 合约 2019 年 6 月 3 日走势图

追进的原则，死等反弹，不见反弹不出手。只有这样，才可以在价格出现突然的大低开之后找到确定的机会。

内部培训学员李天志：

早开盘的确可以抓住机会，但是到了 10:30，沥青的走势就没有什么“搞头”了：价格反弹幅度不大，无法进行逢高做空的操作；做突破的话，位置与跌幅也不太好。

无形：

错过了早开盘反弹之后的机会，到了 10:30，沥青的走势就没有什么操作价值了，正如你所说，既没有逢高做空的机会，也没有好的做突破的形态。持有空单的话可以继续拿着，但没有空单在手则不宜进行操作。对于空仓的投资者来说，沥青就可以忽略了。原油已经跌停了，沥青在走势上没有机会，那么，在能源化工板块中只能盯着燃油等机会了。

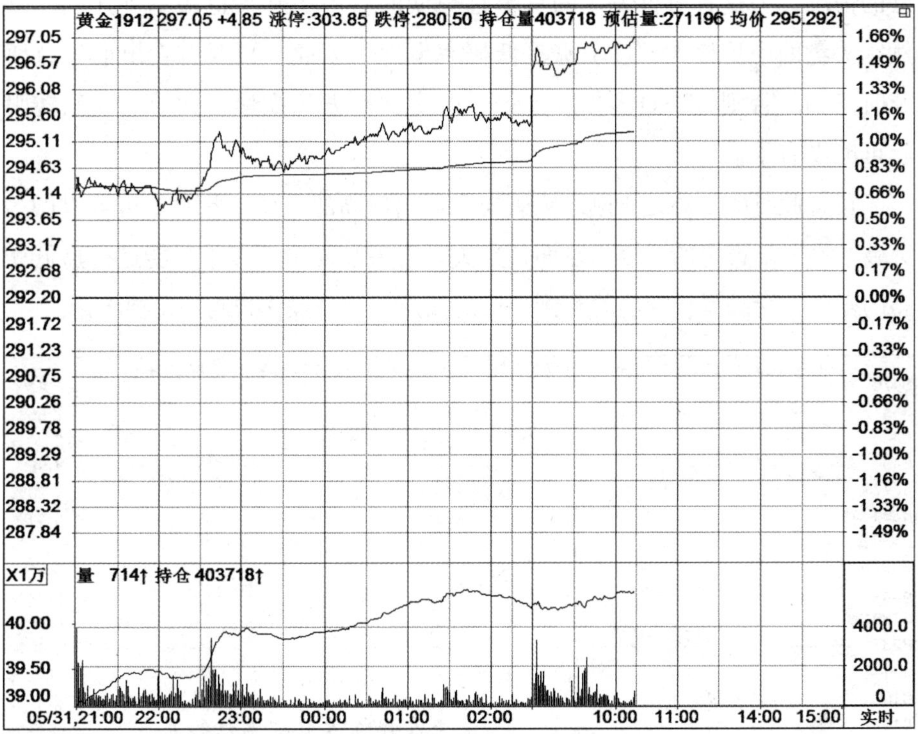

图1－9　黄金1912合约2019年6月3日走势图

图1－9中黄金开盘后的走势也不错，价格没有受空方的拖累而下跌，而是在开盘缩量调整之后继续向上创出新高。但是，由于这一天的盘面呈现明显的空头态势，并且还有跌停品种，因此，对多单的收益不要预期过高。

内部培训学员李天志：

价格虽然有可能大涨，但不能有这样的预期。以前我有过在空头盘面中做多赚钱的经历，如果当时见好就收也可以盈利，可惜的是当时预期较高，认为行情这么空却涨得这么好说明多方力度强大，却没有留意空头盘面对价格上涨的压制。以后再碰到这种情况就知道怎么做了，在空头盘面做了多单并且产生盈利时，一定要懂得见好就收。

无形：

从历史的走势来看，在空头力量较大的盘面中，也有过多方表现非常好的情况，但这种事件发生的概率是很低的，一年到头也碰不到几回。既然空头盘面中价格大幅度上涨是低概率事件，因此，只要有卖出信号就要及时离场。否则，一旦多方的走势开始受到空方的拖累，到手的利润转眼就可能没有了。

黄金此时的走势处于刚刚突破向上创出新高的点位，此时是否可以做多突破？答案是否定的，因为盘面是空头。空头盘面中，多单只能进行逢低做多的操作，突破操作很容易买到上涨的高点，这个操作技巧一定要牢记。

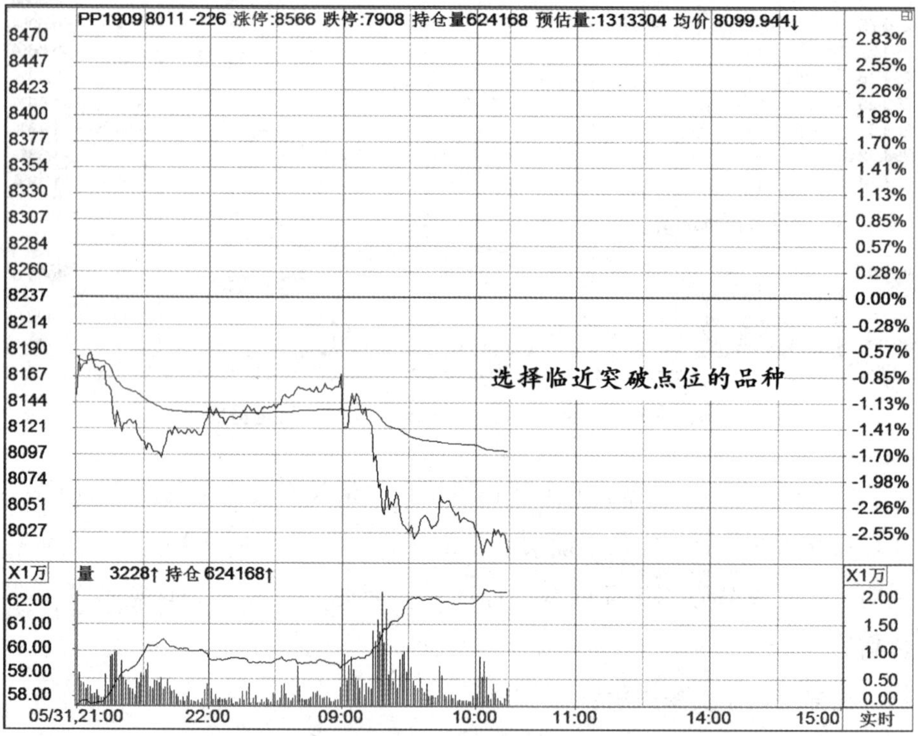

图 1－10　PP1909 合约 2019 年 6 月 3 日走势图

燃油可以盯住逢高做空的机会，沥青由于跌幅过大放弃突破。那么，此时可以盯住图 1－10 中 PP1909 合约新低的点位，等待突破走势出现后入场做空吗？

内部培训学员李天志：

我认为是可以的。一是由于整体环境趋空，并且能源化工板块是当天的空头“老大”，因此，任何能源化工品种都可以盯着空单。二是PP1909合约出现了下跌，但与其他几个品种相比，跌幅较为适中，可以视为空方的第二梯队。

无形：

由于突破点是事先存在的，因此可以用软件在新低点上提前画一条线，一旦价格向下创出低点便可以入场进行做空操作。当盘面趋空的时

代码	序	名称	最新	涨跌	↑涨幅
sc1907	1	原油1907	429.6	-32.4	-7.01%
fu1909	2	燃油1909	2531	-134	-5.03%
MA909	3	甲醇1909	2314	-114	-4.70%
bu1912	4	沥青1912	2996	-130	-4.16%
j1909	5	焦炭1909	2092.5	-90.5	-4.15%
CF909	6	棉花1909	12985	-525	-3.89%
TA909	7	PTA 1909	5166	-208	-3.87%
CJ912	8	红枣1912	10110	-330	-3.16%
sp1909	9	纸浆1909	4718	-148	-3.04%
ru1909	10	橡胶1909	11855	-325	-2.67%
AP910	11	苹果1910	9434	-232	-2.40%
pp1909	12	PP1909	8043	-194	-2.36%
eg1909	13	乙二醇1909	4411	-91	-2.02%
l1909	14	塑料1909	7655	-150	-1.92%
p1909	15	棕榈1909	4392	-84	-1.88%
SM909	16	锰硅1909	7292	-130	-1.75%
SF909	17	硅铁1909	5786	-100	-1.70%
y1909	18	豆油1909	5412	-86	-1.56%
jm1909	19	焦煤1909	1377.0	-21.0	-1.50%
ni1907	20	沪镍1907	97080	-1460	-1.48%
rb1910	21	螺纹1910	3726	-43	-1.14%
zn1907	22	沪锌1907	20580	-145	-0.70%
OI909	23	菜油1909	7028	-47	-0.66%
v1909	24	PVC 1909	6785	-45	-0.66%
cu1907	25	沪铜1907	46160	-200	-0.43%
FG909	26	玻璃1909	1374	-4	-0.29%
hc1910	27	热卷1910	3623	-10	-0.28%
al1906	28	沪铝1906	14150	-10	-0.07%
ZC909	29	动煤1909	574.4	0.8	0.14%
SR909	30	白糖1909	4958	7	0.14%
RM909	31	菜粕1909	2527	8	0.32%
jd1909	32	鸡蛋1909	4499	16	0.36%
m1909	33	豆粕1909	2934	13	0.45%
ag1912	34	白银1912	3600	30	0.84%
au1912	35	黄金1912	296.80	4.60	1.57%

图1－11　2019年6月3日13:30走势图

候，一方面要找那些形成反弹走势的品种择机逢高做空，另一方面必须高度关注像PP这种处于新低点附近的走势，符合盘面要求马上会形成卖点，这其中蕴含着的盈利机会，岂能错过?

图1-11是下午开盘时的涨跌排行榜。从黄金的走势来看，涨幅依然在1.5%左右，并没有继续扩大涨幅，说明其上涨的确受到了空方的压制。虽然能源化工依然占据着下跌的前几名，但下跌品种的跌幅也没能扩大，说明多空进入了休整阶段。这样一来，就会给操作带来一些障碍，之前的交易思路也必须改变。对于这样的盘面，你会如何做?

内部培训学员李天志:

记得您在强空盘面中说过:“跌幅靠前的品种的确是强的，但是，它们的空间不大了，因此失去了日内交易的价值。”在这种情况下，可以从跌幅小一些的品种中寻找机会。虽然它们跌幅不大，属于跟风品种，从正规操作的角度来讲不应当关注它们，但受到盘面趋空的影响，它们也不可能涨起来，因此，当空头主力陷入休整时就应当对它们做空。

无形:

看来你对盘面的理解还是比较深刻的。能源化工在这一天形成了板块性的强空市场。强空市场的操作原则就是从中间找起，找那些跌幅适中的品种。上涨的品种始终是要放弃的，跌幅过小的品种也需要放弃，只有第二梯队的才是最好的选择。

由于空头主力都不跌了，因此，操作上以逢高做空为主，而不宜进行突破操作。

在图1-12中，PP1909合约在10:30之后果然形成了突破的走势，只可惜后来能源化工品种的跌幅有限，使PP价格创新低之后的跌幅并不大。虽然赚得不多，但之前制定的交易策略还是正确的。同时，在突破之前，PP先是提供了逢高做空的机会，而后才提供了突破的机会。到中午收盘，PP形成了上涨的走势，布林线指标中轨明确向上。这个时候该如何进行操作呢?

图1－12　PP1909合约2019年6月3日走势图

内部培训学员李天志：

我认为应当放弃对PP的操作，暂时没有关注的价值了。按布林线指标中轨方向操作应当做多，但做多一来与盘面趋势相反，二来与该板块其他品种的下跌属性相反，因此需要暂时放弃关注。

无形：

你的观点不能算错，也是一种处理的方式。但还有另一种方法。价格不是上涨了吗？那是不是就意味着存在摸顶的交易机会了呢？盘面偏空、板块偏空肯定是要做空的，但价格就是涨了，怎么办？逢高做空肯定没机会，这个时候摸顶的方法就派上用场了。但在后期摸顶必须有一个前提：MACD指标形成顶背离的迹象。不见顶背离宁丢机会也绝不摸顶！

当空头力量暂时消失时，寻找那些跌幅居中，但形成上涨趋势的品种进行摸顶操作，也是一种常用的操盘手法。只是思路转变得比较快，刚才是顺势交易，马上切换到逆势交易，有的投资者可能反应不过来。不过也

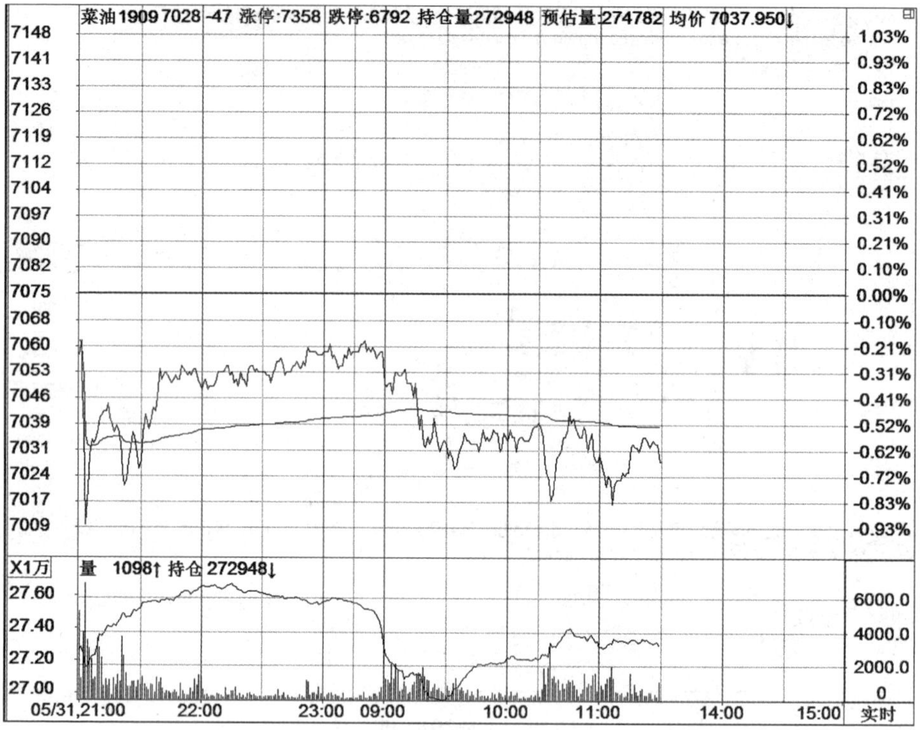

图 1－13　菜油 1909 合约 2019 年 6 月 3 日走势图

没事，因为摸顶只是另一种操作的选择。

除了摸顶，顺势操作任何时候都不算错。比如图 1－13 中菜油这个品种，这天就形成了一种经典的做空形态。你来说一下它的走势有着怎样的特点？

内部培训学员李天志：

首先，价格在反弹过程中，分时线都处于均价线的上方，这说明价格仍然保持着空头的态势。其次，价格反弹时形成了第二个高点，并且第二个高点低于前一个高点，说明多方的力量减小了，无法促使价格向更高的点位上涨。价格走势具备空头性质，同时又形成了多方力量衰竭的特点，自然就可以做空了。

无形：

这种高点降低的形态是非常标准的。这是空头盘面中较为常见的一种技术形态，虽然没有反映出空方力量到底如何，但反映出了多方力量的衰竭，由此可以反推出：多弱而空强。菜油的技术形态非常不错，只可惜跌幅较小，说明它的空方力量相比其他品种要弱一些。在这种情况下，价格未来的跌幅也会受到限制，因此，做空的收益预期也不宜太大。

这一天的走势涉及空头盘面操作中的很多要领，相信大家通过学习，再面对类似的盘面状况时，就知道该如何操作了。先看环境，再选目标，定好方向，找准介入点，设好止损位，盈利就会一直属于你。

图1-14　棕榈1909合约2019年6月3日日K线走势图

图1-14中的棕榈1909合约日K线在盘中发出了做空的信号，趋势监控指标于反弹结束后形成了实心翻绿的卖点，指标提示的做空价格为4445.3元/吨，取整数4444元/吨为实际卖出价位。大家可以关注这个品种做多的机会。若需要了解当前某个品种的多空状态，可随时与我们进行交流，以便为您的操作提供帮助。

第2章 2019年6月4日实盘解析：一山能容二猛虎

内部培训学员朱久阳：

如果当天形成一边倒的上涨或下跌格局，我通过学习《一年十倍的期货操盘策略》系列书籍，现在已经可以很好、正确地操作了。不过，若是盘面中空方龙头跌得挺好，多方龙头涨得也挺好，操作起来就有些不太熟练了。生怕上涨的品种把下跌的品种给拉起来，或是下跌的品种把上涨的品种给拽下来，总是提心吊胆的。还请老师讲解一下这种情况该如何操作。

无形：

您这个问题倒不是技术性的问题，更多的是心理问题。这也是许多投资者都爱犯的一个错误：为并没有出现的走势瞎担心，然后自己吓自己。就像您说的，您在盘中看到上涨的品种把下跌的品种给拉起来了吗？没有吧。也没有看到下跌的品种把上涨的品种拽下来，这只是自己的担心。再换个角度想，就算相互影响又有什么关系？上涨的品种被下跌的品种拽下来，肯定会发出出局信号。如果多单成本高，就会触及止损，如果多单成本低，则会触发止盈，完全按照信号执行操作就可以了。只要有正确的技术，就不怕价格发生变化。只要盯住止损位或止盈位，价格不破位置便继续持仓，无论价格被谁影响，心中也没有好担心的了。

内部培训学员朱久阳：

听您这样一讲我心里就亮堂了。的确如此，我只想着上涨的品种被下跌的品种影响，下跌的品种又被上涨的品种带动，却没有从技术形态的转变上想。怪不得您总是要求我们盯住开仓位、盯住止损位、盯住止盈位。只要盯住这些点位，心里就不会再有乱七八糟的想法。就算有，只要不破位置就拿着，心态自然也就平稳了。

您解决了我的一个大问题。另一个问题就是：面对这种有涨有跌的情况，该如何操作呢？

无形：

其实方法也很简单：从正中间劈开，所有上涨的品种是一个阵营，所有下跌的品种是一个阵营。虽然是同一天的一个市场，但可以把这个市场分为两部分：上涨的部分与下跌的部分。上涨的就做多，下跌的就做空，这样就可以了。

特别是像今天的盘面。上涨的是农产品，它在近一年的时间里总与其他三个板块对着干，所以，农产品的上涨不会对其他三个板块产生影响，而其他三个板块也不会干涉农产品的走势。因此，对农产品积极做多即可。别的品种只要保持住空头的性质，就不用理会农产品的上涨，继续积极做空即可。

代码	序	名称	最新	涨跌	↑涨幅
sc1907	1	原油1907	423.9	-15.1	-3.44%
MA909	2	甲醇1909	2291	-56	-2.39%
v1909	3	PVC 1909	6660	-110	-1.62%
pp1909	4	PP1909	7957	-123	-1.52%
zn1907	5	沪锌1907	20255	-300	-1.46%
hc1910	6	热卷1910	3574	-43	-1.19%
ni1907	7	沪镍1907	96720	-1160	-1.19%
TA909	8	PTA 1909	5170	-58	-1.11%
sp1909	9	纸浆1909	4694	-50	-1.05%
FG909	10	玻璃1909	1362	-14	-1.02%
ru1909	11	橡胶1909	11840	-105	-0.88%
CJ912	12	红枣1912	10145	-85	-0.83%
bu1912	13	沥青1912	2990	-24	-0.80%
l1909	14	塑料1909	7625	-60	-0.78%
rb1910	15	螺纹1910	3707	-27	-0.72%
j1909	16	焦炭1909	2101.5	-13.5	-0.64%
SR909	17	白糖1909	4926	-30	-0.61%
y1909	18	豆油1909	5400	-30	-0.55%
SM909	19	锰硅1909	7272	-38	-0.52%
fu1909	20	燃油1909	2561	-13	-0.51%
SF909	21	硅铁1909	5760	-24	-0.41%
al1906	22	沪铝1906	14095	-55	-0.39%
p1909	23	棕榈1909	4394	-16	-0.36%
jm1909	24	焦煤1909	1372.5	-4.5	-0.33%
AP910	25	苹果1910	9487	-23	-0.24%
eg1909	26	乙二醇1909	4419	-7	-0.16%
jd1909	27	鸡蛋1909	4511	6	0.13%
cu1907	28	沪铜1907	46310	130	0.28%
CF909	29	棉花1909	13155	40	0.30%
OI909	30	菜油1909	7060	22	0.31%
ZC909	31	动煤1909	576.4	2.2	0.38%
ag1912	32	白银1912	3620	29	0.81%
RM909	33	菜粕1909	2538	25	0.99%
m1909	34	豆粕1909	2956	35	1.20%
au1912	35	黄金1912	299.20	3.65	1.23%

图 2－1　2019 年 6 月 4 日 08:59 涨跌排行榜

在图2-1中，从涨跌家数来说，2019年6月4日这一天早开盘依然是空头盘面，下跌的家数多于上涨的家数。从幅度来看，也是下跌的幅度大于上涨的幅度。因此，这一天主要的操作思路便是继续进行做空操作。

内部培训学员朱久阳：

这段时间由于中美经贸摩擦，豆粕、菜粕的价格涨势明显。今天它们又跑在了涨幅前列。再加上其他几个农产品也有变动的迹象，看来今天除了继续盯着能源化工板块，还可以看一下“双粕”的走势。

无形：

由于昨天黄金是涨幅第一，今天黄金又成了涨幅第一，因此，黄金也可以再跟进一下。空头品种好说，继续锁定能源化工板块，多头品种就看黄金与豆粕就行了。因为早开盘时豆粕涨幅最大，所以就没必要再看菜粕了，它俩的走势肯定高度一致。

图2-2 原油1907合约2019年6月4日走势图

从图2-2中可以看出，原油的价格在日盘开盘时处于当天的低位区间。这个位置比较尴尬。持有空单的投资者可以继续持仓，但空仓的投资者却无法在这个点位进行操作，需要等待好的介入形态出现。就早开盘的走势，你来说一下形成怎样的走势才可以操作？

内部培训学员朱久阳：

我认为要等价格出现一轮像样的反弹之后再进行操作。当前价格较低，做突破肯定不适合，所以只能等价格反弹起来之后，再找高点进行逢高做空的操作。

无形：

有的时候夜盘价格表现较好，就会使日盘开盘时可操作的机会不多。这个时候一定要保持耐心而不要轻易入场。就像原油的走势一样，除了等待反弹出现再找机会介入，没有任何好的方向可以操作。虽然价格离新低的点位很近，但是，由于突破形成的位置并不是太好，因此，如果价格直接形成了突破还是应当放弃。总之一句话：不见反弹绝不出手。

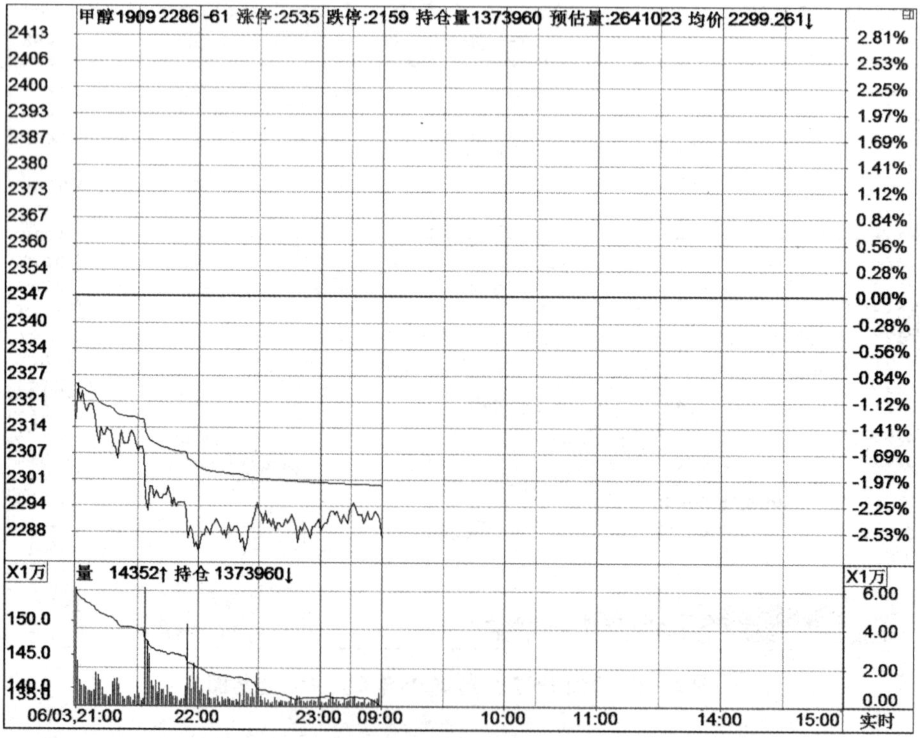

图 2-3　甲醇 1909 合约 2019 年 6 月 4 日走势图

从图 2－3 可以看出，甲醇在夜盘的时候主要的下跌波段已经完成，之后出现了长时间横盘震荡的走势。由于反弹的周期足够长，因此，日开盘之后，就需要留意价格的新方向了。从开盘的数据来看，仍然要以盯空为主，因为没有合适的反弹高点。因此，只要价格向下创出新低便可以入场进行做空操作了。

内部培训学员朱久阳：

甲醇的价格也比较低，为什么它就可以做突破，而原油就不可以呢？

无形：

原油的价格虽然临近新低的点位，但是并未出现充分的反弹。而甲醇的价格则经过了充分的反弹，正准备创出新低。虽然两者的价格都在盘中的低位，但有没有经过一番充分的反弹致使两者有着完全不同的操作策略。

因为甲醇的前低点就停留在那里，所以，早开盘的时候便可以在前低点处设置条件单或画线交易。

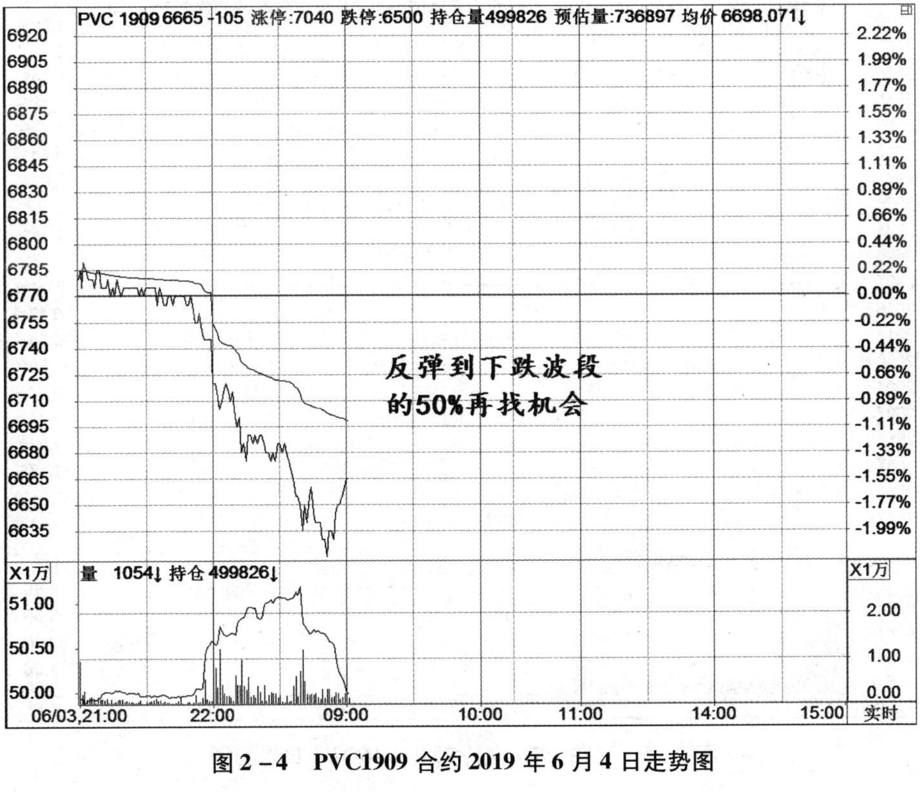

图 2－4　PVC1909 合约 2019 年 6 月 4 日走势图

在图 2－4 中，跌幅靠前的 PVC 在日开盘的时候，价格正在形成反弹，这样的形态就有机会了。不过，因为夜盘价格不停下跌，整个过程中的反弹幅度都很小，因此，开盘时的反弹为下跌过程中第一次大力度的反弹。根据历史走势的规律来看，此时价格往往会反弹至下跌波段的 50% 才会提供逢高做空的交易机会，而这个价位对应的就是均价线的点位。

内部培训学员朱久阳：

价格向均价线靠近的时候，应当以无量的方式涨上去吧？我认为一旦反弹时出现放量，就算价格到达了均价线的位置并且受到压力，也不应当进行操作。因为放量出现意味着有资金参与做多，这会对做空产生干扰。

无形：

任何性质健康的反弹都会以无量的形式展开，所以 PVC 的价格反弹 50% 并到达均价线的时候，也必须是无量的。对于弱势的反弹，一般反弹到下跌波段的 1/3 处就差不多到位了。但是，力度大一些的反弹，就会到

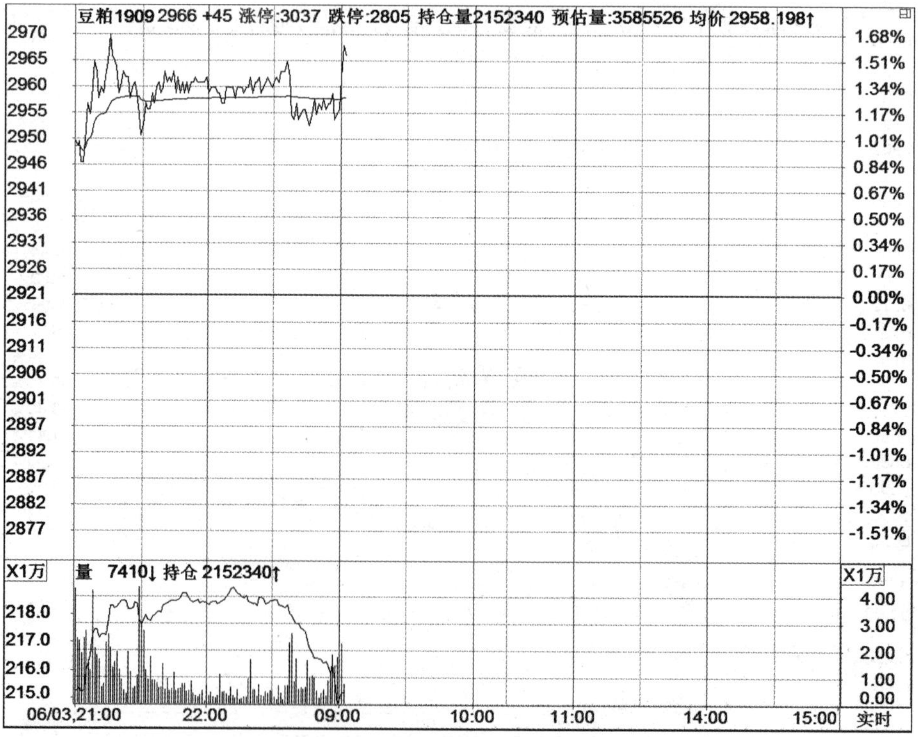

图 2－5 豆粕 1909 合约 2019 年 6 月 4 日走势图

达下跌波段的50%处。当价格反弹的幅度没有到位时，如果介入早了，就容易陷入被动。这个看盘的经验一定要掌握，同时，也可以翻看一下其他品种的案例，看看价格反弹力度较大时是不是存在将到达50%回撤点的规律。

在图2-5中，豆粕的涨幅虽然是第二，但其实在夜盘并没有什么实质性上涨。价格在夜盘期间整体都保持着震荡的走势，抗跌的特性是有的，但上涨的能力还需要观察。

内部培训学员朱久阳：

从早开盘的走势来看，豆粕的价格除了逼近夜盘的最高点这个技术特征，就没有什么亮眼的走势了。想要对它进行操作，只有耐心等待符合要求的介入点出现后再说。

无形：

对于这种开盘没有规律的走势，只可以关注，等形成了标准的走势再说。从早开盘的走势来看，豆粕的技术形态实在不怎么样，如果没有涨幅

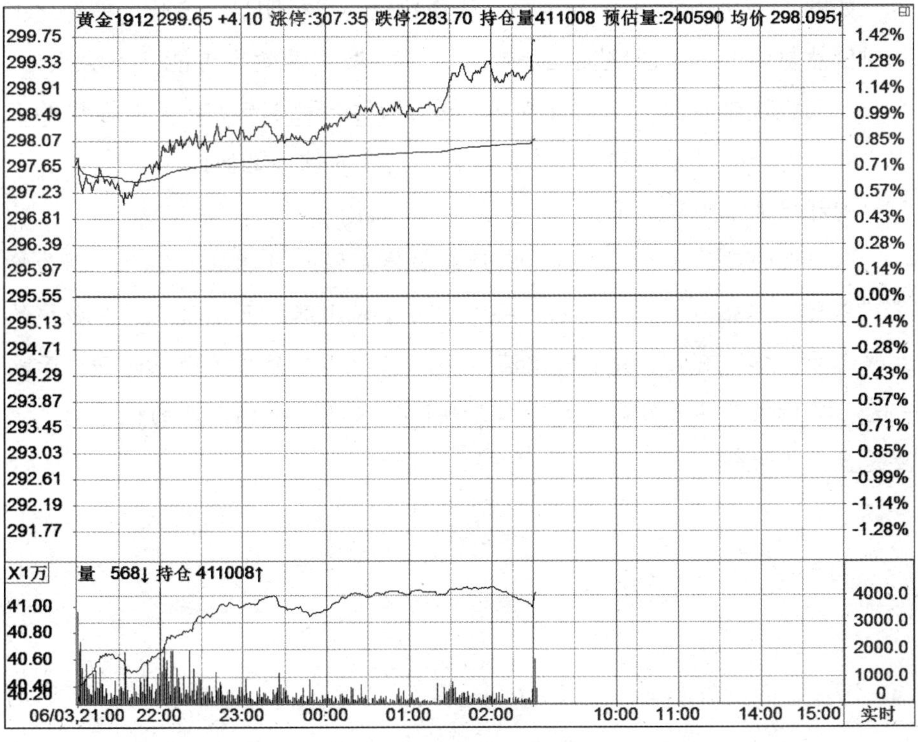

图2-6　黄金1912合约2019年6月4日走势图

第二这个身份，是不值得在它身上浪费精力的。

图2－6中黄金的走势与豆粕相比就漂亮多了。夜盘期间黄金就不断震荡上行，日盘开盘的时候黄金更是再度跳空高开。这样的走势和昨天一模一样，此时该如何操作？

内部培训学员朱久阳：

既然走势与昨天一模一样，那操作策略肯定也一样。高开后一定要等待调整走势出现后再进行操作，因为开盘时的点位只适合继续持有多单，而没有新开仓的技术形态。

无形：

同样是高开，但是黄金在夜盘期间的走势有着明显的规律性，而豆粕没有，所以从早开盘的情况来看，黄金的价值大于豆粕。在具体操作时，谁的技术形态更漂亮，就应当对谁进行操作。越是复杂无序的波动，越难给投资者带来好的机会。

如图2－7所示，下午开盘时，涨跌数据有了很明显的变化。能源化工版块依然整体下跌，但跌幅无法扩大，说明做空的效果可能并不会太好。而农产品版块则在这一天异军突起，早开盘之后农产品有了很强势的表现。此时农产品已经达到了较大的涨幅，这个时候该如何操作呢？

内部培训学员朱久阳：

从当天的盘面来看，我认为农产品整体走强的可能性并不大，因为除了“双粕”涨幅较大，其他农产品都没有跟风上涨。而以往农产品版块的大幅上涨，都是有大多数品种上涨，其他农产品也会明显跟风而动。而这一天，其他农产品太安静了。所以，我认为农产品大幅上涨的概率低，主要是盘面不配合。

代码	序	名称	最新	涨跌	↓涨幅
RM909	1	菜粕1909	2619	106	4.22%
m1909	2	豆粕1909	3026	105	3.59%
SR909	3	白糖1909	5015	59	1.19%
au1912	4	黄金1912	298.90	3.35	1.13%
ZC909	5	动煤1909	580.4	6.2	1.08%
OI909	6	菜油1909	7093	55	0.78%
eg1909	7	乙二醇1909	4455	29	0.66%
ag1912	8	白银1912	3609	18	0.50%
SF909	9	硅铁1909	5806	22	0.38%
j1909	10	焦炭1909	2121.0	6.0	0.28%
cu1907	11	沪铜1907	46300	120	0.26%
jm1909	12	焦煤1909	1378.5	1.5	0.11%
y1909	13	豆油1909	5428	-2	-0.04%
jd1909	14	鸡蛋1909	4502	-3	-0.07%
rb1910	15	螺纹1910	3731	-3	-0.08%
SM909	16	锰硅1909	7302	-8	-0.11%
p1909	17	棕榈1909	4404	-6	-0.14%
CF909	18	棉花1909	13095	-20	-0.15%
ru1909	19	橡胶1909	11910	-35	-0.29%
AP910	20	苹果1910	9478	-32	-0.34%
hc1910	21	热卷1910	3598	-19	-0.53%
al1906	22	沪铝1906	14075	-75	-0.53%
FG909	23	玻璃1909	1367	-9	-0.65%
bu1912	24	沥青1912	2990	-24	-0.80%
TA909	25	PTA 1909	5184	-44	-0.84%
l1909	26	塑料1909	7615	-70	-0.91%
sp1909	27	纸浆1909	4698	-46	-0.97%
ni1907	28	沪镍1907	96680	-1200	-1.23%
MA909	29	甲醇1909	2318	-29	-1.24%
CJ912	30	红枣1912	10100	-130	-1.27%
fu1909	31	燃油1909	2536	-38	-1.48%
v1909	32	PVC 1909	6665	-105	-1.55%
pp1909	33	PP1909	7945	-135	-1.67%
zn1907	34	沪锌1907	20115	-440	-2.14%
sc1907	35	原油1907	420.6	-18.4	-4.19%

图2－7　2019年6月4日13:30涨跌排行榜

无形：

在盘面不配合的情况下，上涨品种的上涨幅度很容易受到限制，就算大涨，也容易掉下来。特别是在没有板块支持的情况下，大涨幅更是难以维持。所以，下午要么整体农产品齐涨，而后“双粕”涨停彻底激活人气，要么“双粕”冲高回落，与市场的形势保持一致。

鉴于盘面中其他农产品多头力量不足，所以，下午开盘后就不宜再在高涨幅的位置对“双粕”进行做多操作了。空头的品种可以继续盯着能源化工板块并从它身上找机会。“双粕”多看少动，能源化工寻找机会，这就是下午的操作策略。

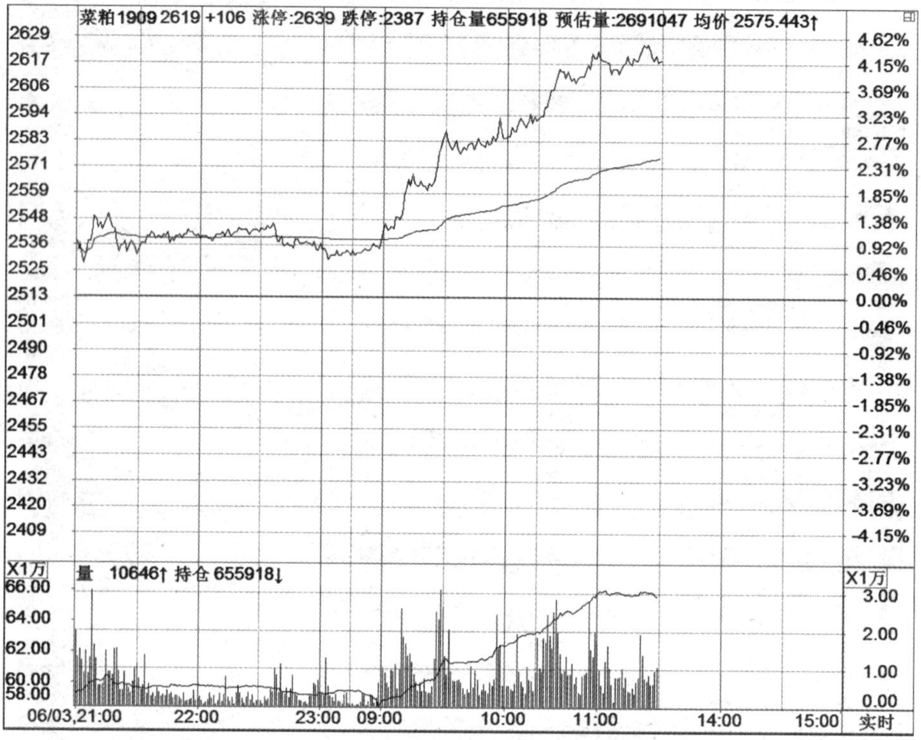

图 2-8　菜粕 1909 合约 2019 年 6 月 4 日走势图

在图 2-8 中，菜粕在下午开盘的时候涨幅第一。这种强势特征在夜盘与早开盘的时候是根本无法发现的，日盘开盘 10 分钟后才发现形成了好的技术形态。那么，开盘 10 分钟之后的走势有着怎样的技术特点呢？

内部培训学员朱久阳：

价格开盘之后出现了上涨，10 分钟后处于盘中的新高点区间，这是第一个好的技术特点，说明价格上方无压力；第二个好的技术特点就是价格上涨时成交量明显放大，调整的时候成交量又明显萎缩，形成了完美的量价配合形态；第三个好的技术特点就是价格以小横盘的方式进行调整，根本跌不下来，说明空方力量很弱。结合这些因素便可以判断出，价格后期还会继续上涨。

无形：

量能是价格上涨的关键。成交量在夜盘的时候没有形成规律性变化，而在上午的时候则形成了非常有规律的变化。集中放大的成交量说明此时资金的交易态度非常积极，价格受资金入场的推动才有了这么大的涨幅。在整个上涨过程中，成交量保持连续放大的状态，这种形态大家一定要记在心里，要想价格涨得高，成交量必须放得足。

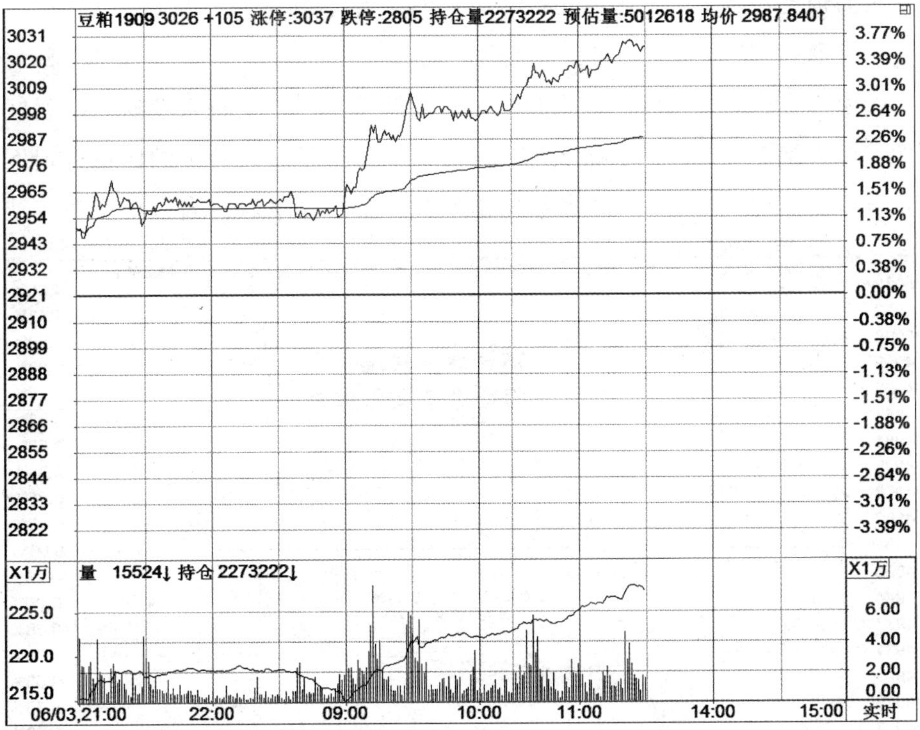

图2－9　豆粕1909合约2019年6月4日走势图

那么，介入点在哪里呢？就在第一次缩量调整之后的突破处。因为调整回落的幅度很小，所以没有机会进行逢低做多的操作，只能在价格再度创新高的时候入场。既然已经通过调整判断出价格还会上涨，那突破买点肯定就不允许错过了。

在图2－9中，豆粕虽然在早开盘的时候涨幅第一，但随后的走势却不如菜粕，主要原因就是豆粕整体的成交量不如菜粕大。由于“双粕”走势高度相关，因此，买点基本上也是一样的，都是在缩量调整过后的突破点入场操作。

下午开盘时发现价格已经涨了这么多，此时该如何操作呢？

内部培训学员朱久阳：

如果手中持有多单，无论是菜粕还是豆粕都可以继续持仓，因为多头形态没有任何改变的迹象；但若空仓，就只能等它俩形成一次有一定时间规模的调整之后再进行操作了。

无形：

由于累积的涨幅较大，因此，短暂的调整不足以支持入场操作。就好像一个人跑步一样，跑了那么远，得好好休息一下，几分钟的休息肯定不足以恢复体能。“双粕”的走势也是如此。持仓就拿着，当多头形态有结

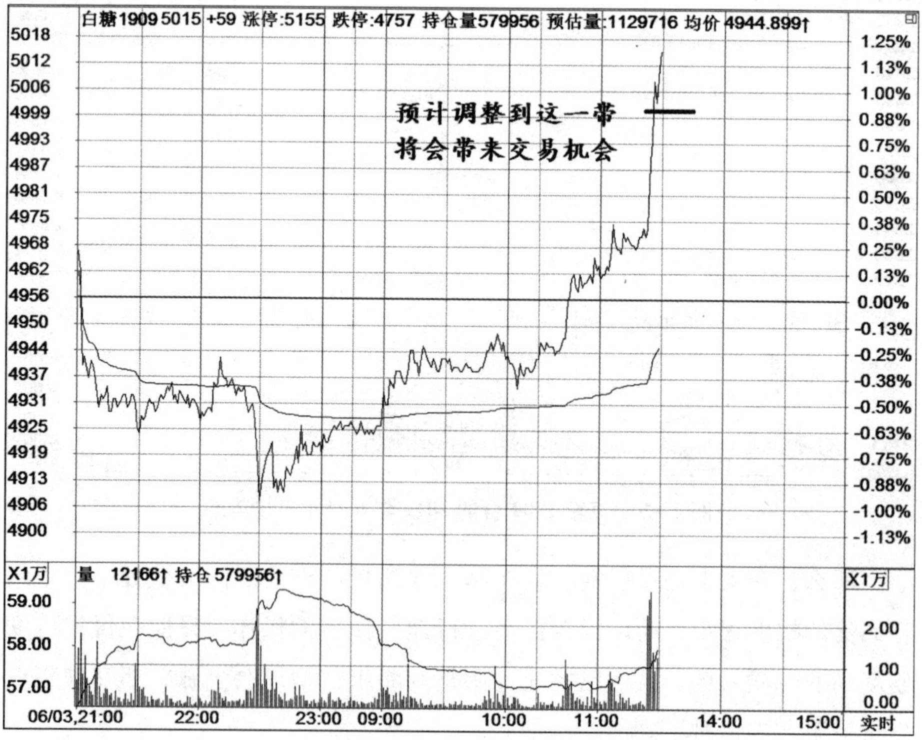

图 2－10　白糖 1909 合约 2019 年 6 月 4 日走势图

束迹象时就可以出局；空仓则必须要等价格形成半小时以上的调整后再作操作打算。这是我交易常用的做法，我不怕丢机会，我只要符合自己交易计划的机会！

除“双粕”以外，在图2－10中，白糖也异军突起。不过白糖能引起人们关注的时间点在上午11点之后，因为11点之前白糖的走势没有明显的多头优势形态。成交量没有过集中放大，价格波动的多头优势也不明显。不过，白糖在震荡的时候也形成了一个传统的经典形态，能看出来吗？

内部培训学员朱久阳：

形成了一个大的头肩底形态，头肩底左侧是空头状态，右侧则逐渐转变为多头形态。利用这种传统形态进行分析，倒是可以发现机会了。

无形：

这还是一个非常标准的对称头肩底，左肩震荡了多久，右肩就震荡了多久，按头肩底形态来操作的确可以抓住机会。

下午开盘的时候面对白糖这种走势该如何操作呢？收盘时正好成交量放大，所以，一方面要留意开盘后价格有可能的延续性的上冲走势，另一方面则可以等待价格形成调整走势之后再操作。依照我的交易习惯，错过了低位的介入点之后，如果下午开盘上冲，我是不会追进去的，而是会耐心等待调整出现之后再入场做多。根据经验来看，价格盘中调整到5000元/吨左右时将会形成低点，这个位置将会是较好的介入机会。

看完了上涨的品种，再来看一下下跌前列的品种。在图2－11中，日开盘之后原油出现了反弹的走势，逢高做空的机会有了，价格创出新低的机会也有了，先后给投资者提供了两次赚钱的机会。到了下午开盘的时候，又该如何决策？

内部培训学员朱久阳：

我认为原油处在较为尴尬的位置。继续跌吧，今天盘中能源化工的空头力量不如昨天强，很难跟风；反弹吧，从原油的走势来看也存在这种可能性。持仓简单，新开仓比较困难。

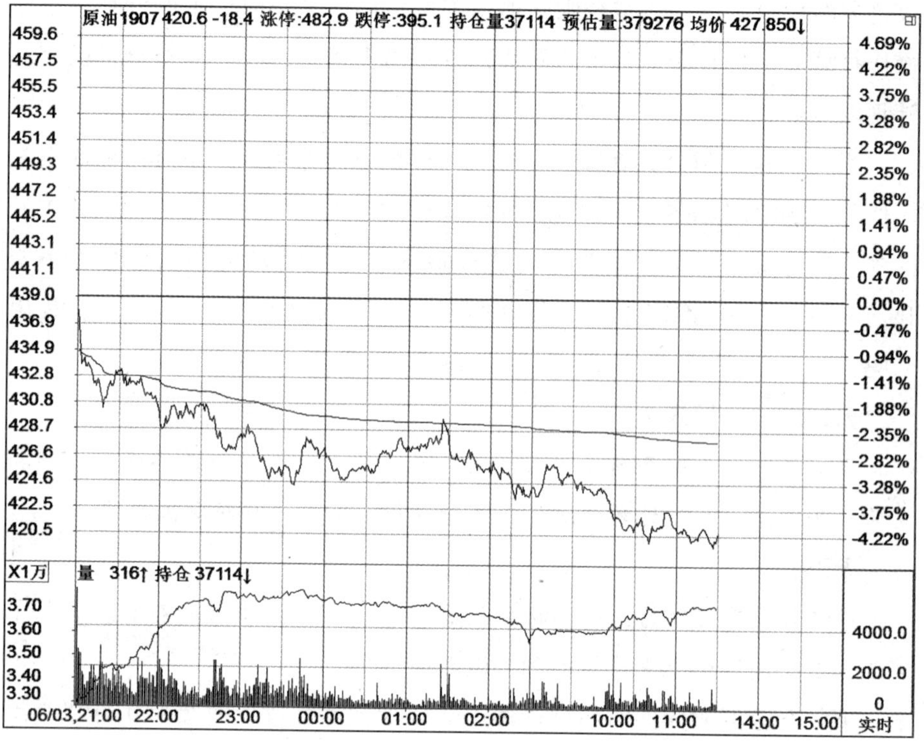

图 2-11　原油 1907 合约 2019 年 6 月 4 日走势图

无形：

价格的波动就是这样，有的形态是开仓形态，有的形态是既能开仓也能持仓的形态，有的形态是只能持仓不能开仓的形态，还有的形态是观察形态，既不能持仓也不能开仓，只能在场外看着。原油此时的走势就属于可持仓不可开仓的形态，操作上没有任何办法，如果是空仓状态只能继续等。操作就是这样，绝大多数时候都是在等待中度过的。必须习惯这样，等的时间越长，赚的钱其实就越多！

在图 2-12 中，沪锌早开盘时的走势和甲醇差不多。价格在夜盘连续下跌之后，形成了长时间的震荡反弹走势，因为反弹的周期足够，一旦价格给出明确的方向，其获利的幅度也将是非常可观的。

内部培训学员朱久阳：

早开盘之后价格往上冲了一下，而后便连续下跌。下跌过程中反弹的幅度都很小，所以只有突破操作的机会。

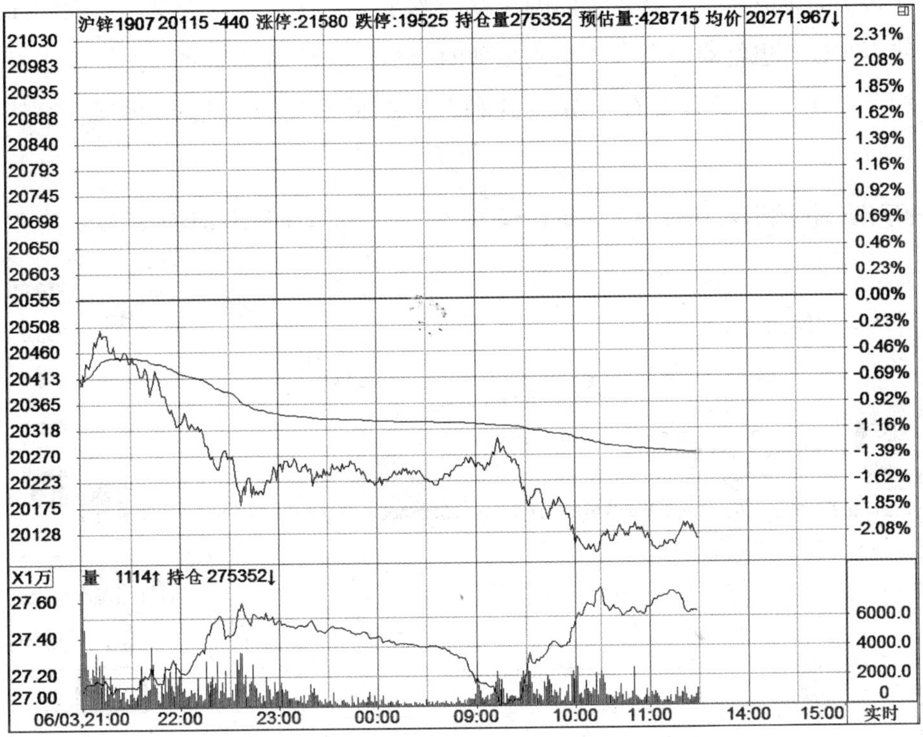

图2－12　沪锌1907合约2019年6月4日走势图

无形：

跌到下午开盘的时候，价格的波动形成了一个下跌趋势中的M字头形态。这和夜盘23:00之后的走势非常相似，是一种常见的做空形态。它反映的技术含义是：多头力度不足，无法让高点出现在更高的位置，结果价格出现整体下降趋势。在这个点位是可以进行做空操作的。

但由于价格已经在盘中连续跌了两大轮，再加上今天盘中空头的力量并不是太大，因此，未来能跌多少是个未知数。开空之后守着价格反弹的高点作为止损点即可，只要不向上突破高点，空单获利的概率就会加大。

今天的操作难度相比昨天大一些。能源化工板块中除了原油和有色金属沪锌有不错的表现，其他品种在盘中都呈现出了抗跌的走势。特别是在下午，下跌的品种不再下跌而是持续反弹，而上涨的“双粕”则出现了连续的回落。多头不多，空头不空，加大了交易的难度。怎么处理呢？还是要多头品种盯多单。就算它们的价格回落了又怎样？又没有交易形态，即使不赚钱，也绝对不会亏。空头品种的价格持续反弹又如何？没有形态自然不会出手，就算没有一分钱盈利，但在形态复杂的情况下，不亏就是赚！

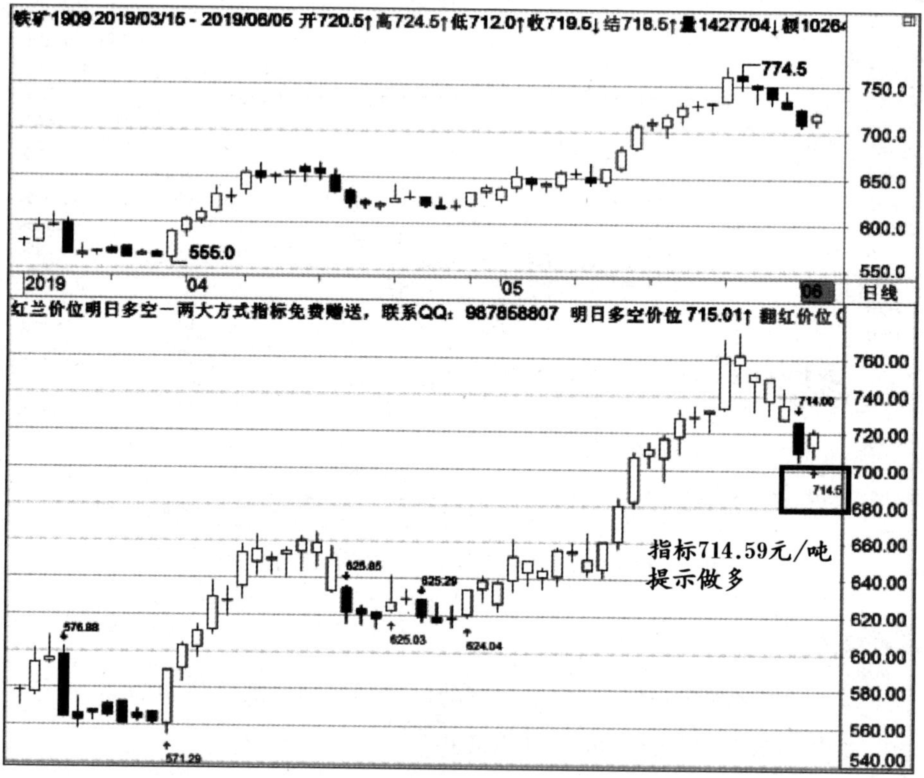

图 2－13　铁矿 1909 合约 2019 年 6 月 4 日日 K 线走势图

在图 2－13 中，铁矿 1909 合约日 K 线当天盘中发出了做多的信号，趋势监控指标于调整结束后形成空心翻红的买点，指标提示的做多价格为 714.59 元/吨，取整数 715 元/吨为实际买入价位。大家可以关注这个品种做多的机会。若需要了解当前某个品种的多空状态，可随时与我们进行交流，以便为您的操作提供帮助。

第3章 2019年6月5日实盘解析：多空力弱盘难做

无形：

当上涨或下跌的龙头品种涨跌幅较大时，投资者赚钱的概率是极高的，盈利的空间也是极大的。这种情况多发生于标准的多头或是空头盘面，同时涨幅前列或跌幅前列形成了明显的板块结构。在板块分散的情况下，投资者是不容易有赚大钱的机会的。虽然有盈利的机会，但收益率却提高不上去。换句话说，在涨跌力度较小的行情中进行日内投机操作是很难得到高盈亏比的，此时投资者应采取的策略是见好就收。

内部培训学员任红杰：

之前操作的时候就多次碰到这种情况。技术形态非常标准，入场后也有盈利，可是赚的钱还没捂热乎就没有了。后来学习了您的“开仓防亏术”，这种现象便不会再发生了。同时，学会了如何判断多空盘面之后，现在再碰到涨跌力度不大的盘面时，只要价格波动有了出局信号，我就马上离场，而不去想着捕捉更多的机会。

无形：

市场中有一句话叫：“让利润奔跑。”这句话没错，但要放到正确的环境中。在一条坑坑洼洼、难走的道路上，任你跑得再快也奔跑不起来，但在平坦的大道上就可以尽情地奔跑了。交易也是如此。如果当天的行情非常曲折，操作难度较大，怎么让利润奔跑？还没跑两步呢，摔了。只有在整体盘面高度配合的情况下，才可以使用各种持仓策略让利润尽情地奔跑。

同时需要注意一点：盘面涨跌力度小主动降低收益预期与最终出局获得的利润是不同的。盘面可能此时涨跌力度小，但却一步步由弱多变成了强多，那么，最终出局的时候也可能赚到一笔大的。出局服从的是技术，而预期只是我们心中的想法。降低预期之后，利润不大也可以满足我们的收益欲望，而若利润较大，心情就会更加愉悦了，要理清两者之间的关系。

从图3－1中上午开盘时的表现来看，上涨的品种略多一些，这样的盘面介于弱多与分化市中间。再从涨跌幅度来看，涨幅最大的品种与跌幅最大的品种的波动幅度都刚超过1%，这说明多空双方的力量都不强。这种情况下该如何操作呢？

代码	序	名称	最新	涨跌	↓涨幅
SR909	1	白糖1909	5043	69	1.39%
AP910	2	苹果1910	9540	108	1.15%
CJ912	3	红枣1912	10160	105	1.04%
MA909	4	甲醇1909	2326	22	0.95%
hc1910	5	热卷1910	3616	29	0.81%
rb1910	6	螺纹1910	3750	29	0.78%
SF909	7	硅铁1909	5836	38	0.66%
ru1909	8	橡胶1909	11965	85	0.72%
y1909	9	豆油1909	5454	28	0.52%
FG909	10	玻璃1909	1374	8	0.59%
cu1907	11	沪铜1907	46510	220	0.48%
pp1909	12	PP1909	8023	36	0.45%
bu1912	13	沥青1912	3010	12	0.40%
au1912	14	黄金1912	299.65	1.00	0.33%
p1909	15	棕榈1909	4412	14	0.32%
CF909	16	棉花1909	13155	40	0.30%
ag1912	17	白银1912	3621	9	0.25%
jm1909	18	焦煤1909	1378.5	3.5	0.25%
SM909	19	锰硅1909	7316	20	0.27%
j1909	20	焦炭1909	2115.0	3.5	0.17%
zn1907	21	沪锌1907	20285	25	0.12%
TA909	22	PTA 1909	5198	6	0.12%
l1909	23	塑料1909	7635	5	0.07%
al1906	24	沪铝1906	14100	-5	-0.04%
eg1909	25	乙二醇1909	4444	-2	-0.04%
sc1907	26	原油1907	426.9	-0.3	-0.07%
fu1909	27	燃油1909	2551	-1	-0.04%
OI909	28	菜油1909	7078	-8	-0.11%
sp1909	29	纸浆1909	4694	-4	-0.09%
ZC909	30	动煤1909	576.2	-1.6	-0.28%
ni1907	31	沪镍1907	96270	-510	-0.53%
jd1909	32	鸡蛋1909	4469	-20	-0.45%
m1909	33	豆粕1909	2969	-21	-0.70%
RM909	34	菜粕1909	2560	-19	-0.74%
v1909	35	PVC 1909	6605	-75	-1.12%

图 3－1　2019 年 6 月 5 日 08:59 涨跌排行榜

内部培训学员任红杰：

我一看到这样的涨跌幅度就头疼。从早开盘的数据来看，应当是没有什么大的收益机会了，一旦出现出局信号，就应当出局，不必在意赚了多少钱。在操作时，应当重点关注涨幅前 3 名的品种，将跌幅前 3 名的品种作为备选。

无形：

在力度大一些的盘面中，可以盯着涨跌幅前5名的品种，而在力度较弱的盘面中，最好盯着前3名的品种。像这一天的数据就是这样，涨幅第4、第5名的品种连1%的波动幅度都没有，而跌幅第4、第5名的品种连0.5%的波动幅度都没有，盯着它们是不太适合的。

无论是力度大的市场还是力度小的市场，技术形态都是不会改变的，改变的只是形态波动的幅度。例如，在力度强的市场中，一个W底形态的波动宽度可能有50个百分点，但在力度弱的市场中，同样的W底形态，波动宽度可能只有20个百分点。这正是收益降低的原因，也是碰到小力度行情时需要主动降低收益预期的原因。

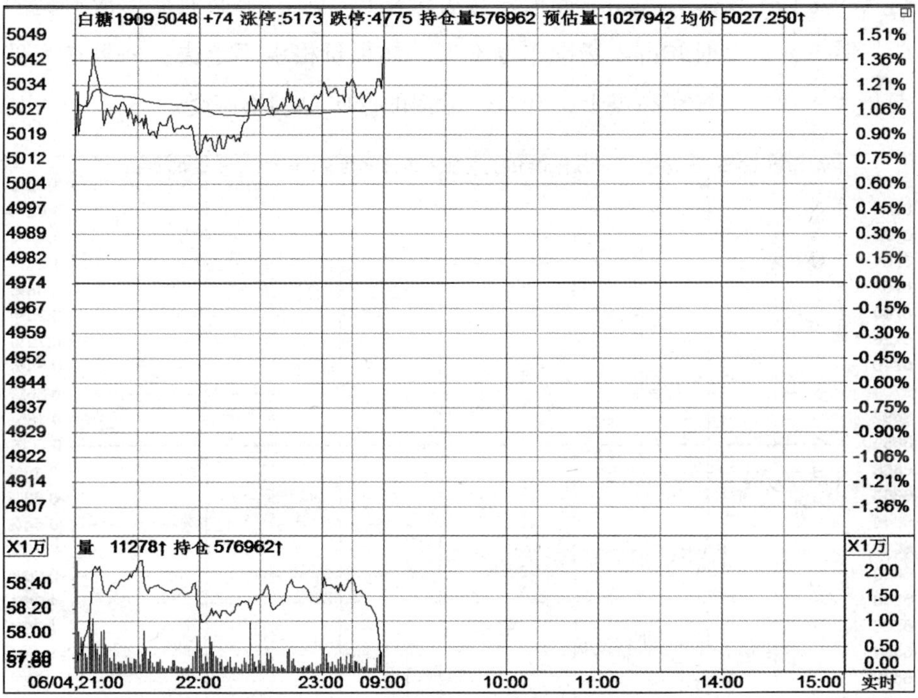

图3－2　白糖1909合约2019年6月5日走势图

在图3－2中，早开盘的时候，白糖涨幅第一，还有苹果与红枣跟风。虽然它们之间的关系并不是太密切，但毕竟都属于农产品，算是在一定程度上形成了板块。既然涨幅最大，就肯定需要进行重点关注。

白糖开盘就突破了夜盘的高点，面对这样的走势，该如何进行操作呢?

内部培训学员任红杰：

如果开盘时多头力量强的话，就可以在价格刚刚越过夜盘高点时使用突破的方法进行操作。但是，当天的多头力度较弱，所以，合适的方法应当是等待价格调整之后再进行操作。盘面较弱的时候做突破，很容易做在价格波动的高点位置。

无形：

夜盘的时候白糖的成交量呈一盘散沙状，没有明显的规律性放大的迹象，说明没有什么资金在夜盘积极操作，因此，面对价格开盘就越过夜盘高点的走势不要急着入场。如果开盘后价格还会涨，那必然会形成典型的调整形态，这个时候再入场操作也不迟；如果价格涨不上去，一旦在突破点介入，就容易套在高点上，开盘便亏损的滋味总归不好受。

图3-3 PVC1909 合约 2019 年 6 月 5 日走势图

此时白糖的交易策略就定下来了：放弃突破操作，等待调整走势的出现，而后在符合要求的调整低点处入场做多。

PVC 跌幅第一，但是从图 3－3 中早开盘的情况来看，能源化工版块的表现并不太好，并且 PVC 属于三线品种，它的大幅下跌并不会对其他能源化工品种产生太大的带动作用。夜盘收盘时，价格反弹到了均价线的位置。开盘面对这样的走势又该如何操作呢？

内部培训学员任红杰：

由于当天上涨和下跌的整体力度都不是太大，因此，夜盘期间 PVC 那一波放量下跌，在盘面无法延续空头的情况下，很可能会成为当天的主要下跌波段。下跌之后 PVC 反弹的时间比较长，并且价格也到达了均价线的压力位。结合这两点来看，在均价线的压力位可以留意做空机会的到来。

无形：

正如你所说的，夜盘期间 PVC 那一波下跌非常漂亮，并且和巨量一起

图 3－4　豆粕 1909 合约 2019 年 6 月 5 日走势图

出现。一旦盘面继续走空，那它大概率还会有一波下跌，但若盘面的空头无法延续，PVC 则很容易围绕均价线缩量震荡了。

开盘时价格到达了均价线的压力处，的确是一个需要注意的技术点。但是，PVC 能否继续下跌取决于成交量是否可以像夜盘一样延续放大；如果后期一直保持缩量的状态，就算到达了压力点，跌幅也将受限。跌幅第一，又临近压力点，走势上应当积极关注。

在图 3－4 中，豆粕的走势在夜盘本来表现平平，收盘的时候基本上不涨也不跌，但开盘时的大幅低开，一下子使它进入了跌幅的前列。不过，跌幅还不到 1%，也的确没有什么价值。那么对于这种突发性的低开该如何应对呢？

内部培训学员任红杰：

前两天开盘的时候这种情况经常出现，应对的思路都是一样的：价格突然低开，走势形势未明，这种情况下不宜急于动手操作，一定要等价格有了更为明显的走势后再说。像这种走势，基本上前 10 分钟是不会有交易机会的。如果价格下跌，只要不形成好的突破形态便无法操作，而形成一次小反弹再加突破，至少也要 10 分钟。如果价格低开后反弹，给出了逢高做空的操作机会，那么，这个反弹也一定要有一定的规模，这个时间肯定也不会少于 10 分钟。

无形：

你回答得非常好，很细致地对价格未来有可能的走势进行了分析，对这些形态的时间长度也进行了分析。在实战操作时，需要对那些经常出现的技术形态的形成周期有一个了解，以便提前得知机会将在什么时候出现。收盘后可以把经典形态测量一下，看它们分别形成了多长的时间。这样分析的多了，就会知道出现一个形态最短需要多长时间，平均需要多长时间。只要时间不到位，形态便形成不了，在这个时间段也就没有交易机会。只要明白了这个原理，当大家再面对某种技术形态时，就可以轻松地判断出未来估计多久才会有交易机会了。

在图 3－5 中，苹果目前只有日盘，因此，当苹果出现高开或低开走势以后，投资者唯一能做的就是等。刚才已经讲过，不管是调跌还是反弹，

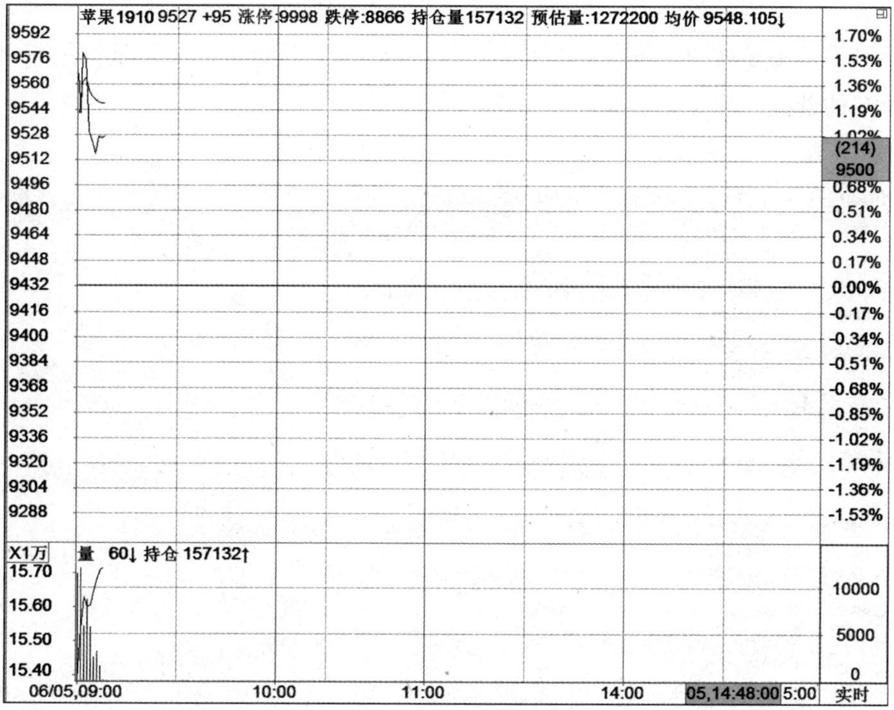

图3－5　苹果1910合约2019年6月5日走势图

基本上都需要10分钟左右。有了一定的数据之后再看苹果的走势，是不是就清楚该怎么操作了？

内部培训学员任红杰：

虽然苹果高开了，但分时线此时位于均价线下方，操作上还是要做空的。这就是您书上说过的“多头中的空头走势”。同时，苹果形成了小幅度反弹的走势，离新低点较近，所以此时可以盯着突破的机会。如果价格没有形成突破，那就等待逢高做空的机会。

无形：

分时线在均价线下方便盯空，分时线在均价线上方便盯多。苹果既然在均价线下方，那肯定是要进行做空操作了，除非价格又重新站在均价线上方。操作的方向确定之后，接下来的事情就是具体操作了。常规的操作其实只有两种，一种是做突破，比较适合此时的数据；一种是逢高做空，如果价格突破不下来，就等它再反弹一些以后再找机会入场。

从苹果的走势来看，留给价格一些时间让它波动，等数据多一些之后再决策是不是就更容易了？所以说，开盘的时候不要着急，开盘只是一天行情的开始，机会多得是。

代码	序	名称	最新	涨跌	↓涨幅
SR909	1	白糖1909	5063	89	1.79%
ru1909	2	橡胶1909	12020	140	1.18%
SF909	3	硅铁1909	5852	54	0.93%
MA909	4	甲醇1909	2322	18	0.78%
FG909	5	玻璃1909	1376	10	0.73%
fu1909	6	燃油1909	2570	18	0.71%
y1909	7	豆油1909	5462	36	0.66%
rb1910	8	螺纹1910	3745	24	0.64%
p1909	9	棕榈1909	4422	24	0.55%
cu1907	10	沪铜1907	46510	220	0.48%
AP910	11	苹果1910	9475	43	0.46%
au1912	12	黄金1912	299.95	1.30	0.44%
zn1907	13	沪锌1907	20340	80	0.39%
CJ912	14	红枣1912	10090	35	0.35%
CF909	15	棉花1909	13160	45	0.34%
hc1910	16	热卷1910	3599	12	0.33%
ag1912	17	白银1912	3624	12	0.33%
pp1909	18	PP1909	8004	17	0.21%
bu1912	19	沥青1912	3004	6	0.20%
jm1909	20	焦煤1909	1377.5	2.5	0.18%
SM909	21	锰硅1909	7308	12	0.16%
TA909	22	PTA 1909	5196	4	0.08%
sc1907	23	原油1907	427.3	0.1	0.02%
al1906	24	沪铝1906	14085	-20	-0.14%
sp1909	25	纸浆1909	4690	-8	-0.17%
ZC909	26	动煤1909	576.8	-1.0	-0.17%
OI909	27	菜油1909	7073	-13	-0.18%
j1909	28	焦炭1909	2107.5	-4.0	-0.19%
l1909	29	塑料1909	7615	-15	-0.20%
eg1909	30	乙二醇1909	4431	-15	-0.34%
ni1907	31	沪镍1907	96180	-600	-0.62%
jd1909	32	鸡蛋1909	4451	-38	-0.85%
m1909	33	豆粕1909	2962	-28	-0.94%
v1909	34	PVC 1909	6605	-75	-1.12%
RM909	35	菜粕1909	2537	-42	-1.63%

图 3－6　2019 年 6 月 5 日 10:30 涨跌排行榜

从图 3－6 中 10:30 的涨跌家数来看，上涨家教与刚开盘时差不多，多与空的数量都没有明显的变化，涨跌幅度也没有什么大的变化。这证明早开盘制定的见好就收的交易策略是正确的。

内部培训学员任红杰：

跌幅榜有了一些变化。农产品出现了下跌，意味着菜粕在开盘后的一个多小时里给投资者提供了交易的机会。涨幅居前的品种则变得更乱了，什么板块的都有，一盘散沙，没有集中性的力量。

无形：

整体环境的力量没有任何变化，只是部分品种的排名发生了变化，这样的走势也容易加大操作的难度。例如，早盘盯着PVC，但PVC的跌幅收窄了；早盘盯着白糖、苹果与红枣的多单，除了白糖依然坚挺，另外两个品种都掉了下去。这就是力度较弱时的一种常态，处于涨跌前列的品种无法守住自己的地位。在涨跌力度较大的环境中，这种情况是极少出现的。所以，品种的来回轮换是力量不能延续的体现，不算好现象。

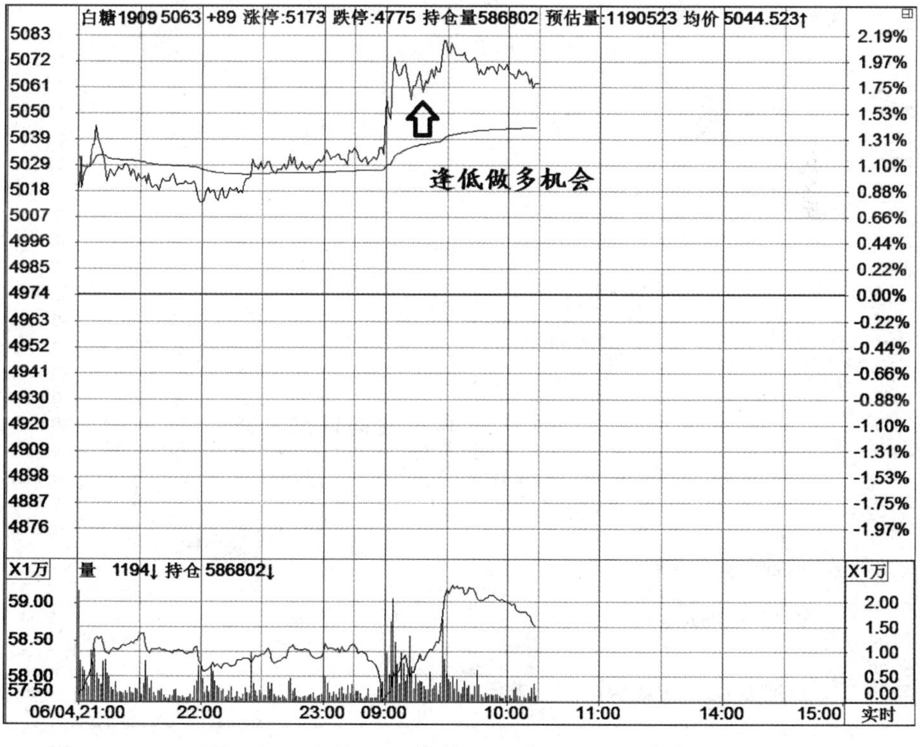

图3-7　白糖1909合约2019年6月5日走势图

在图3-7中，白糖开盘之后形成了一次时间很短、幅度很小的调整，这样的调整无法进行操作，就算进行突破操作，形态也并不是太理想，所以这种细碎的调整应当放弃。而后形成了一次规模大一些的调整，此时的调整有什么样的技术特点？

内部培训学员任红杰：

价格在调整的时候，成交量出现了萎缩。上涨放量、调整缩量，量价配合比较好，会为上涨提供动力。调整回落的幅度在上涨波段的1/3左右，说明多空力量较弱，无法将价格打落下来。结合完美的量价配合形态来看，价格后期继续上涨的概率是极大的。

无形：

这两大因素都会促使价格上涨，除此之外，在小形态上，价格的低点还出现了连续抬高的迹象，进一步提高了价格上涨的可能性。

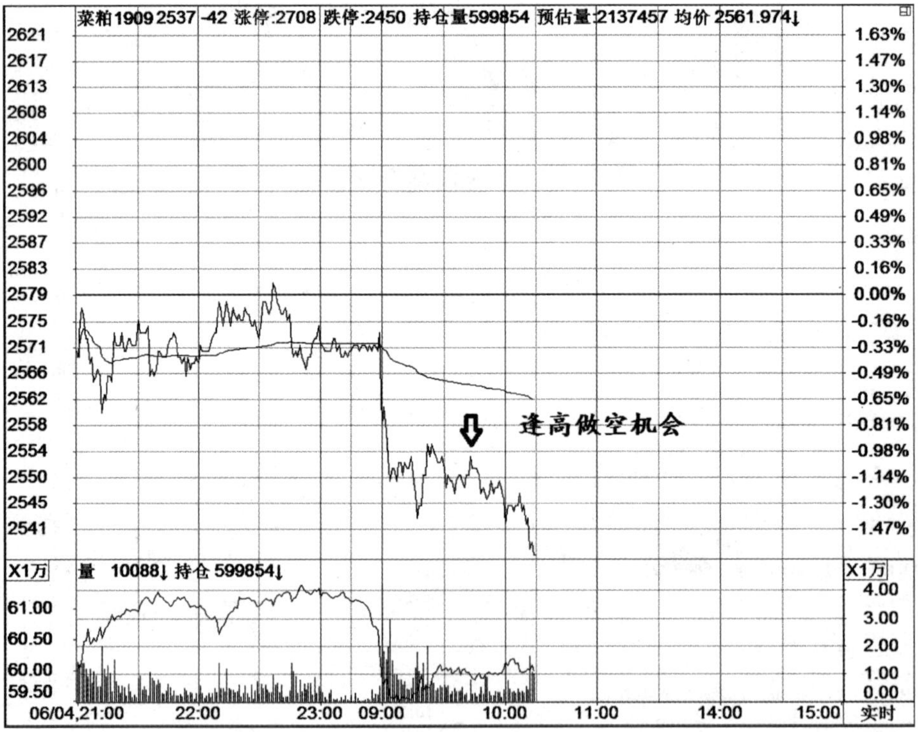

图3－8　菜粕1909合约2019年6月5日走势图

到10:30开盘，价格的多头力度并不强，成交量一直保持萎缩的状态，说明没有资金继续对白糖进行操作。如果后期一直保持无量状态，白糖价格继续上涨的可能性就不大了。但是，10:30 开盘时的技术形态是好的，这是开盘时应当重点关注的一种走势，因为分时线位于前低点处时有企稳的现象。如果之前调整的低点始终能够对价格产生支撑作用的话，配合涨幅靠前的排名，白糖还有机会再涨一涨，只是能涨多少就不太好说了，毕竟盘面比较弱，价格想要涨得高就必须再出现一次放量现象。由此便可以制定出白糖的操作策略：前低点不能破掉，这样便有做多的机会，这是针对开仓的；想要更好地上涨必须见到量能，这是针对开仓后的盈利空间的；若价格跌破前低点，则需要止损。

在图 3 -8 中，菜粕在 10:30 成了跌幅第一，可见开盘后的一个多小时里它也有了不错的表现。既然跌幅可以扩大，那在下跌途中往往就会有介入点让投资者可以中途入场。菜粕开盘之后给出了怎样的交易机会呢?

内部培训学员任红杰：

先是给出了突破操作的机会。开盘后不久价格出现了小幅度反弹，而后创出新低。但这一次的突破不太容易赚到钱，因为价格突破的速度快，拉回来的速度更快，跌下去的幅度也不大。

而后就是箭头标注的逢高做空的点位。这是早开盘之后最好的位置，价格虽然反弹了，但没能超过前边的高点，说明多方力量衰竭了。在空头趋势下，多方力量还在减小，价格下跌的概率将会非常大。

无形：

之所以不在最高的反弹高点操作，就是因为价格反弹的速度过快、幅度过猛，而我们要做空，做空绝对不能在多方力量大的时候进行。虽然第一个反弹高点的开仓价格更理想，但此时的走势并不满足操作的要求。而第二个高点则体现出了多方力量的衰竭，此时做空也就理所应当了：分时线位于均价线下方，价格波动性质为空；高点出现了降低的态势，价格波动性质仍为空。

在图 3 -9 中，到 13:30 开盘时，下跌的品种数量略多了一些，但其实没什么意义，因为涨幅在 0 附近的那些品种，跌一点就翻绿，涨一点又翻红，只要数量相差不是太大就没有分析的价值。涨跌幅度还是老样子，涨

代码	序	名称	最新	涨跌	↓涨幅
SR909	1	白糖1909	5064	90	1.81%
ru1909	2	橡胶1909	12030	150	1.26%
SF909	3	硅铁1909	5866	68	1.17%
fu1909	4	燃油1909	2570	18	0.71%
FG909	5	玻璃1909	1374	8	0.59%
cu1907	6	沪铜1907	46560	270	0.58%
AP910	7	苹果1910	9482	50	0.53%
MA909	8	甲醇1909	2315	11	0.48%
au1912	9	黄金1912	300.05	1.40	0.47%
p1909	10	棕榈1909	4418	20	0.45%
rb1910	11	螺纹1910	3737	16	0.43%
y1909	12	豆油1909	5448	22	0.41%
CJ912	13	红枣1912	10095	40	0.40%
CF909	14	棉花1909	13155	40	0.30%
zn1907	15	沪锌1907	20320	60	0.30%
hc1910	16	热卷1910	3597	10	0.28%
jm1909	17	焦煤1909	1378.5	3.5	0.25%
bu1912	18	沥青1912	3004	6	0.20%
ag1912	19	白银1912	3619	7	0.19%
sc1907	20	原油1907	427.2	0.0	0.00%
al1906	21	沪铝1906	14095	-10	-0.07%
SM909	22	锰硅1909	7288	-8	-0.11%
j1909	23	焦炭1909	2109.0	-2.5	-0.12%
pp1909	24	PP1909	7975	-12	-0.15%
ZC909	25	动煤1909	576.6	-1.2	-0.21%
TA909	26	PTA 1909	5176	-16	-0.31%
sp1909	27	纸浆1909	4676	-22	-0.47%
OI909	28	菜油1909	7052	-34	-0.48%
ni1907	29	沪镍1907	96230	-550	-0.57%
l1909	30	塑料1909	7585	-45	-0.59%
jd1909	31	鸡蛋1909	4453	-36	-0.80%
eg1909	32	乙二醇1909	4410	-36	-0.81%
m1909	33	豆粕1909	2965	-25	-0.84%
v1909	34	PVC 1909	6605	-75	-1.12%
RM909	35	菜粕1909	2540	-39	-1.51%

图 3-9　2019 年 6 月 5 日 13:30 涨跌排行榜

幅居前与跌幅居前的品种，涨跌幅度依然没有大的变化。这也就是开盘时说的今天的操作比前两天难，并且赚不到大收益、难以得到高盈亏比的原因。

内部培训学员任红杰：

从下午开盘时的数据来看，上涨的品种构不成板块，下跌的品种也构不成板块，当天的走势没有主心骨，皆是一盘散沙。

无形：

这一天的操作虽然很棘手，但也有学习的必要。一定要记住这种盘面状态，未来交易的时候，碰到这种盘面，就要主动有一个意识：这不是赚钱行情，这样的盘面不亏钱、亏小钱即是盈利。

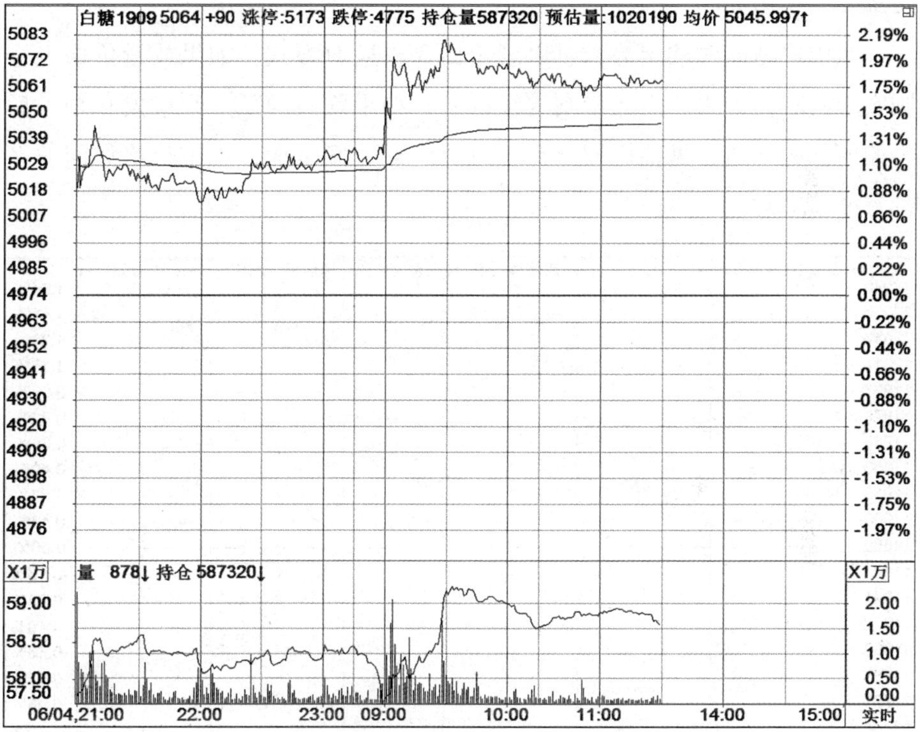

图 3－10　白糖 1909 合约 2019 年 6 月 5 日走势图

在图 3－10 中，白糖在下午开盘的时候，价格按之前的预期一直保持在前低点上方。既然不破位，便可以入场做多，因为多头形态存在，没有理由不进行操作。不破前低点的走势解决了开仓的问题。

内部培训学员任红杰：

没有跌破前低点，说明多头形态存在。记得您曾说过，低点抬高是空方力量衰竭的象征，价格无法跌破前低点是空方无能的表现。既然空方力量不强，那多方肯定还在控制着局面，因此可以做多。虽然说白糖的买点问题解决了，但持仓却是一个问题，因为成交量一直放不出来。

无形：

成交量始终无法放大说明没有资金入场做多。虽然无量的状态反映出没有资金做空，但多空双方资金都不进场，价格也只能在此停留。从这个案例我们可以看到，成交量能不能放大对开仓之后战果能不能扩大起着至关重要的作用。

对于白糖此时的走势，可以制定出3种应对方式：如果放量价格上涨则实现盈利；如果一直无量则继续持有；如果跌破前低点则触发止损。后事如何没人知道，见招拆招就行。只要应对方案全面，无论价格如何波动都有办法应对。

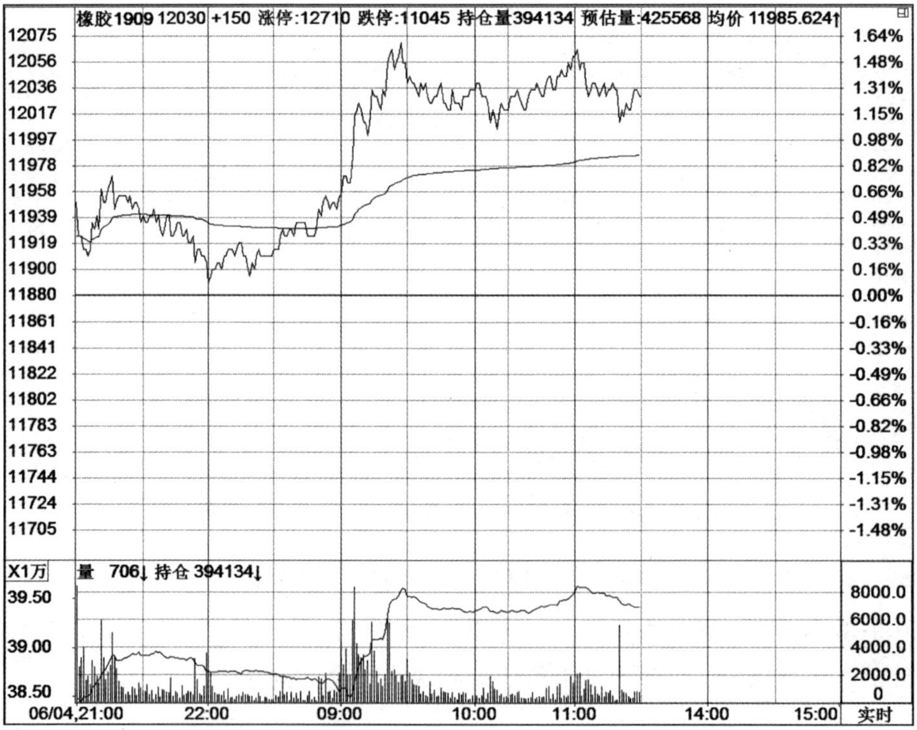

图3－11　橡胶1909合约2019年6月5日走势图

图3－11中橡胶的走势其实和白糖有些类似，它的价格在波动过程中有什么样的技术特征呢？

内部培训学员任红杰：

这种技术形态您教过我们：上升趋势中的大W底形态！说它是大W底是因为这个W底形成的时间比较长。一个形态形成的周期越长，形态成立后的波动幅度也将越大。与白糖相似的是，橡胶的第二个低点也在第一个低点上方稳住了。

无形：

价格跌不破前低点说明空方力量不够，再加上价格形成了上升趋势中的大W底形态，因此，下午开盘时便可以直接入场了。入场后等待即可，要么价格跌破前低点进行止损，要么形态成立价格继续上涨。那么如果形态成功价格会涨多少呢？W底形态有多宽，未来便可以涨多高。

图3－12 菜粕1909合约2019年6月5日走势图

在图3－12中，菜粕在形成逢高做空的卖点形态之后便一路曲曲折折地下跌。价格之所以没有形成快速下跌的走势，主要原因就在成交量上。下跌过程中成交量始终没有形成密集性的放量，在动力不足的情况下，价格又怎么可能跌得猛呢？下午开盘时面对此时的技术走势该如何操作？

内部培训学员任红杰：

菜粕此时形成的是持仓形态，没有任何开仓的形态出现。手中有空单的可以继续持有，空仓的则要等待价格在更高处有了缩量反弹之后再入场进行操作。

无形：

对菜粕做突破的话，价格的位置低了。不是没形态，因为11:00的低点就在那儿待着，只是位置不理想，所以要主动放弃突破操作。若是进行逢高做空操作，价格还没有形成更高的高点，所以还需要继续等待。因此，你制定的第二条操作策略就是正确的。

图3-13　塑料1909合约2019年6月5日走势图

在图3－13中，下午开盘的时候发现了塑料的交易机会。之所以关注它是因为价格刚刚跌破了盘中的大低点，破位后还没有出现大幅度下跌，技术形态上的空间还是有的。大形态处于刚破位附近，而小形态也正好处于破位点。面对这样的走势，开盘便可以入场进行做空。

内部培训学员任红杰：

我觉得还有另一个技术特征：价格跌破盘中大低点以后，成交量出现了放大的迹象。量能的放大说明有资金在进行操作，资金来了，形态也很好，当然要做空。

无形：

开盘就要做空。这是因为在符合大形态的情况下，小形态也有了卖点。做空之后，收盘前的那个反弹高点便是止损位，止损位不失守便可以继续持仓。设定好止损之后，便可以根据盘面形势测算一下收益的幅度。

图3－14　豆一1909合约2019年6月5日日K线走势图

跌幅第一的品种价格刚刚下跌了1.5%左右，塑料跌幅超过这个幅度的可能性不大，因为能源化工板块今天的空头表现并不太好。下午开盘时的跌幅是0.6%，那么，将目标设定在1%左右是靠谱的。当然，若开盘后出现成交量连续放大的迹象，这个幅度就将加大。

收益目标并不代表实际操作，这一点之前已交流过。如果没有跌到1%就出现了空单平仓的信号，就得赶紧出局。若远超过了1%的跌幅但仍然没有平仓信号，就应当继续持仓。

在图3－14中，豆一1909合约日K线当天盘中发出了做空的信号，趋势监控指标于次高位形成了实心翻绿的卖点，指标提示的做空价格为3583.95元/吨，取整数3583元/吨为实际卖出价位。大家可以关注这个品种做空的机会。若需要了解当前某个品种的多空状态，可随时与我们进行交流，以便为您的操作提供帮助。

第4章 2019年6月6日实盘解析：早盘空头午间转

李助教：

盘面的多空转换是一件很正常的事情。盘面有时候整体会保持着多头或空头的状态直到收盘，有时候可能上午是空头，下午就变成了多头。因此，在对盘面进行分析的时候，必须每隔10分钟对整体环境进行一次详细判断。随着大家经验的增多，对整体环境的多空判断其实半分钟就可以全部完成，根本不会对操作产生影响。本书所讲解的案例，时间跨度都比较大，因为笔者也要在盘中进行操作，每隔10分钟就截一次图并不现实，但是大家千万不要以为实际操作时也只需在这些时间点进行分析，那可就要误事了。

周二、周四直播公开课听众陈兆全：

通过阅读老师的书，我现在明白，在板块结构明显的情况下，多空转换的现象比较少见，特别是板块整体涨跌幅度大的时候。但若板块结构不明显，则很容易出现多空转换，特别是在涨跌幅度不大的情况下。

李助教：

盘面的多空转换其实并不会带来风险，只会影响决策。多转为空时，只要严格按技术操作，在价格下跌初期就打到止盈或止损出局了，所以根本不会对交易产生大的影响。若不能及时发现，还等着多头的交易机会，就容易错失行情，但也绝不会亏钱。此时，只要转变一下思路，顺应盘面做空，便可以抓住空头的交易机会。所以，盘面的多空转换会影响原有的做多思路，但只要每隔10分钟对盘面进行一番分析，也就可以及时地捕捉到新的机会了。

在图4-1中，2019年6月6日08:59，盘面形成了非常经典的空头状态。这样的盘面有着怎样的技术特征呢？

代码	序	名称	最新	涨跌	↓涨幅
ZC909	1	动煤1909	582.6	5.8	1.01%
ru1909	2	橡胶1909	12060	35	0.29%
au1912	3	黄金1912	300.70	0.70	0.23%
FG909	4	玻璃1909	1375	1	0.07%
ag1912	5	白银1912	3625	5	0.14%
zn1907	6	沪锌1907	20320	20	0.10%
OI909	7	菜油1909	7067	-3	-0.04%
y1909	8	豆油1909	5446	-8	-0.15%
SF909	9	硅铁1909	5848	-8	-0.14%
j1909	10	焦炭1909	2108.0	-3.5	-0.17%
p1909	11	棕榈1909	4408	-8	-0.18%
al1906	12	沪铝1906	14060	-30	-0.21%
jm1909	13	焦煤1909	1372.5	-5.0	-0.36%
jd1909	14	鸡蛋1909	4440	-20	-0.45%
v1909	15	PVC 1909	6565	-35	-0.53%
fu1909	16	燃油1909	2530	-20	-0.78%
ni1907	17	沪镍1907	95510	-820	-0.85%
rb1910	18	螺纹1910	3711	-32	-0.85%
sp1909	19	纸浆1909	4636	-40	-0.86%
SM909	20	锰硅1909	7232	-66	-0.90%
cu1907	21	沪铜1907	45990	-460	-0.99%
SR909	22	白糖1909	4991	-54	-1.07%
TA909	23	PTA 1909	5130	-56	-1.08%
pp1909	24	PP1909	7895	-86	-1.08%
CF909	25	棉花1909	13025	-150	-1.14%
eg1909	26	乙二醇1909	4346	-52	-1.18%
hc1910	27	热卷1910	3556	-44	-1.22%
RM909	28	菜粕1909	2524	-32	-1.25%
l1909	29	塑料1909	7470	-100	-1.32%
CJ912	30	红枣1912	9940	-160	-1.58%
AP910	31	苹果1910	9333	-165	-1.74%
m1909	32	豆粕1909	2924	-52	-1.75%
MA909	33	甲醇1909	2274	-42	-1.81%
sc1907	34	原油1907	415.9	-9.3	-2.19%
bu1912	35	沥青1912	2922	-80	-2.66%

图 4-1　2019 年 6 月 6 日 08:59 涨跌排行榜

周二、周四直播公开课听众陈兆全：

先从下跌品种的数量来看，35个品种中有29个下跌品种，是典型的空头市场。再从下跌的幅度来看，除领头的品种之外，其他品种跌幅有限，因此，空头的性质属于弱空。上涨的品种除了第一名，第二名就只有不到1%的涨幅，说明多方力量非常虚弱。下跌的第一阶队是能源化工板块，第二梯队是农产品板块。

李助教：

一旦通过当前的数据得出了市场的多空状态，就知道了操作上应当注意的事情。因为整体市场在集合竞价时的状态是弱空，所以若下跌力度无法加大，则应当抱着见好就收的态度进行操作，不宜不切实际地想着赚大钱。

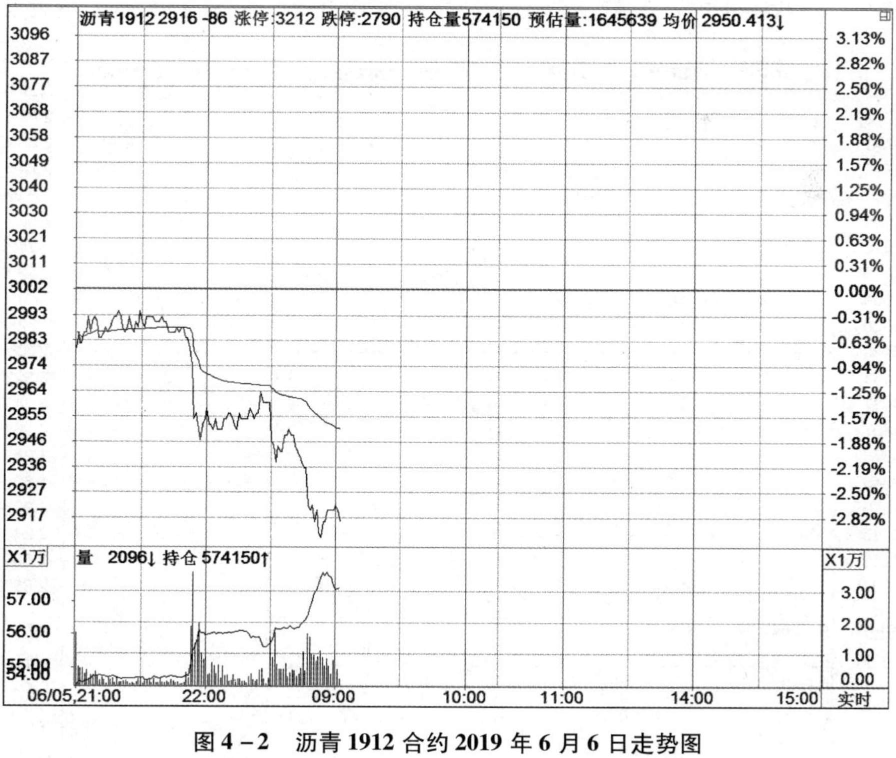

图4-2　沥青1912合约2019年6月6日走势图

沥青是早开盘前跌幅第一的品种。任何时候都要关注涨幅第一与跌幅第一的品种，只不过今天的盘面是明显的空头盘面，因此，涨幅第一的品种没有关注的价值。图4－2中沥青的走势在早开盘期间适合进行突破操作吗？

周二、周四直播公开课听众陈兆全：

从价格的属性来讲，可以做。因为您说过，跌幅居前的品种有很好的下跌延续性，所以可以做突破。如果价格在开盘后就形成了突破，因为距离反弹高点较近，止损空间并不存在。这是可以做突破的两点技术理由。而不能做突破的理由则是价格已经出现了几波下跌，并且今天虽然是空头行情，但是整体性质却属于弱空，因此，在低位进行突破操作，位置不好。

李助教：

操作的时候，各种各样的机会非常多，投资者要学会取舍。对于这样的位置，我一贯的态度就是舍去。价格跌了好几波，就算未来还能下跌又

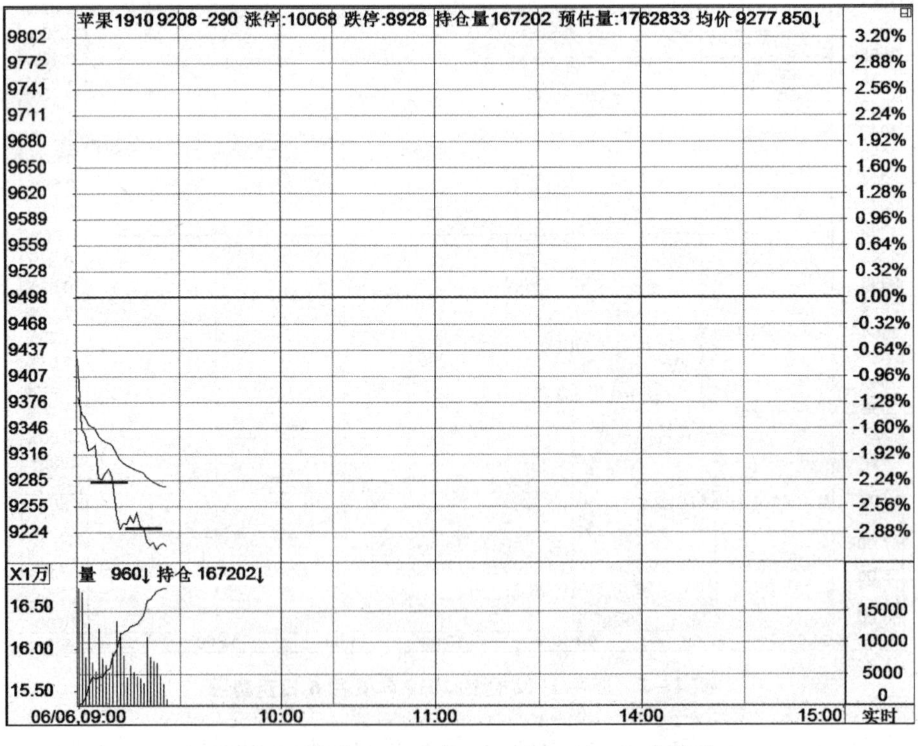

图4－3　苹果1910合约2019年6月6日走势图

能有多大的空间？如果未来空间不大，又怎么可能会得到大的盈亏比？突破操作，一定要讲究位置，只有在下跌初期的位置操作，才可以获得大盈亏比。突破的介入点位较低，不像逢高做空介入点位较高，本身就可以得到大的盈亏比。如果位置不合适，或是价格连续下跌几波之后才形成突破的走势，都不太建议操作。宁可错过机会，也一定要让自己的突破操作始终在价格涨跌初期进行，这样的突破才是最高效的。

所以，如果沥青开盘后才形成突破就需要放弃，然后等待位置较高的逢高做空的机会出现。

在图4-3中，由于苹果没有夜盘，因此，08:59以及开盘后的一二十分钟之内都不宜操作，因为价格数据较少，难以制订操作计划。在农产品板块中，苹果的波动活跃度是非常高的，因此，只要它的排名不是太靠后，就必须优先关注。

周二、周四直播公开课听众陈兆全：

苹果的波动活跃度应当和它的价格有关吧？我发现只要是价格高的品种，形成上涨或下跌走势的时候，速度都很快，并且技术形态往往都非常干脆利索。操作起来也很干脆，要么上涨或下跌带来盈利，要么直接打掉止损。

李助教：

按跌幅排行来看，今天应当关注豆粕，但由于豆粕在当前行情中的波动活跃度低，因此，苹果就成了最佳对象。开盘后不久，苹果形成了一次小反弹的走势，反弹的时间较短，幅度也不大，给投资者留下了第一次做突破的交易机会。其实苹果和沥青相比，一旦形成突破，必须优先做苹果的突破。谁的价格高，谁的波动活跃度就大，苹果价格近1万元/吨涨跌50元轻轻松松，但沥青却要费很大的劲。

经过了近20分钟的波动，苹果的跌幅比较靠前了，之后又形成了一次小幅度反弹的走势。因为突破点与反弹高点之间的空间并不大，所以，在前一笔突破操作有盈利的时候，这一次小止损形态的突破也可以断断续续地进行交易。

价格走势虽然没有逢高做空的机会，但是提供了2次突破的机会。在常规操作的时候，逢高做空操作与突破操作相结合，便可以捕捉到 90% 的机会。这是顺势交易的两大法宝！

代码	序	名称	最新	涨跌	↓涨幅
ZC909	1	动煤1909	581.2	4.4	0.76%
au1912	2	黄金1912	300.90	0.90	0.30%
zn1907	3	沪锌1907	20345	45	0.22%
ag1912	4	白银1912	3625	5	0.14%
OI909	5	菜油1909	7058	-12	-0.17%
FG909	6	玻璃1909	1370	-4	-0.29%
al1906	7	沪铝1906	14030	-60	-0.43%
p1909	8	棕榈1909	4396	-20	-0.45%
jm1909	9	焦煤1909	1369.5	-8.0	-0.58%
SF909	10	硅铁1909	5820	-36	-0.61%
y1909	11	豆油1909	5420	-34	-0.62%
jd1909	12	鸡蛋1909	4425	-35	-0.78%
SM909	13	锰硅1909	7236	-62	-0.85%
v1909	14	PVC 1909	6535	-65	-0.98%
ru1909	15	橡胶1909	11905	-120	-1.00%
cu1907	16	沪铜1907	45880	-570	-1.23%
rb1910	17	螺纹1910	3695	-48	-1.28%
eg1909	18	乙二醇1909	4341	-57	-1.30%
ni1907	19	沪镍1907	95050	-1280	-1.33%
TA909	20	PTA 1909	5112	-74	-1.43%
hc1910	21	热卷1910	3547	-53	-1.47%
sc1907	22	原油1907	418.7	-6.5	-1.53%
pp1909	23	PP1909	7854	-127	-1.59%
SR909	24	白糖1909	4964	-81	-1.61%
fu1909	25	燃油1909	2509	-41	-1.61%
j1909	26	焦炭1909	2077.0	-34.5	-1.63%
l1909	27	塑料1909	7425	-145	-1.92%
sp1909	28	纸浆1909	4568	-108	-2.31%
CF909	29	棉花1909	12870	-305	-2.31%
RM909	30	菜粕1909	2485	-71	-2.78%
MA909	31	甲醇1909	2251	-65	-2.81%
m1909	32	豆粕1909	2891	-85	-2.86%
bu1912	33	沥青1912	2890	-112	-3.73%
CJ912	34	红枣1912	9710	-390	-3.86%
AP910	35	苹果1910	9053	-445	-4.69%

图 4－4　2019 年 6 月 6 日 10:30 涨跌排行榜

在图4－4中，涨跌排行发生了变化，以苹果为代表的农产品来到了前列，而能源化工板块则退为第二梯队。除此之外，其他品种的跌幅并没有怎么扩大。这一个多小时中，投资者需要及时转换交易对象，一旦发现苹果和红枣的跌幅超过了能源化工品种，就要将目光放在农产品上。

周二、周四直播公开课听众陈兆全：

这也就是您一直说的："一定要关注上涨或下跌前五名的品种，好的机会只会在这些品种之中。"沥青虽有机会但机会并不大，而苹果和红枣则有着极好的机会。前五名如果是一个板块则只盯着这一个板块就可以，若处于两个板块，就要同时盯着。按您的看盘要求操作，不管是沥青的机会，还是苹果的机会，都是跑不掉的。这就正确看盘的魅力。

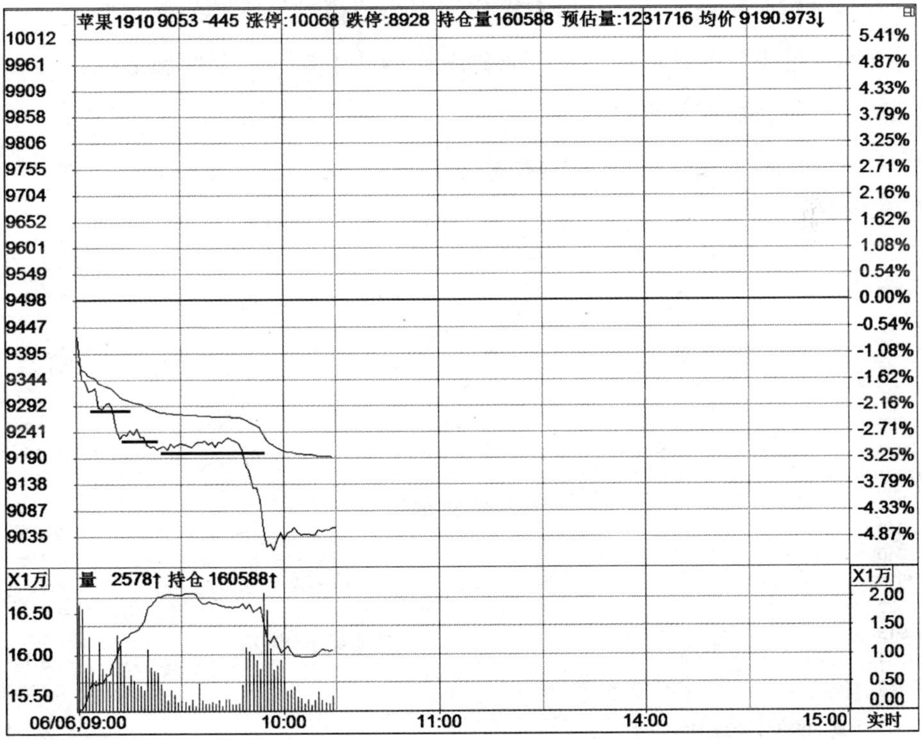

图4－5　苹果1910合约2019年6月6日走势图

李助教：

在图4－5中，苹果在出现了二次突破操作的介入点之后，形成了一次时间较长的反弹走势。在价格反弹过程中，形成了一次非常标准并且预示着价格后期下跌概率极大的技术形态。它有着怎样的技术特点？

周二、周四直播公开课听众陈兆全：

虽然价格反弹的时间长，但在反弹过程中，价格上涨的幅度是极小的。这说明多方力量不大，因为已经给了多方这么长的时间进行反击，多方却始终没有好的表现。根据您的说法：价格不想涨就是要跌，不想跌就是要涨。由此判断，价格下跌的概率是极大的。

李助教：

除了技术形态决定了价格下跌概率较大，成交量在反弹区间始终保持着无量的状态，也是一个非常重要的技术点。为什么价格涨不起来？因为没有多方资金积极入场进行做多操作。因为价格继续下跌的概率极大，所以在新低的点位便可以提前设定条件单或画线下单。一旦突破形成，再一次的盈利机会也就到来了。

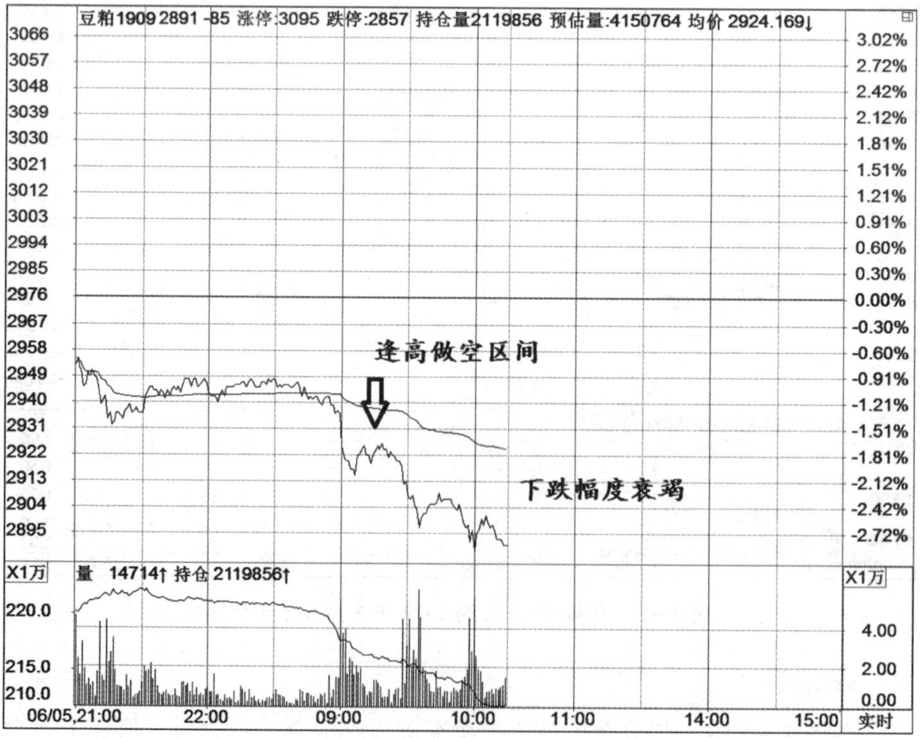

图4-6　豆粕1909合约2019年6月6日走势图

价格创出新低之后，在成交量连续放大的推动下，出现了一波快速下跌的行情，除了反弹区间以及突破位的介入点，没有任何交易机会。由此也可以看到，走势越是强劲的形态，越难以给投资者提供好的逢高做空的机会。

在图4－6中，豆粕是早开盘时农产品中跌幅最大的，开盘后，它形成了继续震荡下跌的走势。相比于苹果的走势，豆粕的交易机会其实更多。你能分别说出豆粕下跌时都有哪些介入点吗?

周二、周四直播公开课听众陈兆全：

开盘后不久，价格出现了缩量反弹的走势，量价配合非常理想，因为有了合适的高点，所以逢高做空的机会是跑不掉的。在后期下跌的过程中，价格先后三次给出了逢高做空的介入点。这三次反弹过程中，成交量都出现了萎缩，量能稳定，也就容易给投资者带来确定的做空机会。

李助教：

之所以关注豆粕，就是为了让大家对比一下豆粕逢高做空卖点与苹果突破介入点的区别。通过对这两个案例进行对比便可以看到：价格形成逢高做空卖点时，反弹的幅度会大一些，但反弹的幅度都保持在下跌幅度的1/2以内，同时，成交量随之萎缩，形成完美配合的状态。虽然对苹果做突破时成交量也是缩量，但是反弹的时候幅度小、周期短，与豆粕的走势有着明显的差别。

豆粕下跌的过程中还形成了另一个经典技术形态：波幅的衰竭。在下跌过程中，第一波跌幅最大，第二波跌幅明显减小，第三波跌幅进一步减小。这种情况说明空方的后劲不足，未来价格下跌的幅度将会受限。若价格出现了几次下跌，就需要留意底部出现的可能。在价格波动幅度减小的情况下，持仓要保持谨慎，一旦发现价格再也无法创出新低，就要及时平仓出局。

在图4－7中，盘中的多空转换就较为明显了。大多数的空转多都是这样进行的：空头下跌到位之后开始反弹，市场的空头力量消失，而后涨幅居前或抗跌的品种开始发力上涨。如果多头能够形成板块，则空转多的反转就会更为稳妥；如果不能形成板块，则多头整体上涨幅度便不会太大。

代码	序	名称	最新	涨跌	↓涨幅
ru1909	1	橡胶1909	12315	290	2.41%
j1909	2	焦炭1909	2148.0	36.5	1.73%
FG909	3	玻璃1909	1392	18	1.31%
zn1907	4	沪锌1907	20500	200	0.99%
ZC909	5	动煤1909	582.0	5.2	0.90%
jm1909	6	焦煤1909	1389.0	11.5	0.83%
v1909	7	PVC 1909	6640	40	0.61%
au1912	8	黄金1912	301.65	1.65	0.55%
ag1912	9	白银1912	3637	17	0.47%
OI909	10	菜油1909	7092	22	0.31%
pp1909	11	PP1909	8000	19	0.24%
SM909	12	锰硅1909	7308	10	0.14%
hc1910	13	热卷1910	3596	-4	-0.11%
l1909	14	塑料1909	7560	-10	-0.13%
SF909	15	硅铁1909	5846	-10	-0.17%
rb1910	16	螺纹1910	3736	-7	-0.19%
y1909	17	豆油1909	5442	-12	-0.22%
jd1909	18	鸡蛋1909	4443	-17	-0.38%
eg1909	19	乙二醇1909	4378	-20	-0.45%
al1906	20	沪铝1906	14020	-70	-0.50%
p1909	21	棕榈1909	4394	-22	-0.50%
TA909	22	PTA 1909	5160	-26	-0.50%
ni1907	23	沪镍1907	95810	-520	-0.54%
fu1909	24	燃油1909	2530	-20	-0.78%
cu1907	25	沪铜1907	46040	-410	-0.88%
MA909	26	甲醇1909	2289	-27	-1.17%
SR909	27	白糖1909	4986	-59	-1.17%
CF909	28	棉花1909	12975	-200	-1.52%
sc1907	29	原油1907	418.0	-7.2	-1.69%
sp1909	30	纸浆1909	4596	-80	-1.71%
bu1912	31	沥青1912	2916	-86	-2.86%
m1909	32	豆粕1909	2890	-86	-2.89%
RM909	33	菜粕1909	2480	-76	-2.97%
CJ912	34	红枣1912	9750	-350	-3.47%
AP910	35	苹果1910	9078	-420	-4.42%

图 4-7　2019 年 6 月 6 日 14:15 涨跌排行榜

周二、周四直播公开课听众陈兆全：

也就是说，当空头逆转为多头时，并不一定是涨幅居前的品种继续保持涨幅居前，也有可能被别的品种追上并超越？

李助教：

是的。在空头环境中，上涨的品种往往都是散沙状的，因此，它们上涨的稳定性并不大，涨得多的有可能还是它们。但从历史数据来看，多数情况下会有新的品种变成当天的多方龙头品种。

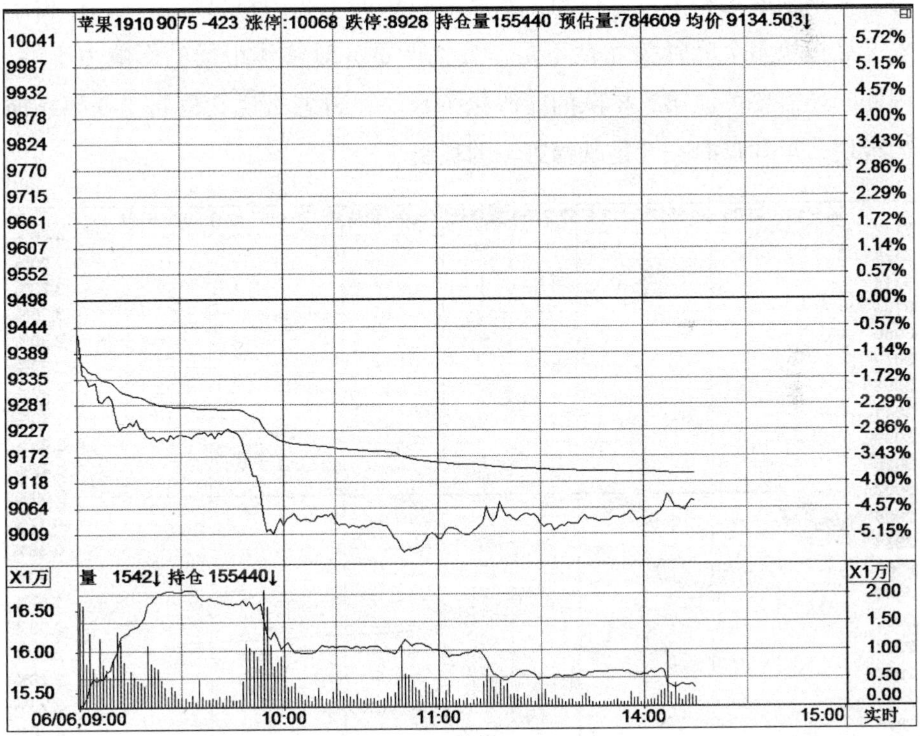

图 4-8　苹果 1910 合约 2019 年 6 月 6 日走势图

在图 4-8 中，苹果经过连续下跌之后，价格未能因跌幅排名第一以及成交量连续放大而跌停。随着像豆粕一样最后一波缩量下跌走势的出现，价格形成了长时间反弹的走势。市场中空方龙头的品种都跌不下去了，那些逆势不跌的抗跌品种又将会如何表现？

周二、周四直播公开课听众陈兆全：

跌幅居前的品种的作用就是带领其他品种下跌。它都跌不动了，其他品种也就不可能补跌了。跌幅最大的空方品种都跌不动了，意味着空方的动力暂时消失了。

李助教：

一旦发现跌幅居前的品种不再下跌，就一定要对那些涨幅居前、跌幅较少、涨速靠前的品种进行关注，空转多的机会往往就藏在它们身上。

从苹果的走势中可以得知，农产品板块的空头力量已经消失，但由于农产品板块多个品种关联性不足、分化严重，对整体市场的影响力不够，因此，还需要关注第二梯队的能源化工板块，再怎么说它也属于跌幅靠前的板块，早开盘时一度是跌幅第一的板块。

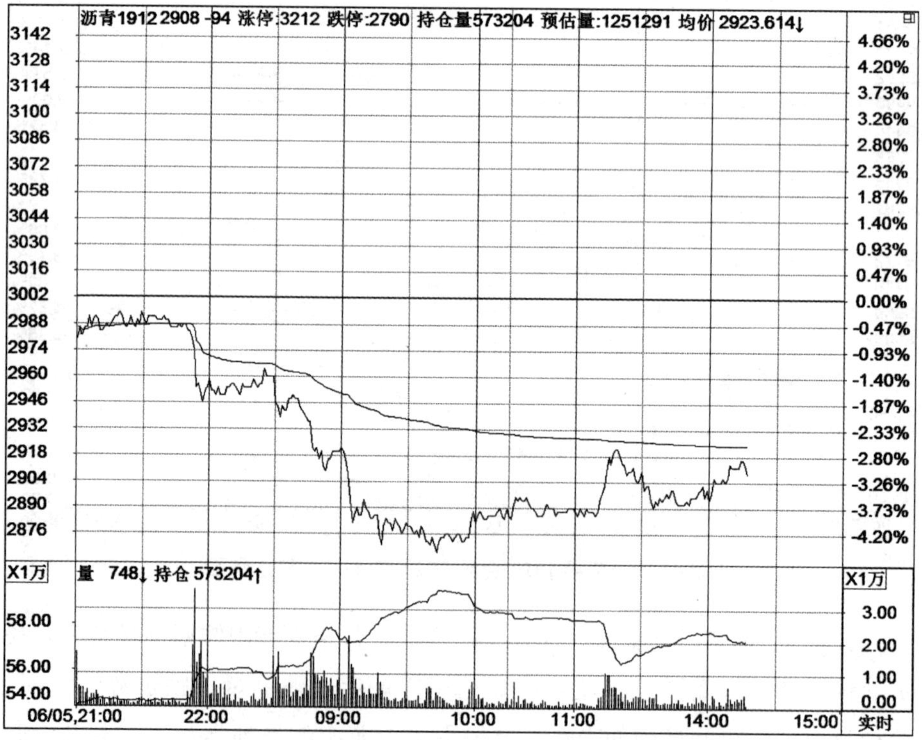

图4－9　沥青1912合约2019年6月6日走势图

周二、周四直播公开课听众陈兆全：

在图4－9中，沥青在09:50左右全止跌了，之后出现了较长时间的连续反弹走势，这说明能源化工板块中的空头力量也消失了。

李助教：

除了这些跌幅居前的品种，还应当翻看一下当天所有品种。如果发现眼下所有品种都形成了反弹或是上涨的走势，就意味着空头力量彻底用光了。把所有品种都翻看一下，得出的结论更准确，而只翻看领头品种是最快捷的方式。

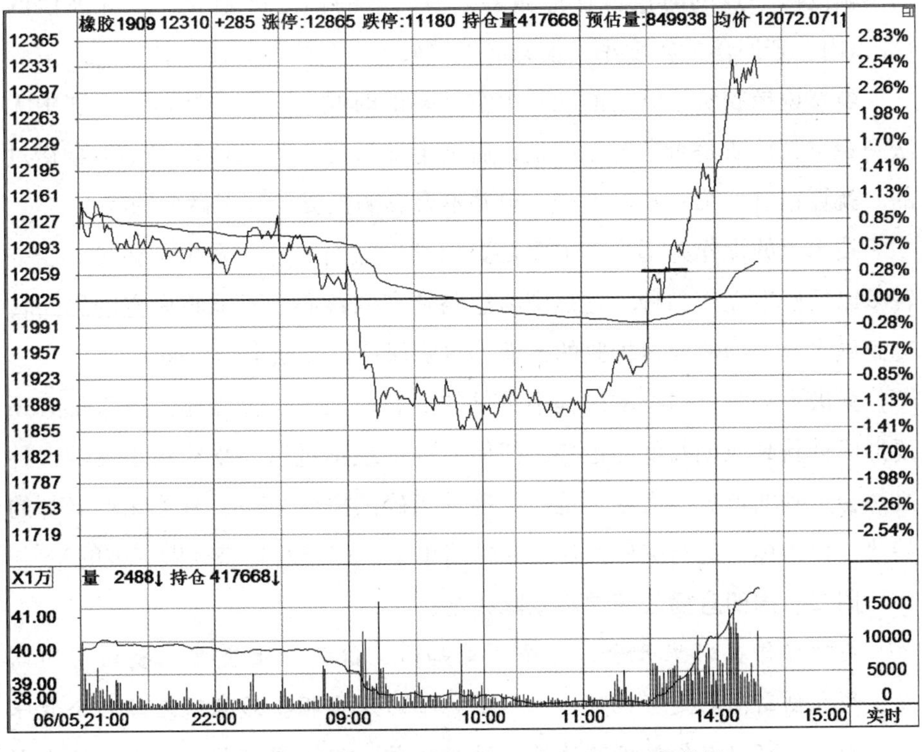

图4－10　橡胶1909合约2019年6月6日走势图

在图4－10中，橡胶上午收盘之前的走势其实没有什么亮点，与沥青差不多，只不过跌幅小了一些而已。但是下午开盘之后，它的走势突然变强。这其中有怎样的技术特征呢？

周二、周四直播公开课听众陈兆全：

下午开盘之后，橡胶的价格一下子跳到了均价线的上方，说明价格的波动性质由空头转变为了多头。当价格越到均价线上方的时候，成交量也出现了密集放大的迹象，说明资金开始入场积极进行做多交易。得到了资金支持的上涨将会变得更加稳定。

李助教：

在价格放量上涨的过程中，由于调整回落的幅度非常小，因此只能进行突破的操作。通过之前的讲解，相信大家已经明白：上升趋势中，调整回落幅度深一点的时候就逢低做多，但回落的幅度必须要在上涨波段的1/2以内；若回落的幅度小，就只能做突破。

虽然说橡胶价格波动的性质由空转多的时候，在第一阶段的上涨中无法判断出其性质是否逆转，但是，后期上涨过程中的机会肯定是不会错过的。就算错过了第一波的上涨，也并不会影响投资者当天做多的收益。

技术上的操作并不难，主要是要识别出盘面的性质发生了转变，当空转多以后确定操作品种。这是交易思路转变的核心。不能将做空的思路转变到做多上，即使面对橡胶的上涨，也要保持逢高做空的思路。

突破走势是价格波动过程中必见的形态，无论是上涨还是下跌都必须要形成创新高或创新低的走势，任何品种都绕不过这个坎！对于突破这种必然会见到的走势，大家一定要掌握其正确的操作方法。有了无形老师的趋势监控指标，进行突破操作就非常简单了，您当前是怎么做突破的？

周二、周四直播公开课听众陈兆全：

突破操作在哪里开仓，这个倒是知道，价格向上突破调整之前的高点，形成创新高的走势就可以入场了。难的是止损。后来听老师的公开课之后知道，可以在价格调整的低点进行操作。但这样操作，只能选择小形态的调整走势，一些调整略深、止损幅度大，但未来涨得很好的形态就要放弃了，所以有时也挺纠结的。持仓操作也很头疼，总是得不到大收益。

李助教：

您说的问题的确是许多投资者在操作过程中常有的困惑，但听我讲完您马上就知道该如何操作了。突破的介入点依然不变，价格越过调整时的高点、创下新高时就可以入场做多，做多之后就可以全部交给趋势监控指标。只要指标实心翻绿便可以出局，价格高于成本的就是止盈出局，低于成本的就是止损出局。一句话：突破入场，翻绿出局。就这么简单。

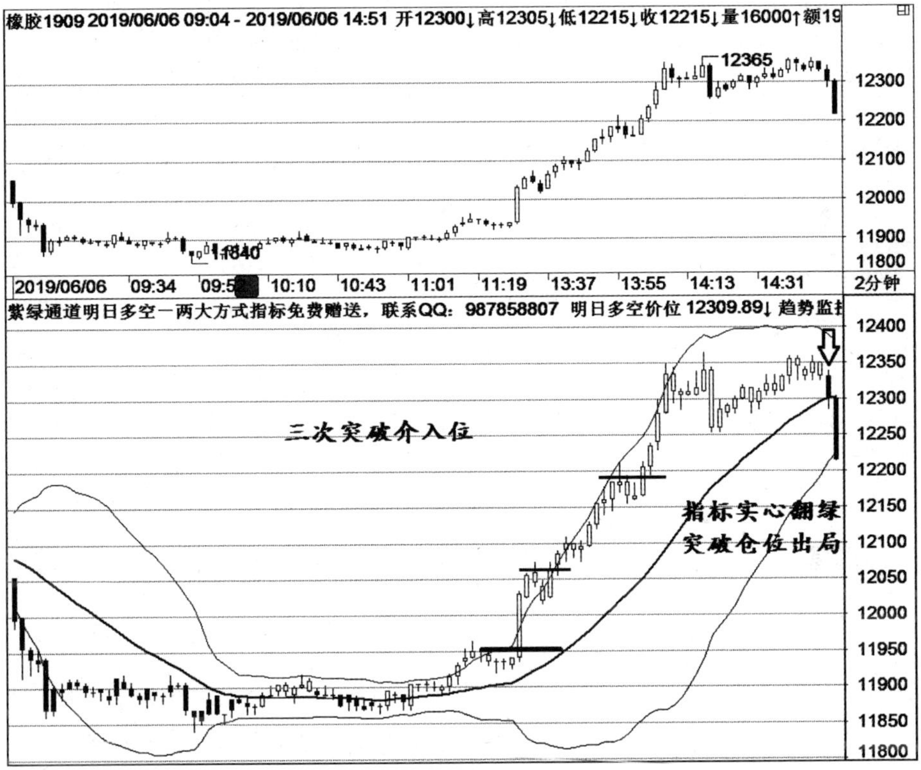

图4－11　橡胶1909合约2019年6月6日2分钟K线图

从图4－11中的走势来看，上涨过程中共形成了3次创新高的走势，也就是3处横线的位置。在整个上涨的过程中，趋势监控指标2分线K线始终保持着空心（软件中为红色）的状态，因此需要一直持有多单。而后在次高点区间，指标形成了实心翻绿的信号，这个时候，多单就需要止盈出局了。无论是在哪一个突破点位进行操作，都需要在指标翻绿的时候统一止盈离场。指标的作用就是简化使用者的操作，减轻使用者的分析压力。从突破的操作方法来看，趋势监控指标全做到了！这个指标将通过两大方式赠送各位读者朋友（详见后记）！

在图4－12中，焦炭的逆势更为突然。11:00，价格本来跌得好好的，

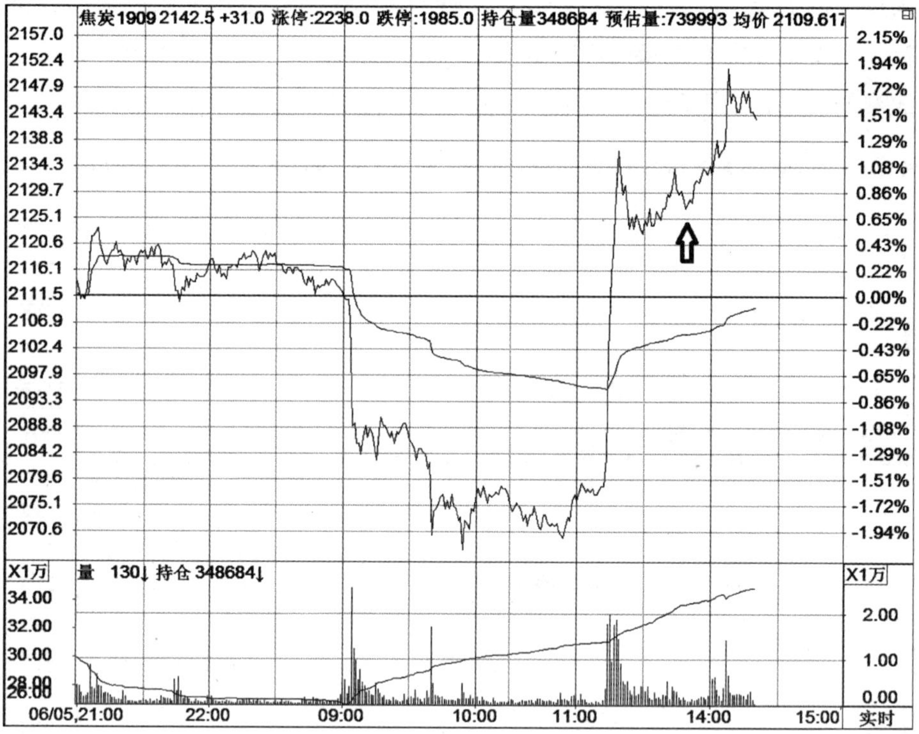

图 4－12　焦炭 1909 合约 2019 年 6 月 6 日走势图

保持做空的思路，但在成交量突然放大、价格一举创出盘中新高的情况下，若投资者只是手动止损，这几分钟的大幅上涨必然会导致严重亏损。因此，在实际操作时，依靠风控软件进行止损是必须的，预防的就是这种突发性行情。面对这种突发性的上涨该如何应对？

周二、周四直播公开课听众陈兆全：

把它们看作早开盘的大幅跳空高开就可以了。面对这样的走势，交易策略很简单：等待调整出现。价格调整幅度小的做突破，调整幅度大的找低点做多。

李助教：

价格快速上涨后出现了调整。第一波调整的时候因为速度有点快，有 A 字顶的迹象，再加上快速调整时数据少，不足以作出确定性的判断，所以，第一波调整的低点虽然满足了逢低做多的要求，但还是放弃为宜。

过了一会儿，价格继续调整，此时的形态就容易作出判断了：价格调整的低点形成了抬高的迹象，说明空头的力量衰竭，再加上这一时间内市场没有任何空头的迹象，因此，在第二个低点处便可以入场做多。虽然介入的点位略高了一点，但是价格波动的性质更透彻，也更明确。

第5章 2019年6月11日实盘解析：涨停指路连续涨

代码	序	名称	最新	涨跌	↓涨幅
FG909	1	玻璃1909	1463	57	4.05%
rb1910	2	螺纹1910	3750	47	1.27%
jm1909	3	焦煤1909	1412.5	14.0	1.00%
SF909	4	硅铁1909	5946	50	0.85%
hc1910	5	热卷1910	3591	32	0.90%
cu1907	6	沪铜1907	46590	390	0.84%
AP910	7	苹果1910	9061	65	0.72%
CJ912	8	红枣1912	9835	60	0.61%
SM909	9	锰硅1909	7346	36	0.49%
m1909	10	豆粕1909	2867	12	0.42%
j1909	11	焦炭1909	2139.0	8.5	0.40%
SR909	12	白糖1909	5044	14	0.28%
CF909	13	棉花1909	13010	30	0.23%
sp1909	14	纸浆1909	4616	14	0.30%
al1906	15	沪铝1906	14020	35	0.25%
RM909	16	菜粕1909	2470	7	0.28%
y1909	17	豆油1909	5466	10	0.18%
ru1909	18	橡胶1909	12345	15	0.12%
OI909	19	菜油1909	7085	2	0.03%
p1909	20	棕榈1909	4388	-4	-0.09%
bu1912	21	沥青1912	2964	-4	-0.13%
eg1909	22	乙二醇1909	4385	-6	-0.14%
au1912	23	黄金1912	300.75	-0.50	-0.17%
zn1907	24	沪锌1907	20625	-40	-0.19%
ZC909	25	动煤1909	585.4	-1.4	-0.24%
fu1909	26	燃油1909	2601	-10	-0.38%
ni1907	27	沪镍1907	95920	-360	-0.37%
jd1909	28	鸡蛋1909	4421	-19	-0.43%
ag1912	29	白银1912	3616	-21	-0.58%
v1909	30	PVC 1909	6585	-40	-0.60%
TA909	31	PTA 1909	5278	-32	-0.60%
l1909	32	塑料1909	7550	-60	-0.79%
pp1909	33	PP1909	7988	-75	-0.93%
MA909	34	甲醇1909	2300	-28	-1.20%
sc1907	35	原油1907	427.5	-6.7	-1.54%

图5－1　2019年6月11日早开盘涨跌排行榜

李助教：

很多时候，处于涨幅前列的某个品种如果形成了涨停的走势，就会对本板块中的其他品种形成带动作用，从而带来好的操作机会。涨停是多方力量最强大的表现，在它的引导下，同板块中的其他品种往往会响应。若当天的整体环境能够再配合一些，便又是市场大发红包的一天了。

周二、周四直播公开课听众韩恒建：

某个品种一旦涨停，就意味着它成了当前板块中的龙头领涨品种，能够对其他品种形成带动作用。这就是龙头的领涨特性吧？

李助教：

是的。龙头品种的特点就是自身涨幅大，对其他品种起到了示范作用，在它上涨时其他品种很容易随之上行。2019 年 6 月 11 日日盘开盘后不久，玻璃便形成了涨停的走势，我们来看一下它是如何影响黑色系板块中的其他品种的。

如图 5－1 所示，2019 年 6 月 11 日这一天早开盘时的多空盘面非常经典，碰到这样的盘面就知道今天有机会赚到中等幅度或大幅度的收益了。

周二、周四直播公开课听众韩恒建：

我看此时的盘面差不多一半涨一半跌，力度都不是太大，为什么您说可能会有赚大钱的机会呢？

李助教：

您可能只是学习了无形老师书中的内容，并没有接触到更核心的内容，所以，这样的盘面容易给您的操作造成干扰。您觉得跌幅第一名只下跌了 1.54%，涨幅第二名也只有 1.27% 的涨幅，整体盘面涨跌幅并不大，对不对？这样分析是对的，但并不完整。

涨跌幅虽然不大，但您有没有发现形成了板块？上涨居前的是黑色系板块，下跌居前的是能源化工板块。至于今天到底是涨还是跌这不好说，但上涨与下跌都有了板块结构，就意味着如果上涨，那对黑色系做多肯定会有不错的收获，而如果下跌，那能源化工板块肯定会有好的表现。在力度并不强的市场中，黑色系的玻璃涨停了，这是一个重要的信号，更是一个好的参照对象：如果涨停打开了，说明多头力度不强，在这种情况下对能源化工板块做空将会有好的收获；若涨停死死地封着，就说明多头力量强大，必然会对黑色系板块产生带动，此时对黑色系板块做多就会有好的收获。无论是做多还是做空都有好的机会，这就是我说当天会有中等或大幅盈利机会的原因。

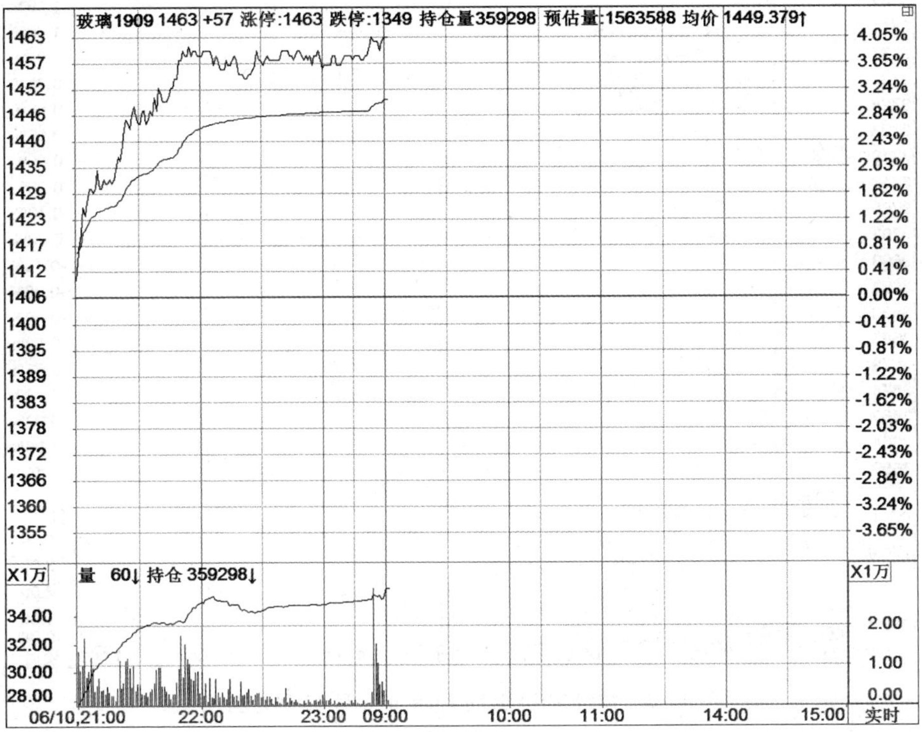

图5－2　玻璃1909合约2019年6月11日走势图

因为玻璃涨停了，所以它的走势还是有必要看一下的（见图5－2），主要是看它是技术性涨停，还是消息性涨停。涨停的性质不同，对盘面的影响也不同。

周二、周四直播公开课听众韩恒建：

同样都是涨停，技术性涨停和消息性涨停有很大的区别吗？

李助教：

消息性涨停是受利好消息影响产生的涨停，往往以大幅高开的形式展开。因为有消息作支撑，所以并不完全代表资金的交易态度，因此，其上涨的可靠性还有待验证。技术性涨停就像玻璃的走势，从开盘一路连续上涨到涨停，这种上涨就比较可靠。连续的上涨代表了资金的交易态度，肯定要比直接跳到涨停的走势更容易带动其他品种。

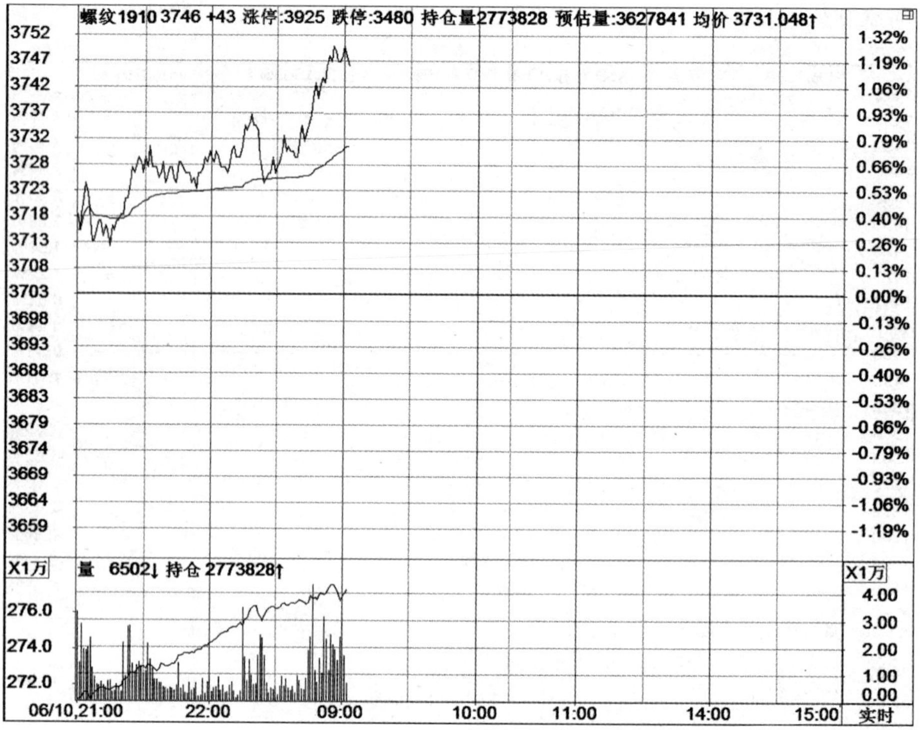

图 5－3　螺纹 1910 合约 2019 年 6 月 11 日走势图

玻璃已涨停，肯定是没有机会操作了，那么，涨幅第二名的螺纹就成了做多最好的目标。螺纹夜盘期间其实就有了不错的多单表现。从图 5－3 来看，螺纹夜盘期间的价格走势有着怎样的多头迹象呢？

周二、周四直播公开课听众韩恒建：

除了夜盘刚开盘后的震荡走势，在绝大多数时间，分时线都在均价线上方。无形老师说过，这是典型的多头特点。同时，在价格波动过程中，低点不断抬高，高点也不断抬高，这也是多头波动的一大特点。

李助教：

除了价格上的因素，成交量的变化也非常好。在夜盘震荡期间，每当价格上涨，成交量都会随之放大，这说明资金做多的积极性非常高。正是有资金在入场操作，才推动了价格连续上行。

日开盘时，价格已处于当前的高点处。若没有玻璃的涨停，此时的交易策略就是等待调整出现再去逢低做多。但因为有玻璃这只龙头品种的指引，所以还需要加入另一个交易策略：只要价格再度创下新低就在突破点介入。逢低做多解决了价格调整之后的操作问题，而突破操作则可以防止价格受玻璃带动突然快速上涨。有了这两手准备，不管价格如何波动，都可以应对自如了。

图5－4　原油1907合约2019年6月11日走势图

原油是当天跌幅第一的品种，日开盘时价格形成了反弹的走势（见图5－4）。面对这种走势，只要价格反弹到位，就容易带来盈利的好机会。

周二、周四直播公开课听众韩恒建：

无形老师在公开课中讲过，价格反弹的时候有两个关键点：一是反弹到下跌波段1/3的位置。如果价格始终过不了这个位置，那下跌的概率就是极大的，这代表了多方力量的虚弱。二是反弹到下跌波段一半的位置。这个位置不能失守，一旦越过了这个位置，价格也就不太好下跌了。

李助教：

正是如此。从盘中的走势来看，因为市场有了涨停的品种，所以原油多少会受到些影响。虽然刚开盘时恰好处于反弹1/3的点位，但恐怕难以阻止价格的反弹。因此，可以将目标设置为回撤50%的点位，价格到达这里之后，也就容易提供一个好的逢高做空的机会了。当然，前提是黑色系的表现不怎么样。如果黑色系的表现很好，那肯定要去做黑色系，涨得好就去做多，跌得好就去做空，毕竟涨跌两头的品种都构成了板块。

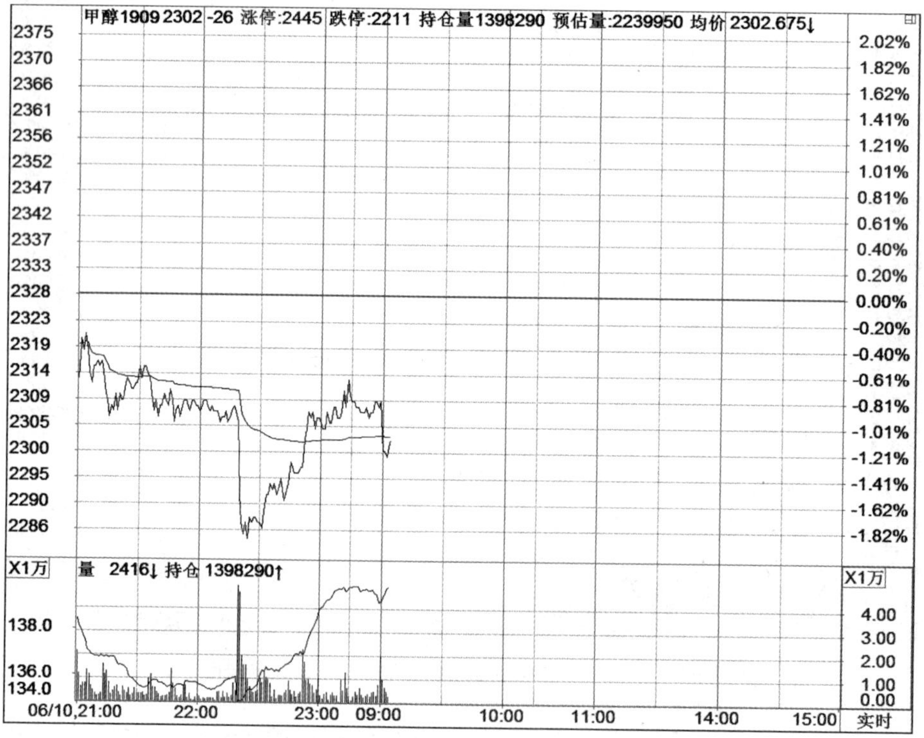

图5-5 甲醇1909合约2019年6月11日走势图

在图5-5中，甲醇在夜盘期间出现了一波放量下跌的走势，打下了一个好的基础，只要随后的反弹力度不大，价格就将继续下跌。但随后价格却连续上行，先突破了1/3的常见压力位，又突破了1/2的常见压力位，并回到了起跌点，使得空头的下跌前功尽弃。在这种情况下，做空也就不太适合了。

周二、周四直播公开课听众韩恒建：

以后碰到这种反弹幅度超过1/2的走势，就要放弃做空操作了。反弹幅度超过下跌幅度的1/2说明多方的力量比较大，价格继续下跌的概率就会随之降低。而如果整个下跌波段全部被吃掉，更是直接说明了多方力量的强大。空方刚才走得的确强劲，但多方力量也不差，否则又怎么会回到起跌位？

李助教：

我的本意就是拿甲醇作参考，看一下原油的走势。如果原油也走出了类似甲醇的下跌形态，做空就不可能进行了。到达1/3或1/2的关键点位后，价格必须停止反弹；如果止不住反弹的话，价格趋势就很可能直接反转。

到了中午收盘的时候，市场的形势发生了一些变化（见图5-6）。一是下跌品种的跌幅明显减小了，说明市场中的空头力量并不强，所以做空并不是最好的选择。二是涨幅加大了，以螺纹为代表的黑色系在上午出现了延续性上涨的走势。其实这种情况在盘中就可以发现，只要按无形老师要求的，每10分钟查看一下盘面状态，就可以抓住黑色系连续上涨的机会了。

周二、周四直播公开课听众韩恒建：

上涨品种的板块结构很好，始终是黑色系。但下跌品种的板块出现了分化，早开盘是能源化工，到了中午，能源化工板块并没有继续抱团下跌。上涨的品种有板块，下跌的品种没有板块，在这种情况下，下午就应当继续坚定做多的思路了。

代码	序	名称	最新	涨跌	↓涨幅
FG909	1	玻璃1909	1463	57	4.05%
rb1910	2	螺纹1910	3810	107	2.89%
hc1910	3	热卷1910	3640	81	2.28%
j1909	4	焦炭1909	2168.0	37.5	1.76%
SM909	5	锰硅1909	7420	110	1.50%
SF909	6	硅铁1909	5982	86	1.46%
jm1909	7	焦煤1909	1416.5	18.0	1.29%
CF909	8	棉花1909	13140	160	1.23%
CJ912	9	红枣1912	9895	120	1.23%
cu1907	10	沪铜1907	46750	550	1.19%
AP910	11	苹果1910	9093	97	1.08%
sp1909	12	纸浆1909	4640	38	0.83%
bu1912	13	沥青1912	2992	24	0.81%
v1909	14	PVC 1909	6670	45	0.68%
al1906	15	沪铝1906	14045	60	0.43%
ZC909	16	动煤1909	588.8	2.0	0.34%
ni1907	17	沪镍1907	96540	260	0.27%
ru1909	18	橡胶1909	12350	20	0.16%
eg1909	19	乙二醇1909	4398	7	0.16%
zn1907	20	沪锌1907	20695	30	0.15%
y1909	21	豆油1909	5462	6	0.11%
p1909	22	棕榈1909	4394	2	0.05%
SR909	23	白糖1909	5029	-1	-0.02%
m1909	24	豆粕1909	2854	-1	-0.04%
l1909	25	塑料1909	7595	-15	-0.20%
OI909	26	菜油1909	7069	-14	-0.20%
TA909	27	PTA 1909	5296	-14	-0.26%
pp1909	28	PP1909	8039	-24	-0.30%
au1912	29	黄金1912	300.35	-0.90	-0.30%
RM909	30	菜粕1909	2455	-8	-0.32%
MA909	31	甲醇1909	2316	-12	-0.52%
jd1909	32	鸡蛋1909	4416	-24	-0.54%
fu1909	33	燃油1909	2591	-20	-0.77%
ag1912	34	白银1912	3600	-37	-1.02%
sc1907	35	原油1907	428.6	-5.6	-1.29%

图 5－6　2019 年 6 月 11 日 13:30 涨跌排行榜

李助教：

从图5－7可以看出，螺纹刚开盘时，涨幅由1%左右变成了3%左右，价格有了近2%的涨幅。想都不用想，肯定给投资者提供了好的交易机会。根据螺纹的走势，你来看一下都有怎样的买点？

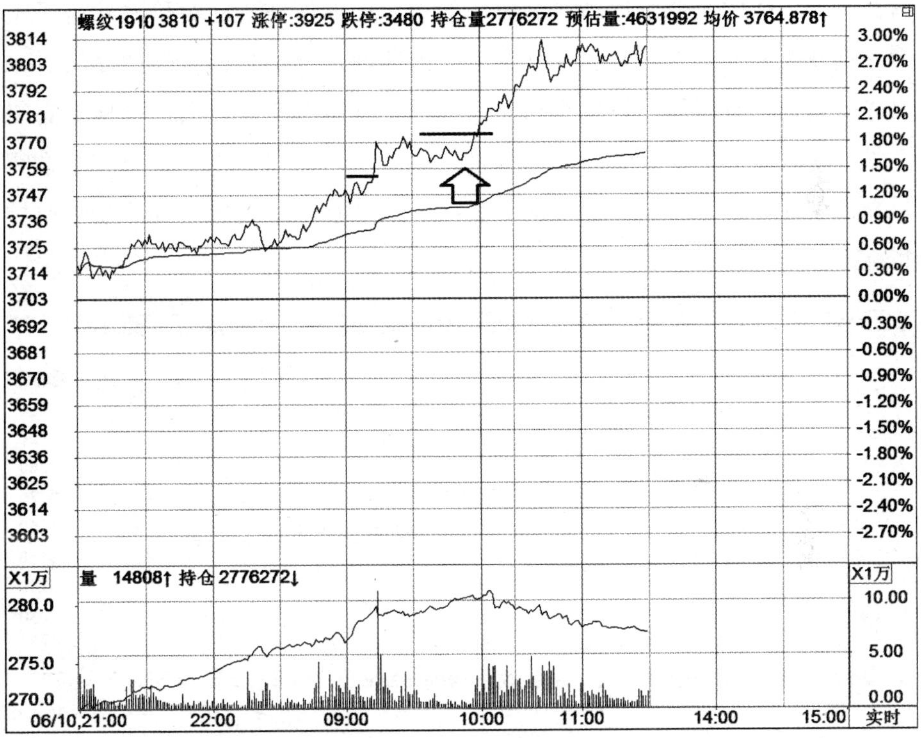

图5－7　螺纹1910合约2019年6月11日走势图

周二、周四直播公开课听众韩恒建：

无形老师讲过，对于强势的品种，一定要盯着它创新高的走势。涨幅靠前的品种一旦在合适的位置创出新高便意味着机会的到来。从图5－7中的走势来看，价格有两次创新高的走势，都带来了交易机会。除此之外，就是逢低做多的机会。但对于螺纹的走势我有些拿不准，因为回落的幅度较小，不太好确定可开仓的低点在什么点位。

李助教：

螺纹突破之后第一次调整时的确不好操作，无法精确地找到合适的逢低做多的点位。原因就是你讲的，回落幅度太小了。这种形态只能用突破的手法去操作。小幅度调整用突破操作，幅度大一些的调整则可以留意逢低做多的机会。

经过一番调整，在09:50左右，更合适的逢低做多的点位来了。这个时候主要形成的是低点抬高的走势。相比之前的调整，此时价格获得了支撑，这就是好的介入区间。有时候，介入区间可以找到，具体的介入点也可以找到；但有时候，只能找到介入区间，具体的介入点由于价格形态就不太容易找到。螺纹此时的走势就是这样。虽然低点抬高了，但具体在哪里介入就成了一个问题。不过也不必担心，来看一下无形老师的趋势监控指标是如何捕捉买点的吧。

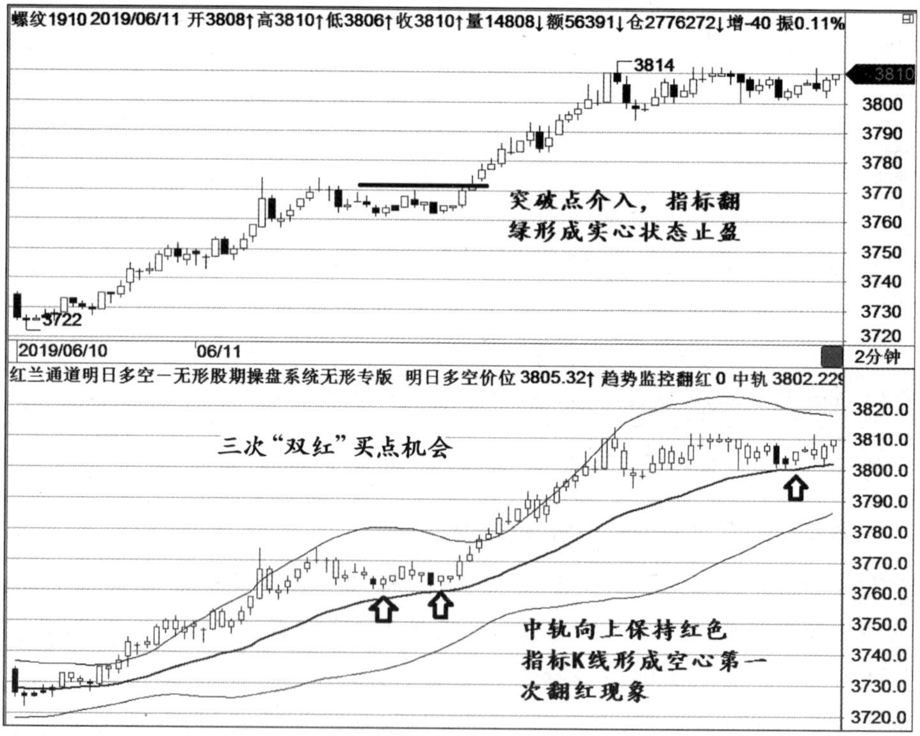

图5-8 螺纹1910合约2019年6月11日走势图

趋势监控指标是一个对价格涨跌波动进行跟踪与监控的指标，可以及时提示投资者在什么点位做多以及在什么点位做空，属于"傻瓜"式指标。为了避免大家乱用，无形老师讲解了指标的两大战法："双红""双绿"战法与突破战法。其中"双红""双绿"战法是最好的操作方法，突破战法是替补方法。

"双红"买点是指趋势监控通道中轨向上形成红色状态时，指标K线第一次形成红色（本书图中为空心）买点信号。其技术原理是：中轨向上说明趋势仍然未变，仍是多头趋势，顺势交易则盈利的概率大；随价格调整指标形成空头形态（K线为绿色，本书图中为实心），一旦调整结束，指标将重新形成翻红买点信号。此时，中轨向上呈现红色，指标K线第一次翻红，即为"双红"买点。

周二、周四直播公开课听众韩恒建：

按照您说的方法，从图5－8来看有三次介入点。中轨全程向上说明应当坚定做多，这样可以帮助我们改掉逆势交易的坏习惯。交易方向有了，具体介入点指标也提示了，这样就解决了买点难的问题。

李助教：

工具的作用就是规范交易者的行为，使进出理由保持一致。为什么开多单？因为形成了"双红"买点。为什么做空？因为形成了"双绿"卖点。这样操作不会乱，不会一会儿以这个理由交易，一会儿以那个理由下单。行为规范了，心态自然平和；心态平和了，胜率自然大增。

除了进行"双红"买点的操作，还可以使用指标进行突破的操作。突破更简单，价格创新高就买进，指标翻绿了就出局，远离成本的就止盈，在成本以下翻绿的就止损。突破点是"死"的，难的是突破之后什么时候止损和止盈，又该如何持仓。参考趋势监控指标就很简单，因为持仓、止损或止盈信号都具备。这样一来，调整操作有了"双红"买点逢低做多的机会，突破操作则可以在没有逢低做多机会，或是错过了逢低做多机会，价格刚刚步入上升趋势时进行。

从图5－9中焦炭上涨的幅度来看，焦炭的走势没有螺纹强。正是由于涨幅落后，因此，焦炭在价格上涨过程中给投资者留下了更多的交易机会。

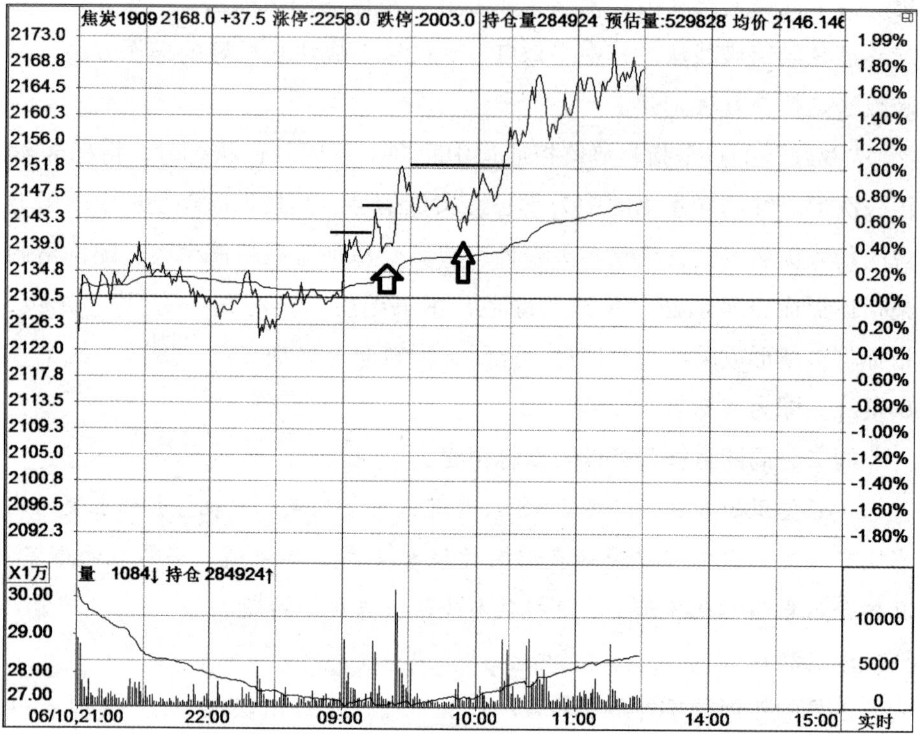

图 5-9　焦炭 1909 合约 2019 年 6 月 11 日走势图

周二、周四直播公开课听众韩恒建：

我发现，弱势品种的交易机会反而更多。螺纹很强势，但如果没有无形老师的操盘指标，也很难捕捉到机会；而焦炭虽然弱，但是逢低做多的介入点却很明显。

李助教：

正因为它走得比较弱，调整时价格回落的幅度才深；而回落的幅度深，自然也就有了逢低做多的机会。螺纹走势很强，所以价格回落的幅度小，逢低做多的低点就不像焦炭这么好捕捉了。但是不能因为焦炭逢低做多的点好捕捉就操作它。想赚大钱，永远要优先选择强势的品种！

从焦炭的走势来看，前两次的突破效果都不是太好，做了突破还没怎么赚钱，价格马上就回落了。这是弱势品种常见的特点。因为它们涨幅有限，所以在位置高一些的点位进行操作，获利效果并不好。也正是因为它们比较弱，所以逢低做多的机会就更好一些。但也请注意另一个问题：同样因为它们弱，逢低做多的低点更容易一步步演变为下跌的中继形态，逢低做多形态成功的可能性要小于强势品种。

下面再次结合趋势监控指标来看一下在焦炭的走势中有着怎样的介入点。

在价格上涨过程中，趋势监控指标中轨始终保持着向上的态势，这样一来，在彩色的K线图中，中轨的颜色就是红色。若中轨向下，就是绿色空头状态。

在中轨红色向上时，一旦指标K线形成第一次翻红的买点信号，便可以入场进行操作。那么，指标K线怎样才能形成第一次翻红呢？

图5-10　焦炭1909合约2019年6月11日走势图

周二、周四直播公开课听众韩恒建：

价格一旦展开调整，就会使指标K线进入空头状态；而一旦调整结束，指标K线便会恢复多头状态。在调整结束的那一刻，指标K线也就会形成第一次翻红。图5－10中箭头的标注处就是两次第一次翻红的“双红”买点位置。

李助教：

除了有两次“双红”买点，还有先后三次突破的介入机会。根据无形老师的趋势监控指标，进行突破操作更简单。先在K线上确定出创新高的点，然后只要价格创出新高便可以入场做多，做多之后跟着指标走即可。只要指标翻绿，不管是赚是亏，通通出局。前两次突破并没有利润，基本上是平手出局的。而第三次突破创新高之后，指标在高于成本的点位翻绿，提示出局。突破操作之后，马上又重新形成了“双红”买点，便可以重新接回多单。

再来总结一下趋势监控指标如何做突破：价格创新高就做多，开仓之后只要指标翻绿形成实心状态便出局，或是止盈出局，或是止损出局；价格创新低便入场做空，指标翻红形成空心状态便出局，或止损，或止盈。

再来回顾一下早开盘期间对原油的判断。因为原油是当天跌幅靠前的品种，所以无论什么时候都应当盯着它。在具体盯盘时大家要把屏幕切分成四屏或六屏显示，如此一来，上涨的品种可以盯两三只，下跌的品种可以盯两三只，哪边有机会在哪边操作就可以。切不可片面地只盯着一个品种。

周二、周四直播公开课听众韩恒建：

我以前就是一个屏幕显示，也没看过什么盘面，当天整体环境是涨还是跌也不清楚，看了无形老师的《一年十倍的期货操盘策略》系列书籍之后才知道有“盘面”这一说。而后又在周二、周四的公开课中学习了盯品种的方法。我现在就是切分了六屏，其中两个是自己一直盯着的品种，另外四个随机调整，两只领头上涨的，两只领头下跌的。这样一来，有上涨的机会就在领涨品种身上做，有下跌的机会就在领跌品种上交易，操盘的效果比以前好了许多。

图 5－11　原油 1907 合约 2019 年 6 月 11 日走势图

李助教：

图 5－11 中原油走势的经典之处在于：开盘后价格反弹到了下跌波段 50% 的点位。这个点位是一个很重要的点位，价格反弹至此如果还不停止上涨的话，就很有可能会彻底转势。好在原油到达了 50% 的回撤位之后价格就停止了上涨，从而带来了一次逢高做空的机会。

从盘中的数据来看，价格此时运行到了前高点附近。如果能够在前高点下方停住，就会演变为一个空头波动性质中高点降低的形态，这样的形态便又提供了一次逢高做空的操作机会。操作策略就是，前高点受压停止反弹则有机会做空，而价格一旦越过前高点，就不再继续做空单了。所谓操作策略，其实就是把种种可能性预想到，并且制定好应对的措施，对方出什么招，我方用什么招来应对就可以了。高手与新手的区别就是，高手的应对策略更全面。

第6章 2019年6月12日实盘解析：分化主盯强板块

姚助教：

分化盘面是当前较为常见的一种盘面状态。随着上市期货品种的增多和产业环境的多样化，在同样的经济面下，会出现一些品种上涨、一些品种下跌的格局。早年间，分化现象虽然有，但少见，而现在，分化现象与标准的多头或空头市场出现的次数就一样多了。对于学会了无形老师盘面多空判断方法的朋友来说，分化盘面提供了多空两头的操作机会，而对于还没有掌握这种分析方法的投资者来讲，分化盘面就是资金的“绞肉机”，在这种行情中很容易出现亏损。

周二、周四直播公开课听众王永超：

在没有接触到无形老师的书之前，我也经常浏览所有主力合约的综合涨跌状态。虽然没有无形老师那样清晰的思路与分析方法，但也知道“大多数品种上涨就随着做多、大多数品种下跌就随着做空”的道理。后来看了《一年十倍的期货操盘策略》丛书之后，我对盘面分析的方法领会得更加透彻了。盘面就是大环境，看不懂当天的大环境，操作起来就是盲目的。

姚助教：

在具体操作时，一看环境（盘面多空状态），二看板块，三定目标，四定方向，五定止损（安全带必须提前系上），六定开仓点。六步看似挺烦琐，其实也就需要几秒钟。但凡缺少环境分析的，结论都必然会与市场真实的波动有很大的偏差！

在图6－1中，2019年6月12日早开盘时形成了标准的分化盘面，上涨与下跌的品种基本一样多。除了基本上一半品种涨、一半品种跌的特征，早开盘时的盘面还有什么样的特征？

代码	序	名称	最新	涨跌	↓涨幅
bu1912	1	沥青1912	3062	46	1.53%
ni1907	2	沪镍1907	97860	1390	1.44%
CF909	3	棉花1909	13200	105	0.80%
hc1910	4	热卷1910	3650	29	0.80%
j1909	5	焦炭1909	2181.5	17.0	0.79%
ZC909	6	动煤1909	592.6	4.4	0.75%
rb1910	7	螺纹1910	3811	28	0.74%
jd1909	8	鸡蛋1909	4460	26	0.59%
jm1909	9	焦煤1909	1427.5	8.0	0.56%
v1909	10	PVC 1909	6675	30	0.45%
SM909	11	锰硅1909	7440	32	0.43%
FG909	12	玻璃1909	1456	6	0.41%
zn1907	13	沪锌1907	20755	75	0.36%
al1906	14	沪铝1906	14075	40	0.29%
SR909	15	白糖1909	5043	6	0.12%
m1909	16	豆粕1909	2873	2	0.07%
CJ912	17	红枣1912	9910	10	0.10%
SF909	18	硅铁1909	5980	10	0.17%
ag1912	19	白银1912	3610	-1	-0.03%
pp1909	20	PP1909	8031	2	0.02%
cu1907	21	沪铜1907	46600	-40	-0.09%
MA909	22	甲醇1909	2309	-4	-0.17%
l1909	23	塑料1909	7570	-15	-0.20%
au1912	24	黄金1912	300.00	-0.50	-0.17%
AP910	25	苹果1910	9083	-18	-0.20%
OI909	26	菜油1909	7062	-16	-0.23%
eg1909	27	乙二醇1909	4385	-11	-0.25%
RM909	28	菜粕1909	2460	-10	-0.40%
y1909	29	豆油1909	5438	-22	-0.40%
p1909	30	棕榈1909	4376	-18	-0.41%
ru1909	31	橡胶1909	12290	-55	-0.45%
sp1909	32	纸浆1909	4604	-30	-0.65%
TA909	33	PTA 1909	5252	-40	-0.76%
sc1907	34	原油1907	424.0	-6.3	-1.46%
fu1909	35	燃油1909	2554	-46	-1.77%

图6-1 2019年6月12日09:01涨跌排行榜

周二、周四直播公开课听众王永超：

另一个明显的特征就是涨跌力度基本对等。最大的涨幅是1.53%，最大的跌幅是1.77%，上涨品种前三名与下跌品种前三名的幅度都差不多。涨跌家数对等，涨跌幅度对等，这是最标准的分化盘面。

姚助教：

从开盘时的上涨品种来看，涨幅前列的品种没有构成板块，而下跌的前几名则被能源化工品种占据，有着明显的板块性。所以，在数量一致、幅度一致的情况下，谁形成了板块就应当重点对谁进行操作。

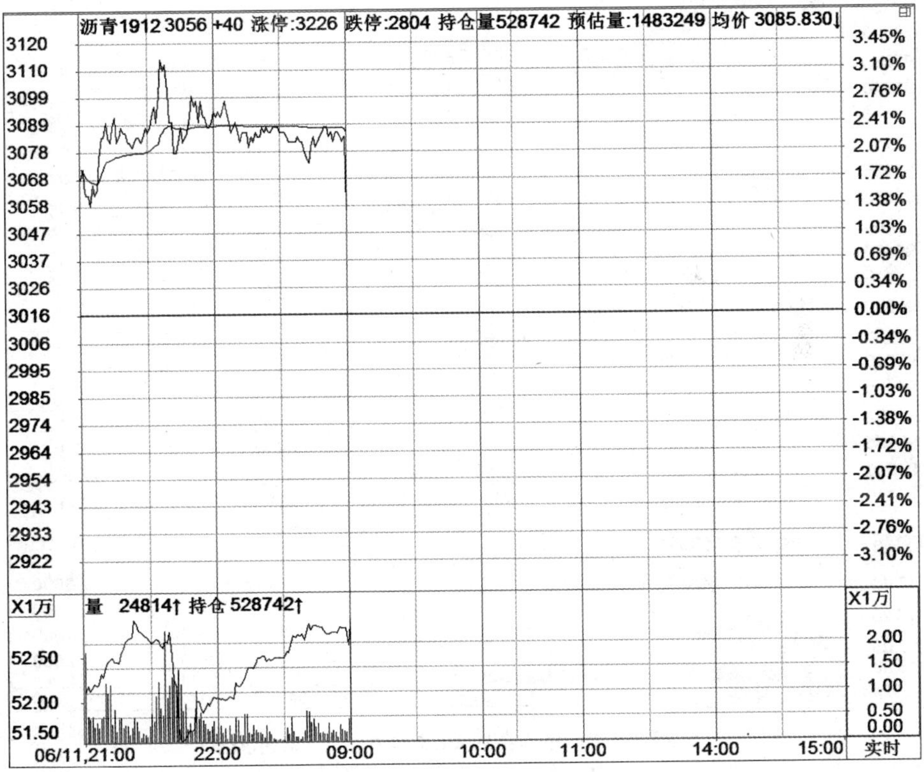

图6－2　沥青1912合约2019年6月12日走势图

图6－2中沥青的走势是个例外。其他能源化工品种在下跌，而它在上涨，这个品种在板块内就形成了分化。对于这种没有板块配合的走势，最好放弃对它的操作，因为让它独自带领那么多品种上涨是很困难的，而那么多下跌的能源化工品种带动它下跌却是很简单的。

周二、周四直播公开课听众王永超：

沥青一开盘便形成了低开的走势。夜盘开盘后价格先上涨，而后震荡，日盘开盘后价格又突然下跌，整体趋势没有明确的方向，这也是需要暂时放弃对它进行操作的主要原因。

姚助教：

放弃板块内分化的、趋势延续性不明显的、一开盘大幅高开或低开的品种，在早盘期间等待走势平稳的品种出现，这样操盘才更稳健。

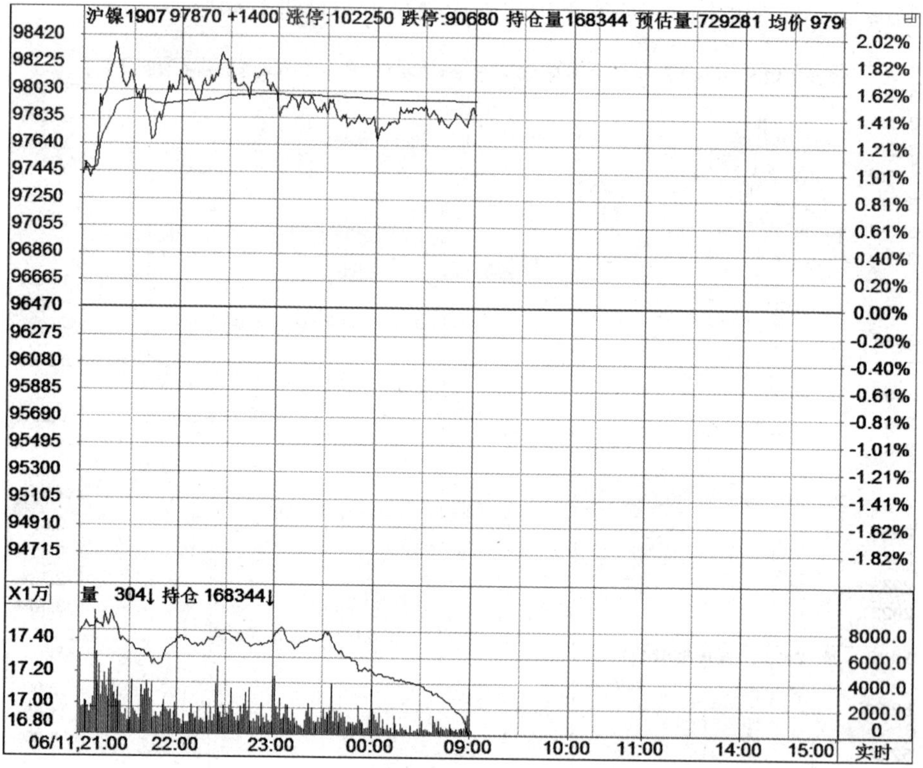

图6－3 沪镍1907合约2019年6月12日走势图

在图6－3中，沪镍的价格在开盘后上冲了一波，之后出现了调整。这一次的调整可以进行逢低做多的操作吗？

周二、周四直播公开课听众王永超：

我认为不能。因为回落幅度太深了，超过了上涨波段的50%，说明空方力量比较大，并且价格已经跌破了均价线的支撑，具备了空头的波动性质。

姚助教：

逢低做多时，希望价格回落，但又不能太深，这个度还是难把握的。调整低点的核心就是不允许突破支撑，如果支撑没有生效，就不能进行逢低做多的操作。所以，沪镍上冲之后的低点不可以逢低做多。

之后的走势便平淡无奇了。价格波动的趋势性很差，一直保持着窄幅波动的状态。因为它涨幅居前，所以不能操作空单，只能等它的价格重新爬到均价线上方之后再找机会做多。

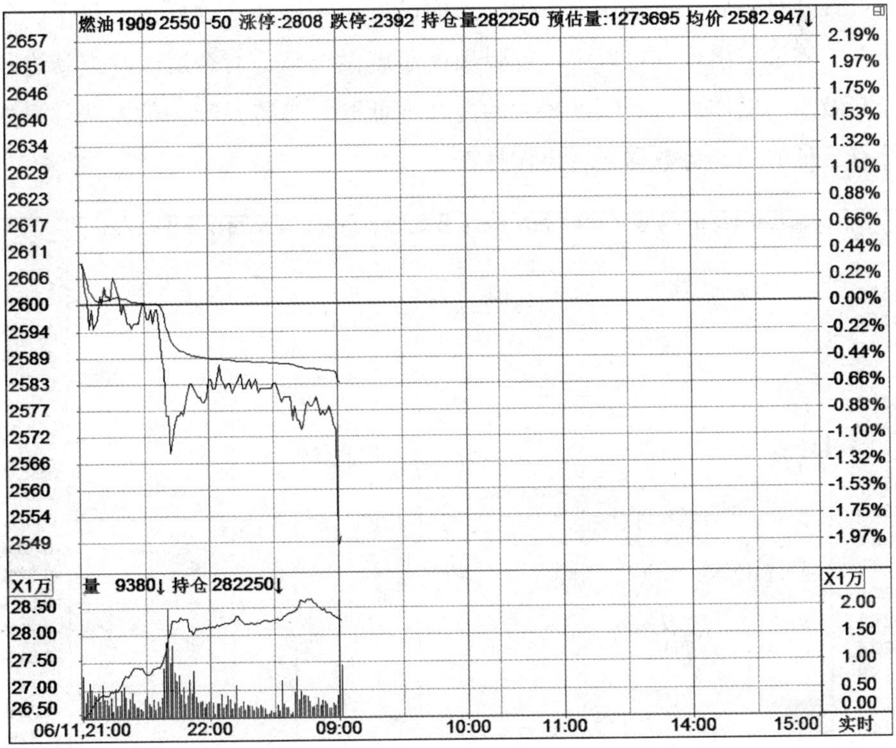

图6－4　燃油1909合约2019年6月12日走势图

从图6－4来看燃油夜盘的走势非常好，先后形成了两次非常标准的做空形态。你能看出来是哪两次吗？

周二、周四直播公开课听众王永超：

第一次是21:30之后的突破操作。价格先是形成了两个水平的低点，而后创出新低。第二次是放量下跌并且反弹之后的逢高做空机会。

姚助教：

价格形成两个水平的低点形态的时候，在高点形成了降低的态势，说明多方的力量比较虚弱。同时，第二个高点位于均价线下方，完全具备了空头的性质。因此，只要价格创出新低便可以入场做空。

一波放量下跌之后价格反弹，反弹幅度差不多是下跌波段的 50% 左右，并且反弹高点还受到了压力价的压力。结合萎缩的成交量来看，价格上涨的概率并不大，因此，便可以在反弹的高点进行逢高做空的操作了。

日开盘之后，价格快速下探。前面已经碰到好几次这样的开盘了，怎么办？等形态出现就可以了，反弹幅度小就做突破，有合适的高点就进行逢高做空的操作。碰到幅度较大的高开或低开，等待是唯一的方法，只能等有了足够的走势数据之后再作打算。

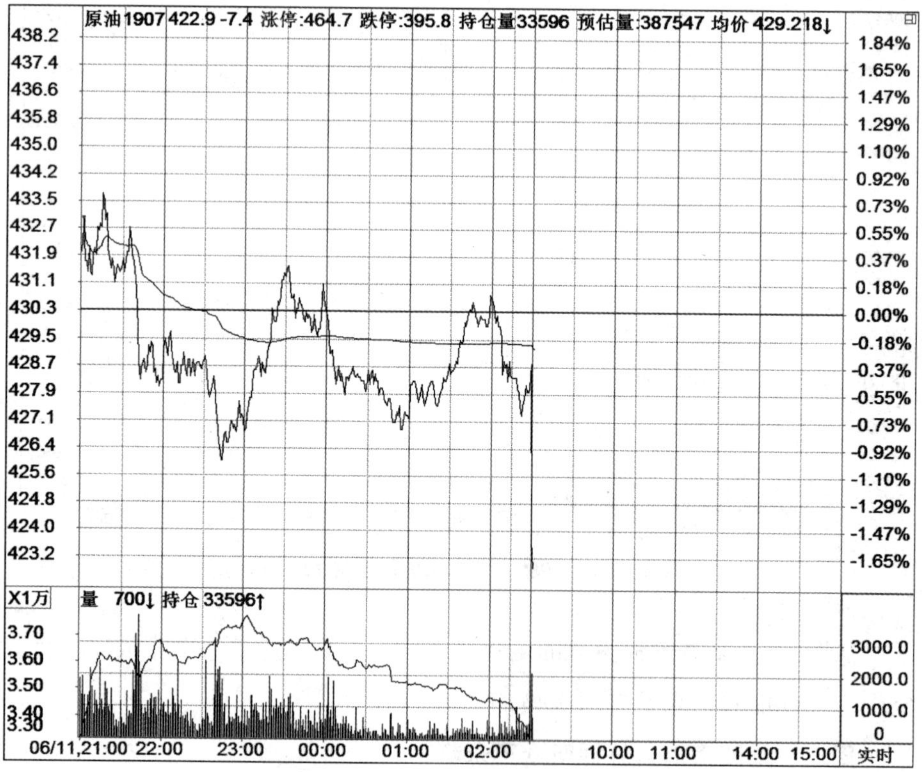

图 6－5　原油 1907 合约 2019 年 6 月 12 日走势图

在图6－5中，原油夜开盘的时候，其走势上下震荡，这样的走势赚钱的难度比较大。你来总结一下这样的走势有什么样的技术特点？

周二、周四直播公开课听众王永超：

夜盘的时候，价格整体跌幅较大，上涨时涨幅又不大，平均波动中心基本在－0.4%的位置，说明价格涨跌的力度较小，整体波动幅度也小，赚钱的难度就会提升。同时，到了夜盘23:00之后，均价线形成了走平的态势，说明方向感并不强。没有明确的方向，又增加了赚钱的难度。

姚助教：

夜盘刚开盘后的走势相信大家都能赚到钱，一是因为此时的走势有着明显的方向，二是因为价格在下跌时留下了突破和逢高做空的机会。但在后期震荡的过程中，突破前的调整都是极为细小的形态，这不是突破操作的目标形态。突破的机会都没有，逢低做多的机会就更没有了。没有好的介入点，也就不容易赚到钱。此外，价格波动的延续性不强，上涨之后就转为下跌，下跌结束又重新转为上涨。方向一会儿一变，打得人头晕眼花，资金就在这种上上下下的宽幅震荡走势中损失掉了。

从图6－6的涨跌排行榜来看，形势发生了一些微小的变化。你能看出来吗？

周二、周四直播公开课听众王永超：

上涨品种出现了变化。除了沪镍、棉花，其他品种的涨幅都掉了下去。但是，能源化工板块依然占据着跌幅前列。概括来说就是，下跌品种的跌幅略有扩大，而上涨品种的涨幅并没有明显扩大。

代码	序	名称	最新	涨跌	↓涨幅
ni1907	1	沪镍1907	97930	1460	1.51%
jd1909	2	鸡蛋1909	4484	50	1.13%
CF909	3	棉花1909	13230	135	1.03%
ZC909	4	动煤1909	593.0	4.8	0.82%
rb1910	5	螺纹1910	3809	26	0.69%
bu1912	6	沥青1912	3036	20	0.66%
hc1910	7	热卷1910	3643	22	0.61%
SM909	8	锰硅1909	7446	38	0.51%
j1909	9	焦炭1909	2173.5	9.0	0.42%
ag1912	10	白银1912	3625	14	0.39%
v1909	11	PVC 1909	6670	25	0.38%
jm1909	12	焦煤1909	1424.0	4.5	0.32%
au1912	13	黄金1912	301.15	0.65	0.22%
FG909	14	玻璃1909	1453	3	0.21%
zn1907	15	沪锌1907	20695	15	0.07%
al1906	16	沪铝1906	14045	10	0.07%
cu1907	17	沪铜1907	46630	-10	-0.02%
SR909	18	白糖1909	5035	-2	-0.04%
OI909	19	菜油1909	7063	-15	-0.21%
eg1909	20	乙二醇1909	4385	-11	-0.25%
l1909	21	塑料1909	7565	-20	-0.26%
pp1909	22	PP1909	8005	-24	-0.30%
MA909	23	甲醇1909	2306	-7	-0.30%
m1909	24	豆粕1909	2862	-9	-0.31%
SF909	25	硅铁1909	5948	-22	-0.37%
y1909	26	豆油1909	5434	-26	-0.48%
RM909	27	菜粕1909	2458	-12	-0.49%
p1909	28	棕榈1909	4370	-24	-0.55%
sp1909	29	纸浆1909	4594	-40	-0.86%
AP910	30	苹果1910	9021	-80	-0.88%
CJ912	31	红枣1912	9810	-90	-0.91%
ru1909	32	橡胶1909	12230	-115	-0.93%
TA909	33	PTA 1909	5204	-88	-1.66%
sc1907	34	原油1907	421.2	-9.1	-2.11%
fu1909	35	燃油1909	2539	-61	-2.35%

图 6－6　2019 年 6 月 12 日 10:30 涨跌排行榜

姚助教：

正是这两个重要的信息。这也说明，形成板块结构的品种，其涨跌的稳固性更好。所以，投资者始终要对那些有板块的品种重点进行操作。它们不仅涨跌排名稳定，还容易带来大的收益。

图6－7　燃油1909合约2019年6月12日走势图

在图6－7中，燃油开盘之后出现了小幅反弹的走势。反弹幅度不大说明空方力量较大，在价格创出新低的时候，提供了突破的交易机会。只不过由于当天的盘面是分化市，能源化工板块虽然价格在下跌，但性质还是弱空，因此，价格后期下跌的时候震荡比较多，未能快速下跌。除了早开盘的突破卖点，价格后期波动时还有什么做空的点位？

周二、周四直播公开课听众王永超：

理论上还有一次逢高做空的点位。不过我认为这个点位反弹的幅度不太大，不知符不符合要求？

姚助教：

单从反弹的幅度来看，能否进行逢高做空的操作的确容易引起争议。幅度的确不大，但如果细看就可以发现，价格反弹时的第二个高点比前一个高点低。这样的形态一出现，逢高做空的机会就来了。如果没有“高点降低”这个现象，在这个点位便只能等着在创新低的突破点位做空了。而随着“高点降低”形态的出现，另一个逢高做空的机会就有了。“高点降低”始终说明了多方力量的减弱，既然明知多方力量减弱了，又为何不敢介入空单呢？

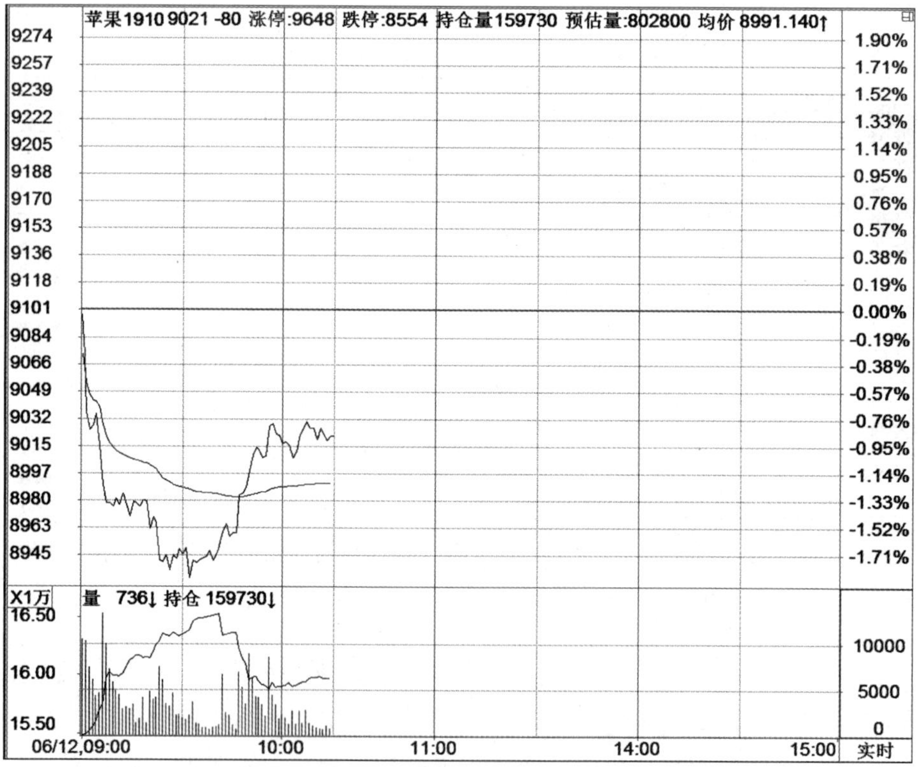

图6-8　苹果1910合约2019年6月12日走势图

10:30的走势只适合持有之前开的空单，没有好的进场点位。因为价格位置太低已不适合做突破，又暂时没有符合逢高做空要求的形态出现。

如图6-8所示，苹果在日开盘之后的走势比较简单，直接进行突破操作便可以实现盈利。而上午停牌时的技术形态又该如何操作呢？

周二、周四直播公开课听众王永超：

从图6－8中的走势来看，分时线位于均价线上方，价格波动具备了多头的性质，因此是应当进行做多操作的。因为当前的调整幅度较小，所以只能以突破的思路来面对此时的走势。

姚助教：

仅从形态上来讲的确是这样。分时线在均价线上方，又具备了突破将要形成的形态，因此可以留意多单。但是，做交易得考虑全面。盘面状态如何？该品种的涨跌名次如何？这样一看，其实苹果并不适合做多。盘面是分化盘面，苹果站队于空头阵营，做多哪里轮得到它？难道就没有比它涨幅更靠前的品种了吗？

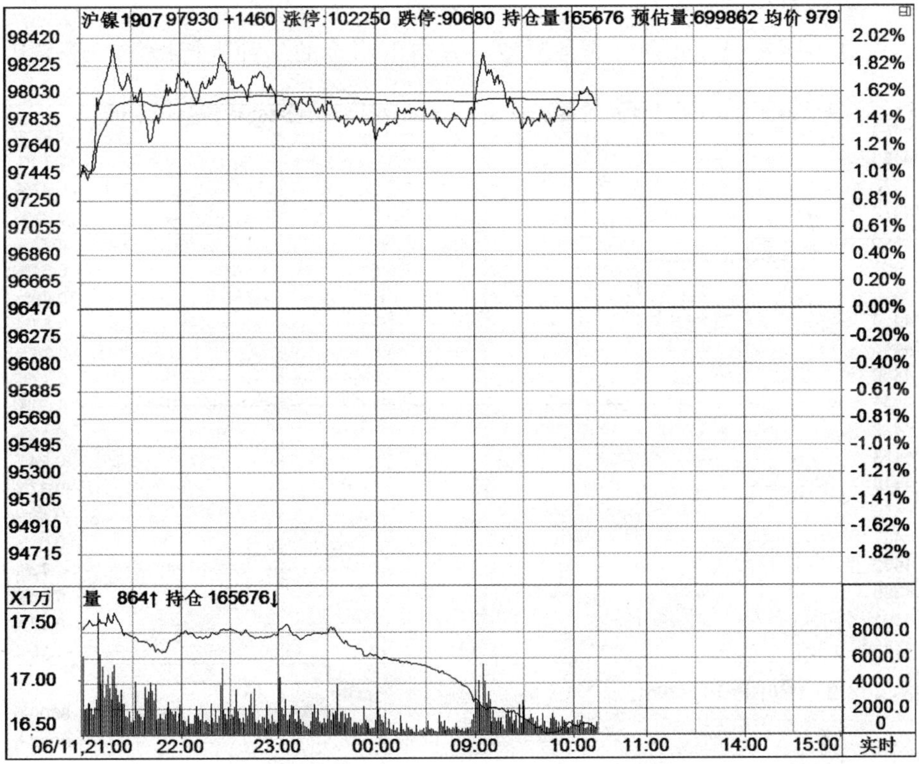

图6－9 沪镍1907合约2019年6月12日走势图

苹果只不过是形成了空头性质的多头走势而已，这种走势是放弃形态。做空不适合，因为技术形态不满足做空的技术要求；做多也不可以，因为属性上不满足做多的要求。这种形态在分化市中，常出现于涨跌幅居中的品种身上，应对的思路需要仔细体会。

图6－9中沪镍的走势很没有意思。虽然形成了一波放量上涨的走势，但价格很快又回落到了均价线的下方，并且下跌将整个放量上涨的空间全部吞没了。放量的时候价格都没能涨上去，在当前无量的情况下价格就更难涨上去了。面对沪镍的走势该作何打算?

周二、周四直播公开课听众王永超：

因为均价线长时间保持着水平状态，说明价格的方向感不强，所以不宜对它进行关注，而应当目光放在那些方向明显的品种身上。这个问题无形老师在周二、周四的公开课中曾经讲解过。

姚助教：

许多朋友很爱较劲，非常愿意对方向不明确的品种进行操作，还美其

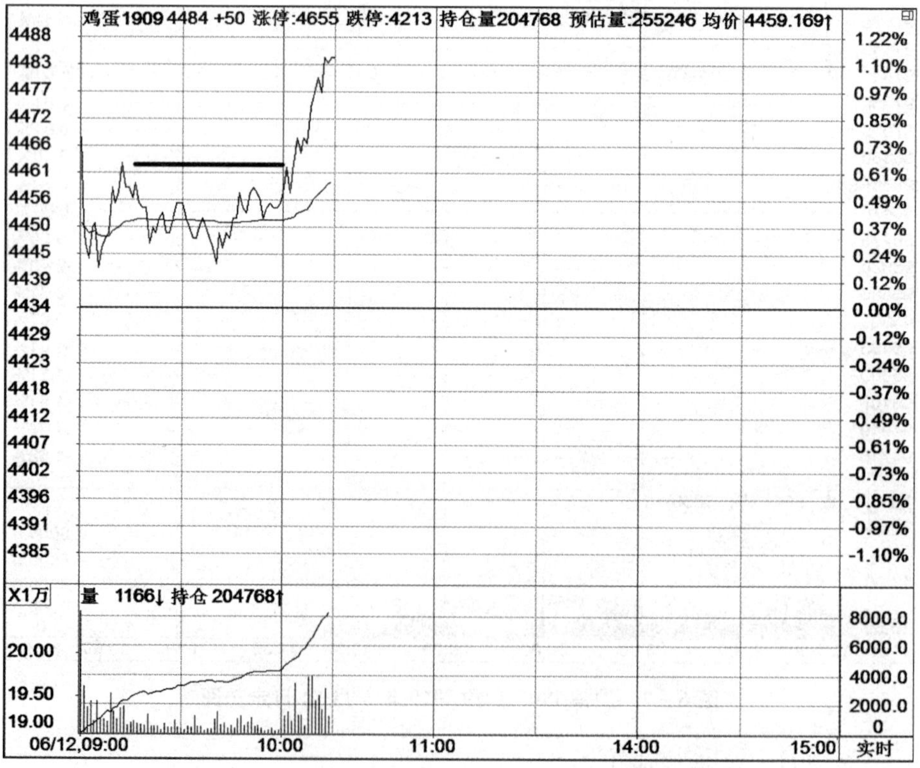

图6－10　鸡蛋1909合约2019年6月12日走势图

名曰："一旦方向形成了，不就做在了行情的起点上了吗？"且不说这样做对不对，万一方向做错了怎么办？那不就是赔在了行情的起点上了吗？这完全是一种赌博，在赌方向。这是非常不可取的，"十赌九输"这句话可不能忘。

价格没有明确的方向怎么办？再重复一下无形老师讲过的内容：那就放弃它，去寻找当前方向明确的品种进行操作。只要操作对象始终是方向明确的品种，必然不会有逆势的亏损，只会不断地增加顺势交易的盈利。虽然说沪镍因为是涨幅第一需要关注，但关注并不等于操作。关注它，而操作其他方向明确的品种，等沪镍有了明确的方向再对它进行操作，两不耽误。

在图6－10中，当沪镍没有方向的时候，鸡蛋经过努力，跻身涨幅前列。从这两个品种的对比上便可以看到，只有始终把目光放在当前方向明确的品种身上，才可以更好地抓住机会。鸡蛋起涨之前，用什么样的操作手法可以实现盈利？

周二、周四直播公开课听众王永超：

价格上涨的幅度较小，所以，只有突破的方法才可以实现盈利。在价格突破之前高点的时候，便可以入场进行操作了。

姚助教：

实战操作中其实没那么多花招。就像搏击中的拳法，其实只有三种——直拳、摆拳和勾拳，其他五花八门的拳法都只是"花架子"，用不上。在期货实盘操作中使用得最多的就是——逢低做多、逢高做空以及突破。倾尽一生，能把这三招彻底练会，就会取得了不起的大成就了。我碰到过许多投资者，一个方法还没练两天就觉得自己了不得了，这也是他们亏钱的原因。所以，一定要不厌其烦地学习这三个方法，它们就是广大投资者制胜的不二法宝。

代码	序	名称	最新	涨跌	↓涨幅
ni1907	1	沪镍1907	97820	1350	1.40%
CF909	2	棉花1909	13205	110	0.84%
jd1909	3	鸡蛋1909	4468	34	0.77%
ZC909	4	动煤1909	592.6	4.4	0.75%
ag1912	5	白银1912	3631	20	0.55%
au1912	6	黄金1912	301.95	1.45	0.48%
SM909	7	锰硅1909	7442	34	0.46%
bu1912	8	沥青1912	3028	12	0.40%
rb1910	9	螺纹1910	3795	12	0.32%
hc1910	10	热卷1910	3630	9	0.25%
v1909	11	PVC 1909	6660	15	0.23%
al1906	12	沪铝1906	14045	10	0.07%
FG909	13	玻璃1909	1451	1	0.07%
m1909	14	豆粕1909	2871	0	0.00%
SR909	15	白糖1909	5035	-2	-0.04%
zn1907	16	沪锌1907	20670	-10	-0.05%
OI909	17	菜油1909	7063	-15	-0.21%
l1909	18	塑料1909	7565	-20	-0.26%
cu1907	19	沪铜1907	46510	-130	-0.28%
eg1909	20	乙二醇1909	4383	-13	-0.30%
MA909	21	甲醇1909	2305	-8	-0.35%
RM909	22	菜粕1909	2461	-9	-0.36%
SF909	23	硅铁1909	5944	-26	-0.44%
pp1909	24	PP1909	7994	-35	-0.44%
jm1909	25	焦煤1909	1412.5	-7.0	-0.49%
p1909	26	棕榈1909	4368	-26	-0.59%
y1909	27	豆油1909	5416	-44	-0.81%
CJ912	28	红枣1912	9800	-100	-1.01%
ru1909	29	橡胶1909	12220	-125	-1.01%
sp1909	30	纸浆1909	4584	-50	-1.08%
j1909	31	焦炭1909	2137.0	-27.5	-1.27%
AP910	32	苹果1910	8980	-121	-1.33%
TA909	33	PTA 1909	5188	-104	-1.97%
sc1907	34	原油1907	420.8	-9.5	-2.21%
fu1909	35	燃油1909	2542	-58	-2.23%

图 6－11　2019 年 6 月 12 日 13:31 涨跌排行榜

鸡蛋突破之后到上午小节停牌，手中持有多单的可以继续持仓，若是空仓就只能等待。因为盘面多头力量并不太强，价格已处于高位，上涨品种也没有明显的板块结构，所以，做突破并不是好的策略，只能等到获得支撑或有像样的调整走势出现，再去进行逢低做多的操作。盘面强则逢低做多与突破操作都可以，盘面弱则最好以逢低做多操作为主。

如图6－11所示，下午开盘的时候，多方的力量更弱了，就连刚涨上去的鸡蛋也出现了回落。上涨没有持续性，这是多头力量较弱的主要波动特征。这也是要以逢低做多为主要操作手段的原因。

周二、周四直播公开课听众王永超：

上涨力量弱，价格的上涨空间有限，而突破本身的介入位就比低点的位置高，因此，就算突破成立了，利润也只有逢低做多的2/3或是一半。而若价格突破之后马上回落，突破操作就要亏损了。价格此时回落的低点可能比前一个低点高，这样一来，突破赔钱，但逢低做多并不赔钱。

姚助教：

正确。所以，突破最好是在强势品种、强势盘面里操作，这样突破之后价格上涨的幅度才会大一些，才可以有效地弥补开仓成本。

上涨的品种从中午开盘时来看没什么大意思，这个时候就应当继续关注跌幅靠前的能源化工板块并从中寻找机会。

在图6－12中，继续看沪镍就是因为它始终处于涨幅第一的状态，这个地位决定了今天必须分出精力去关注它。用不了多长时间，一秒就够了，一看它还是没有任何多头的迹象，就可以不用管它了。

周二、周四直播公开课听众王永超：

无形老师曾在周二、周四的公开课中说过，操作与否是次要的，但在任何时候都要关注当天涨幅第一或跌幅第一的品种，要养成这个好习惯。可能今天它们没给好的机会、大的机会，但好的机会、大的机会必然经常性地在它们身上出现。

图 6－12　沪镍 1907 合约 2019 年 6 月 12 日走势图

姚助教：

对于沪镍，继续保持原有思路就行了：价格必须站到均价线上方，形成一波好的上涨形态或调整形态，或提供多单突破的机会，或提供逢低做多的机会。同时，因为沪镍今天涨幅第一，所以不必考虑空单。千万不要忘记，另寻机会并不等于放弃关注燃油。与沪镍一样，人家也拥有第一名的身份！

在图 6－13 中，燃油开盘时，走势和沪镍一样陷入了僵局，只不过位置不同，沪镍在不上不下的位置待着，而燃油则在低点趴着。面对这样的走势又该如何操作呢？

周二、周四直播公开课听众王永超：

如果手中有空单则可以继续持仓，因为此时价格反弹幅度不大，成交量也比较小，正常情况下是反弹不上去的。做突破不太适合，因为虽然跌

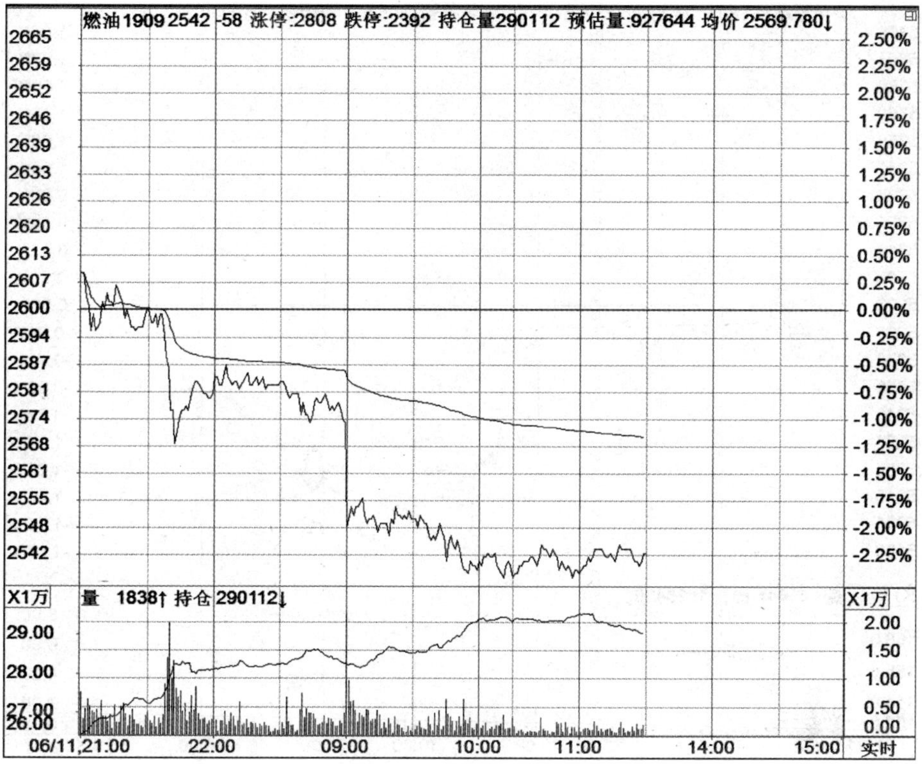

图6－13　燃油1909合约2019年6月12日走势图

幅第一，但时机不太好，不是下跌的初期阶段了。逢高做空也没有好的形态，没有出现早开盘时非常明显的高点降低的迹象。

姚助教：

这种形态就是可以持仓但不可以开仓的形态。有时候，一个形态既可以让准备入场的投资者开仓，又可以让已经进场的投资者持仓。但像燃油这样的形态，就只能让持仓的投资者继续赚钱，没给空仓的投资者什么机会。所以，碰到这种时机不占优势，也没有好的交易形态的品种，只能放弃它，另寻机会。

当跌幅居前的品种没有好的技术形态时，可以看一下跌幅略微落后的同板块其他品种的走势。跌幅过小的一定要放弃，因为它们的空头力量不足。思路是这样的，如果燃油继续下跌，肯定会把这些排名略微靠后的同板块品种带下来，但若燃油反弹，那这些品种也肯定会打止损。所以，总

图 6－14　PTA1909 合约 2019 年 6 月 12 日走势图

的来说这和做燃油也差不多。

图 6－14 中的 PTA 就是这样的品种。它是跌幅第三名，虽不及燃油，但也比其他更落后的品种强。虽然燃油没有好的形态，但是 PTA 却形成了好的做空形态。它的特点是什么？

周二、周四直播公开课听众王永超：

通过您前边的讲解，我现在已经知道了。价格形成了高点降低的形态，这是空头趋势中一种很好的交易形态。

姚助教：

且不说有没有高点降低，单是箭头处的反弹走势也足以满足逢高做空的技术要求。若再结合前一个高点来看，高点降低意味着多头的力量变小。多弱则空强，做空操作便有了理由。如果 PTA 的价格再高一些，下午开盘时在临近创新低的点位就可以进行突破操作了。虽然有突破的形态，但由于环境和位置不好，下午开盘时的突破操作就要放弃了。

除了这些常规卖点，再结合无形老师的趋势监控指标来看一下使用“双绿”卖点能否抓住 PTA 的盈利机会。

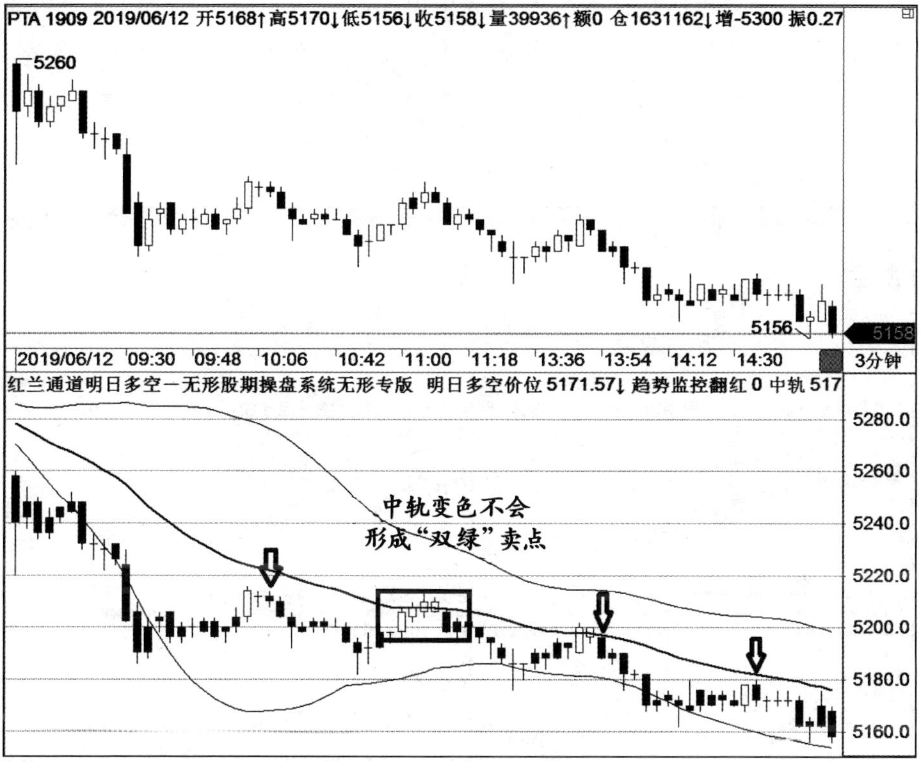

图 6－15　PTA1909 合约 2019 年 6 月 12 日 3 分钟 K 线走势图

什么是“双绿”呢？第一“绿”是指趋势监控指标通道中轨的方向，中轨方向向下时，在软件上会显示为绿色（实心），以此提示投资者方向进入了空头状态。第二“绿”是指价格在下跌过程之中第一次实心翻绿。持续性的实心绿色是持仓信号，只有第一次形成的实心绿色才是做空信号。想要形成第一次实心绿色的信号，指标 K 线一定要先有一个空心翻红的走势，然后再翻绿。

周二、周四直播公开课听众王永超：

图 6－15 中三个箭头处显示的就是这样：中轨全程实心（绿色），而后指标 K 线形成了第一次翻绿的走势。在中轨全程实心（绿色）的前提

下，指标K线一旦翻绿便做空。这样的操作真是太简单了，并且介入点也非常精细。

姚助教：

中间方框处虽然指标K线也形成了第一次翻绿的信号，但由于中轨随价格的反弹形成了空心翻红的状态，未能保持全程实心（绿色）的状态，因此便不会形成“双绿”卖点。下面我们再结合局部图片来具体看一下什么是“双绿”卖点。

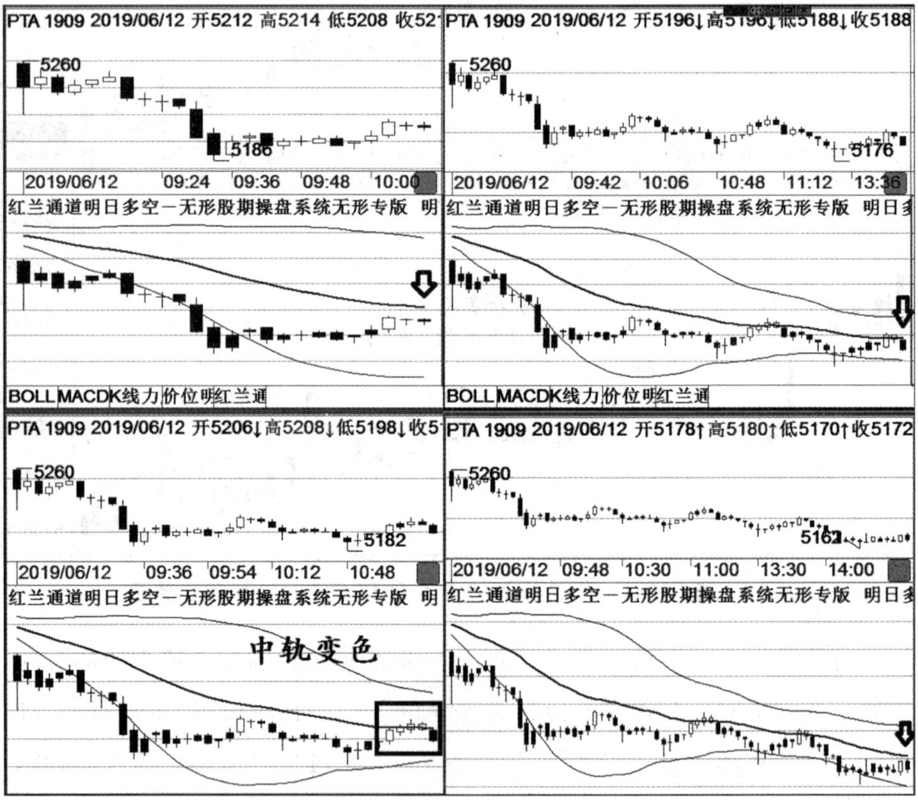

图6-16　PTA1909合约2019年6月12日3分钟K线走势图

图6-16中，左上图是PTA价格下跌时的第一个“双绿”卖点。它的特点显而易见：中轨全程实心（绿色），而后指标K线第一次形成实心翻绿信号。指标K线第一次翻绿便意味着做空点的到来，因此符合了“双绿”卖点的要求，箭头所指的那一根K线便是做空点。

左下图指标K线的确形成了第一次翻绿信号，但由于趋势监控通道指标中轨变成了空心（红色），形成了向上的迹象，因此，不满足中轨全程实心（绿色）和指标K线第一次翻绿的做空要求，不宜操作。

周二、周四直播公开课听众王永超：

右上图及右下图是第三、第四次信号点，这两处信号看明白了。中轨全程实心（绿色），然后指标K线均形成了第一次实心翻绿的信号，至此“双绿”卖点形成，应当在箭头标注处入场做空。

姚助教：

工具的作用并不是直接帮投资者赚钱，尽管它有这样的作用。工具首先可以帮助投资者规范交易行为，让投资者的交易行为不再混乱，其次可以简化分析流程。“双红”买点与“双绿”卖点是不是很容易掌握？就算是绝对的新手，相信现在也明白什么是“双绿”卖点了。上手快，这就是好工具的特点。最后，工具可以帮助投资者提高交易的胜率，但前提是严格按规矩办事。有了好的工具但依然胡乱操作，肯定不行。严格按方法执行交易，也是盈利的前提。

第7章 2019年6月13日实盘解析：双龙戏珠多空争

代码	序	名称	最新	涨跌	↓涨幅
RM909	1	菜粕1909	2539	83	3.38%
m1909	2	豆粕1909	2939	75	2.62%
CF909	3	棉花1909	13580	270	2.03%
AP910	4	苹果1910	9127	129	1.43%
SR909	5	白糖1909	5113	69	1.37%
CJ912	6	红枣1912	9925	115	1.17%
MA909	7	甲醇1909	2326	14	0.61%
jd1909	8	鸡蛋1909	4488	22	0.49%
au1912	9	黄金1912	302.30	1.25	0.42%
y1909	10	豆油1909	5452	20	0.37%
ag1912	11	白银1912	3630	10	0.28%
OI909	12	菜油1909	7087	18	0.25%
SM909	13	锰硅1909	7448	14	0.19%
p1909	14	棕榈1909	4372	6	0.14%
al1906	15	沪铝1906	14055	15	0.11%
l1909	16	塑料1909	7565	5	0.07%
ni1907	17	沪镍1907	97920	50	0.05%
v1909	18	PVC 1909	6665	0	0.00%
eg1909	19	乙二醇1909	4392	-1	-0.02%
SF909	20	硅铁1909	5948	-6	-0.10%
zn1907	21	沪锌1907	20705	-30	-0.14%
pp1909	22	PP1909	7995	-13	-0.16%
ZC909	23	动煤1909	591.6	-1.0	-0.17%
sp1909	24	纸浆1909	4582	-22	-0.48%
cu1907	25	沪铜1907	46390	-240	-0.51%
FG909	26	玻璃1909	1452	-9	-0.62%
hc1910	27	热卷1910	3618	-27	-0.74%
ru1909	28	橡胶1909	12200	-95	-0.77%
rb1910	29	螺纹1910	3775	-30	-0.79%
jm1909	30	焦煤1909	1398.5	-21.0	-1.48%
TA909	31	PTA 1909	5152	-78	-1.49%
j1909	32	焦炭1909	2125.0	-36.5	-1.69%
bu1912	33	沥青1912	2994	-62	-2.03%
sc1907	34	原油1907	415.3	-12.0	-2.81%
fu1909	35	燃油1909	2486	-76	-2.97%

图7－1　2019年6月13日09:01涨跌排行榜

姚助教：

当出现分化盘面的时候，常见的现象就是多空双方都呈散沙状，没有明显的板块效应，或是一方有板块效应、另一方呈散沙状。你知道这其中的原理吗?

周二、周四直播公开课听众黄光成：

形成分化走势本身就说明盘中多空的力量没有达到统一，所以，形成散沙状态是正常的。同时，分化市场出现，说明涨跌双方力度都不是很大，在这种情况下，各品种就会各自为战。

姚助教：

2019 年 6 月 13 日这一天同样形成了分化市，但是，上涨与下跌均有板块结构，形成了“双龙戏珠”的态势。现结合这一天的走势来看一下盘中该以什么样的思路进行操作。

在图 7 –1 中，从早开盘时的走势来看，上涨的数量与下跌的数量一致，上涨的幅度与下跌的幅度也基本一致，这样的局面符合分化市的技术特征。看完了涨跌家数与涨跌幅度之后，在分化市还需要留意哪个细节?

周二、周四直播公开课听众黄光成：

还需要留意板块结构，看一下上涨的龙头板块是谁以及下跌的龙头板块是谁。从图 7 –1 中的走势来看，上涨的龙头板块是农产品，涨幅前五名全部都是农产品，而下跌的板块依然是能源化工板块。

姚助教：

盘面性质确定之后，就需要再看一下涨幅前列与跌幅前列品种的走势，看一下谁的走势在当前更具有操作的价值。有时候可能会赶上下跌的品种在反弹，上涨的品种准备发力上行，这时就可以以做多为主了。

从图 7 –2 来看，燃油夜盘的表现整体来讲不怎么样，没有形成持续性的下跌走势，虽然盘中有过一波放量下跌，但很快又回到了起跌点，分时形态没有规律性可言。对于这种形态该如何操作呢?

图7-2　燃油1909合约2019年6月13日走势图

周二、周四直播公开课听众黄光成：

我之前以为，无形老师这样的高手之所以能持续地在市场中赚钱，是因为水平很高，什么样的走势都能够应付，在怪异的走势中也可以轻松赚钱。后来通过与老师的交流才得知，高手之所以是高手，就是因为懂得舍弃。看不懂的走势坚决不做，永远只做自己搞得定的、规律明显的走势，胜算自然就大了。因此，面对燃油夜盘无规律的走势以及开盘瞬间的回落，不应急于操作，应该等一等，等有了足够的走势数据后再说。

姚助教：

无形老师的话让我想起了一个小故事。某地有一位医生非常有名，没有他治不好的病。后来，他的徒弟问他："师父，为什么您什么病都能治得好？"这位医生说："并不是我什么病都能治得好，而是我只治我确定能治得好的病。"高手之所以能持续赚钱，就是因为但凡有一丝不稳定因素，便不会轻易出手，而普通投资者则是但凡有一丝赚钱的可能就敢赌一把。结果自然不同。希望无形老师说的话以及我的这个小故事能对大家有帮助。未来再碰到这样的走势的时候，请不要轻易出手！

图 7－3　原油 1907 合约 2019 年 6 月 13 日走势图

在图 7－3 中，原油在 01:00 之前，其走势与燃油一样，没有任何规律性可言。价格反复的波动使得在其中操作的投资者都很难赚到钱。01:00 之后价格倒是形成了连续性的下跌，不过，这种下跌走势很难确定好的介入点位。这其中的原因是什么呢？

周二、周四直播公开课听众黄光成：

01:00 之后的下跌过程中，没有出现像样的反弹，意味着没有逢高做空的机会。同时，下跌过程中反弹的幅度很小并且时间极短。对于持有空单的投资者来说，持仓没有任何压力，但对于空仓的投资者来说，因为没有形成足够标准的反弹走势，所以也没有突破操作的介入点。

姚助教：

燃油之所以开盘就形成跳空的形态，与原油夜盘的下跌有着直接的关系。因为燃油 23:00 收盘，而原油 02:30 才收盘。这中间隔着好几个小时，一旦原油形成趋势性走势，就必然会影响燃油开盘。

由于原油只形成了可以持仓的形态，再加上价格所处的位置也并不适合操作，因此，对它的态度和对燃油一样：先看一会儿再说。

在图 7 -4 中，菜粕夜盘的走势比起能源化工品种就漂亮多了，价格在上涨过程中呈现出了非常明确的规律性。这些常见的规律性走势都有哪些？

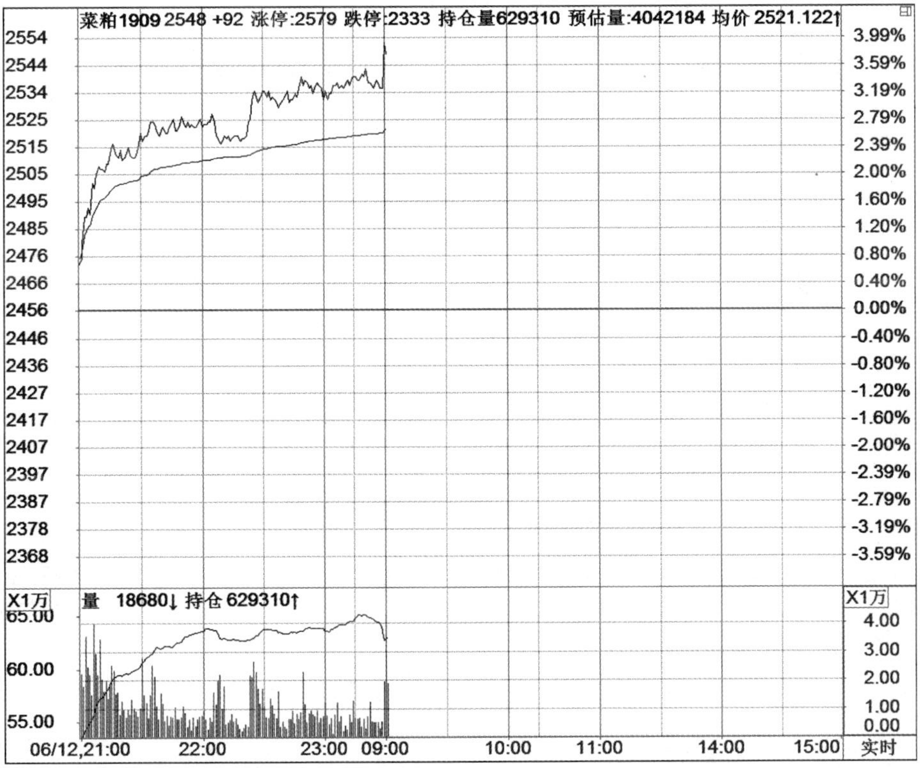

图 7 -4　菜粕 1909 合约 2019 年 6 月 13 日走势图

周二、周四直播公开课听众黄光成：

价格上涨的时候，分时线始终在均价线上方，这是多头形态最经典的技术形态。价格上涨时出现了一次调整，调整的幅度处于上涨波段的 1/3

以内，调整非常强劲，也给了投资者一次极好的逢低做多的机会。虽然夜盘开盘快速上涨，没有好的入场点，但中途逢低做多的买点还是可以让投资者在当天实现盈利的。

姚助教：

夜盘时菜粕的价格出现了不小的涨幅，到了日开盘时又再度跳空。在这样的走势下，就需要继续等待。因为菜粕涨幅第一，所以，如果价格形成突破的走势可以操作，形成逢低做多的走势也可以操作。相比跟风品种只适宜进行逢低做多的操作，龙头品种的操作手法就多了。这是因为跟风品种波动幅度小，突破操作很容易做在高点区间，而龙头品种波动幅度大，无论是突破还是逢低做多都有足够的空间。

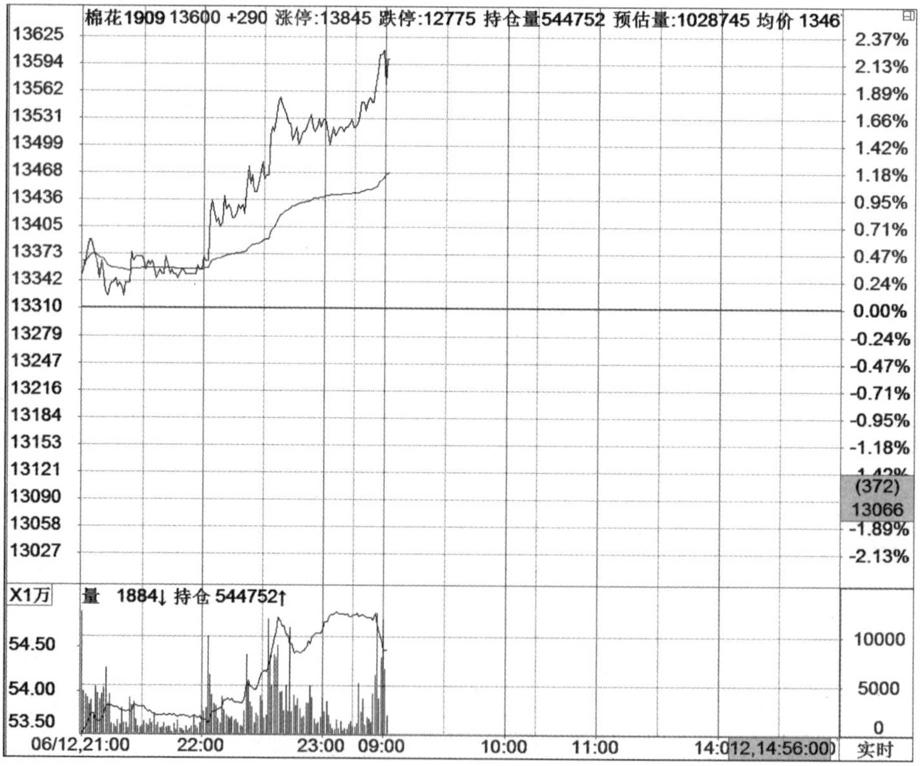

图 7-5 棉花 1909 合约 2019 年 6 月 13 日走势图

在图 7-5 中，棉花夜盘开盘后一个小时的走势不太好，不过 22:00 之后走势变好了，在价格上涨过程中，成交量的放大、收缩很有规律。稳定的量能形态是价格盘中起涨的根本动力所在，但凡好的上涨，都有好的量能表现。在价格上涨过程中，给投资者留下了怎样的操作机会呢？

周二、周四直播公开课听众黄光成：

22:00之后，价格向上突破了早开盘的高点，创下了盘中的新高。这是一处突破的点位，正好可以做在价格上涨的初期阶段。而后就是23:00之后的调整。在第二个调整低点处，价格形成了低点水平的形态。虽然这种形态不如低点抬高好，但至少没有跌破前低点的支撑，而且整体调整幅度在上涨波段的1/3以内。由此可以推断，未来价格上涨的概率是很大的，此处便是一处逢低做多的介入点。

姚助教：

在进行逢低做多操作时，价格可能留下一个低点，也可能留下两个低点，而留下两个低点的调整形态最容易把握。两个低点若形成了降低的态势就要放弃，形成了抬高的态势就要积极操作，形成了水平的态势就要综合看一下调整的幅度，若调整幅度小便可以入场操作。

如图7－6所示，10:30，盘面依然保持着分化市的状态。下跌的品种没有什么变化，依然是能源化工板块抱团；而上涨的品种发生了名次上的变化，红枣成了涨幅第一的品种，而菜粕的涨幅并没有进一步扩大。

周二、周四直播公开课听众黄光成：

我发现一个现象，虽然农产品板块的品种处于涨幅前列，但它们的名次并不稳定，在盯盘的时候需要来回切换品种，增加了操作的复杂性。

代码	序	名称	最新	涨跌	↓涨幅
CJ912	1	红枣1912	10150	340	3.47%
RM909	2	菜粕1909	2533	77	3.14%
m1909	3	豆粕1909	2933	69	2.41%
AP910	4	苹果1910	9213	215	2.39%
CF909	5	棉花1909	13585	275	2.07%
SR909	6	白糖1909	5126	82	1.63%
SM909	7	锰硅1909	7548	114	1.53%
MA909	8	甲醇1909	2337	25	1.08%
SF909	9	硅铁1909	6012	58	0.97%
au1912	10	黄金1912	303.20	2.15	0.71%
v1909	11	PVC 1909	6690	25	0.38%
jd1909	12	鸡蛋1909	4479	13	0.29%
y1909	13	豆油1909	5446	14	0.26%
ag1912	14	白银1912	3629	9	0.25%
OI909	15	菜油1909	7086	17	0.24%
ni1907	16	沪镍1907	98010	140	0.14%
p1909	17	棕榈1909	4370	4	0.09%
sp1909	18	纸浆1909	4608	4	0.09%
l1909	19	塑料1909	7565	5	0.07%
pp1909	20	PP1909	8007	-1	-0.01%
al1906	21	沪铝1906	14030	-10	-0.07%
eg1909	22	乙二醇1909	4386	-7	-0.16%
hc1910	23	热卷1910	3632	-13	-0.36%
rb1910	24	螺纹1910	3789	-16	-0.42%
zn1907	25	沪锌1907	20645	-90	-0.43%
FG909	26	玻璃1909	1452	-9	-0.62%
cu1907	27	沪铜1907	46340	-290	-0.62%
ru1909	28	橡胶1909	12200	-95	-0.77%
ZC909	29	动煤1909	586.6	-6.0	-1.01%
j1909	30	焦炭1909	2135.5	-26.0	-1.20%
jm1909	31	焦煤1909	1402.0	-17.5	-1.23%
TA909	32	PTA 1909	5158	-72	-1.38%
sc1907	33	原油1907	415.4	-11.9	-2.78%
bu1912	34	沥青1912	2966	-90	-2.95%
fu1909	35	燃油1909	2474	-88	-3.43%

图 7-6　2019 年 6 月 13 日 10:30 涨跌排行榜

姚助教：

“农产品”只是一个统称，其实应当分得更细一些。既有正宗的农产品，又有粮油作物、果蔬等。但如果这样分，可能一两个品种就是一个板块了，没有意义，所以将它们统一视为农产品。结果就是，两个品种虽然同属农产品，但彼此之间的走势又没有什么明显的关联性。例如，苹果和豆粕有什么关系呢？因为相关性弱，所以它们的涨跌名次就不太稳定。

既然涨幅前列的品种名次换了，随之调整一下就可以了，增加的工作量并不是很大。

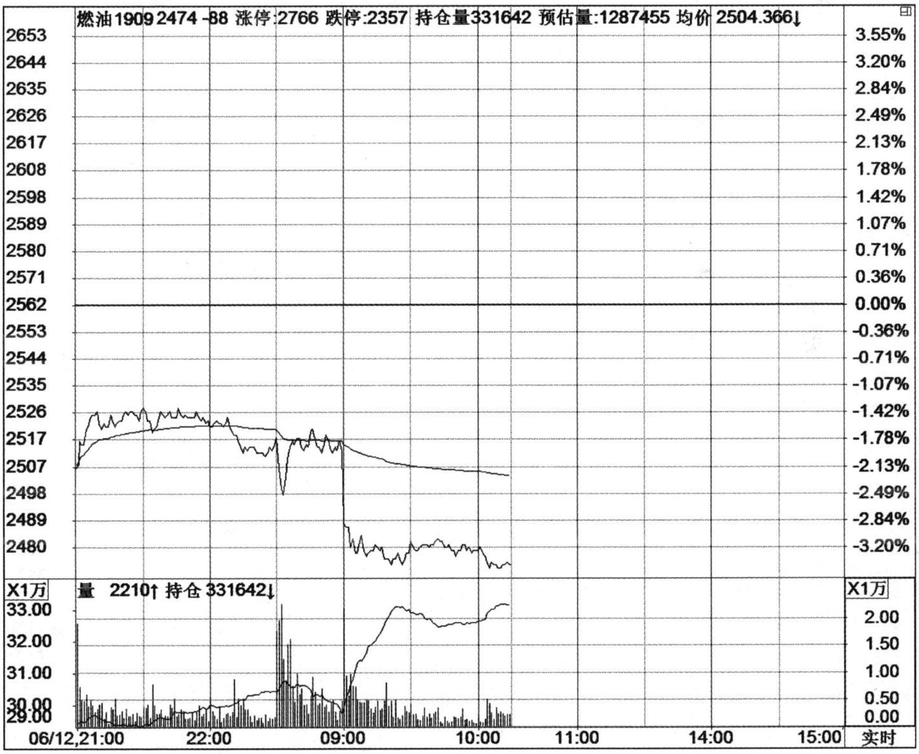

图7－7　燃油1909合约2019年6月13日走势图

在图7－7中，燃油的价格在开盘快速下跌后，一直在低位徘徊。这样的走势非常适合持仓，因为价格反弹幅度不高，对持仓的心理压力也不大。不过，反弹的时间较长，进行了半个多小时。又该如何看待这么长时间的反弹呢？

周二、周四直播公开课听众黄光成：

无形老师曾在周二、周四的公开课中讲过这个问题。在价格反弹的时候，重要的是幅度，次要的是时间。反弹幅度小，说明多方力量弱。空方给了多方这么长的时间让其反击，价格却始终涨不上来，足以说明多方力量的虚弱。虽然有半个多小时的反弹，但并不影响操作，可以无视。

姚助教：

说得非常正确。虽然并不需要关注反弹时间，但反弹时间也不能太久，最好在一个小时以内。这一点无形老师也说过。如果反弹时间过久，反弹之前的走势就会与反弹之后的走势脱节。前后的连贯性消失，就增加了对后面走势进行分析的难度。

图7－8　沥青1912合约2019年6月13日走势图

因为能源化工板块是当天的领跌板块，燃油又是空方龙头板块中跌幅第一的，面对燃油此时的走势，一方面可以积极地持有空单，另一方面价格在前低点下方刚刚形成突破并且受前低点压力，正是一个开空的好点位！

在图7－8中，沥青夜盘时没有大跌，日开盘之后也表现出了一定的抗跌性，但到了10:30却形成了温和放量的杀跌。这样的走势有些异常，同时因为价格已经错过了突破盘中新低的介入位，所以，只有等开盘之后有了更多的走势数据时才能进行决策。根据之前交流的内容，你来制订一下操作计划吧。

周二、周四直播公开课听众黄光成：

首先，价格的反弹幅度不能超过下跌波段的1/2，否则，结合夜盘抗跌的特征，价格就很可能跌不下去了。其次，如果反弹幅度在1/2以内且规模较大，则可以进行逢高做空的操作。因为这种形态形成的时间较长，可能要二三十分钟才会出现。最后，如果价格反弹幅度小，则可以留意突破的机会。

姚助教：

突破只能针对跌幅靠前的品种。今天能源化工板块整体下跌，并且平均跌幅也比较大，因此，有空间进行突破的操作。若沥青的跌幅只有1%左右，就只能等待逢高做空的交易机会了。跌幅小，操作上就要保守一些；跌幅大，说明空方力量大，操作上则可以激进一些。

在图7－9中，原油的价格在夜盘连续下跌，在日盘开盘震荡之后给出了好的操作机会，先给出了一次逢高做空的机会，之后又给出了突破的机会。你来说一下这个逢高做空的机会有什么特点呢？

周二、周四直播公开课听众黄光成：

这个逢高做空的形态和之前讲解的形态不一样。之前都是两个反弹的高点依次降低，而这次原油的价格却形成了第二个高点高于第一个高点的形态。这又该如何操作呢？

图 7-9　原油 1907 合约 2019 年 6 月 13 日走势图

姚助教：

第二个高点低于前一个高点，这种形态操作起来最简单。若第二个高点高于前一个高点，其实也很简单：不要受第一个高点的干扰。如果没有第一个高点，价格反弹至此能不能进行逢高做空的操作？再看分时走势就可以了。

另一个介入点就是突破点。价格在 10:30 时恰好处于跌破了前方 M 字头的颈线位，所以，一开盘便可以入场进行做空操作了。之所以在这种位置、这样大跌幅的情况下操作，是因为有板块结构且板块跌幅大。若是跌幅小，就要和之前的案例一样，放弃突破操作。

在图 7-10 中，红枣一开盘就形成了快速且大幅上涨的走势。当天 80% 的上涨空间已经涨完了，随后价格要么涨停，要么就长时间震荡失去交易价值。但由于它变成了涨幅第一，不得不关注它。面对红枣此时的走

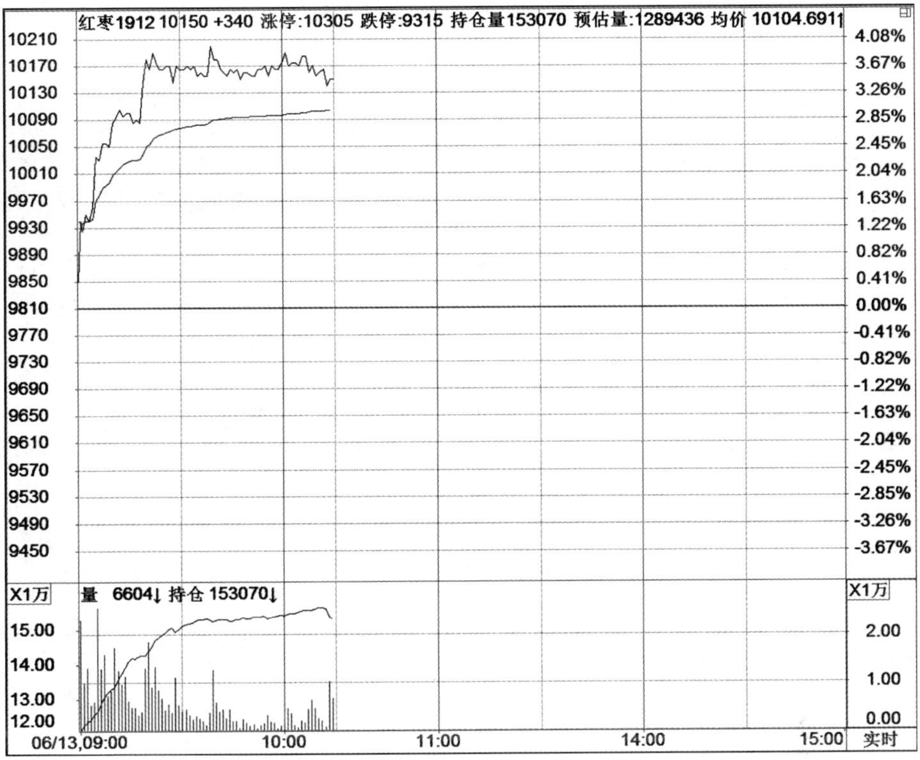

图7－10　红枣1912合约2019年6月13日走势图

势，该如何制定交易策略？

周二、周四直播公开课听众黄光成：

价格涨了这么多，我认为不太适合进行突破操作了。因为做突破就是赌价格一口气涨停，如果价格不涨停，就很容易做在上涨的高点区间。所以，比较妥当的方法是等价格形成一个像样的调整之后再进行操作，但调整不能跌破均价线，否则就会破坏掉多头的形态。

姚助教：

“调整不能跌破均价线”是铁律，价格在此之上怎么调整都不过分。由于之前涨幅过大，因此，尽量在价格形成第二个调整低点时进行操作，同时，第二个低点要比前一个低点高。为什么原油的第二个高点比前一个高点高还可以操作，而红枣却不行？这是因为原油离跌停还远，而红枣离涨停则不太远了。在临近涨停的时候，绝对不能有多方力量衰竭的现象出现，因此，必须要等调整形成低点抬高的走势时再操作。不同的涨跌幅度会对交易计划产生不同的影响。

代码	序	名称	最新	涨跌	↓涨幅
CJ912	1	红枣1912	10255	445	4.54%
AP910	2	苹果1910	9278	280	3.11%
RM909	3	菜粕1909	2507	51	2.08%
SR909	4	白糖1909	5120	76	1.51%
m1909	5	豆粕1909	2901	37	1.29%
MA909	6	甲醇1909	2336	24	1.04%
SF909	7	硅铁1909	6008	54	0.91%
SM909	8	锰硅1909	7500	66	0.89%
au1912	9	黄金1912	302.90	1.85	0.61%
ni1907	10	沪镍1907	98430	560	0.57%
CF909	11	棉花1909	13365	55	0.41%
jd1909	12	鸡蛋1909	4480	14	0.31%
ag1912	13	白银1912	3630	10	0.28%
v1909	14	PVC 1909	6680	15	0.23%
y1909	15	豆油1909	5444	12	0.22%
OI909	16	菜油1909	7083	14	0.20%
pp1909	17	PP1909	8020	12	0.15%
l1909	18	塑料1909	7560	0	0.00%
FG909	19	玻璃1909	1460	-1	-0.07%
p1909	20	棕榈1909	4362	-4	-0.09%
al1906	21	沪铝1906	14020	-20	-0.14%
eg1909	22	乙二醇1909	4385	-8	-0.18%
sp1909	23	纸浆1909	4580	-24	-0.52%
zn1907	24	沪锌1907	20610	-125	-0.60%
ZC909	25	动煤1909	588.4	-4.2	-0.71%
ru1909	26	橡胶1909	12195	-100	-0.81%
cu1907	27	沪铜1907	46240	-390	-0.84%
hc1910	28	热卷1910	3608	-37	-1.02%
j1909	29	焦炭1909	2134.5	-27.0	-1.25%
TA909	30	PTA 1909	5162	-68	-1.30%
rb1910	31	螺纹1910	3753	-52	-1.37%
jm1909	32	焦煤1909	1398.5	-21.0	-1.48%
sc1907	33	原油1907	419.7	-7.6	-1.78%
fu1909	34	燃油1909	2483	-79	-3.08%
bu1912	35	沥青1912	2948	-108	-3.53%

图 7－11　2019 年 6 月 13 日 14:05 涨跌排行榜

从图7－11中午开盘时的涨跌幅来看，红枣的涨幅有所扩大，而早盘涨幅第一名的菜粕涨幅有所减小；原本跌幅第一的燃油跌幅有所减小，而沥青跌幅有所扩大。虽然名次有了一些变化，但是它们都在我们的关注范围内，所以，机会是绝对跑不掉的。

周二、周四直播公开课听众黄光成：

以前操作的时候，没有涨跌幅排名的概念。通过无形老师的书以及公开课讲解，我终于明白为什么你们是市场中的赢家了。因为你们每天关注的品种都和普通投资者不一样！普通投资者什么都关注，而你们只关注最强的龙头。就算用一样的技术进行操作，因为你们操作的是龙头品种，收益往往是最高的。这就是正确操盘方法的魅力！

姚助教：

看一个人会不会操盘、有没有真功夫，直接看他看盘的态度就可以了。看盘方法正确，买卖点的设定就不可能错；买卖点的设定正确，盈利就是必然的事情了。而普通投资者开头就错了，也就很难有好的结局了。所以，无形老师的看盘方法，大家一定要用心学习，因为正确的盈利大道只有这一条！

在图7－12中，10:30过后沥青的价格形成了一次小反弹。因为反弹幅度小，所以用突破做空的方法进行操作，后面的下跌行情就跑不掉了。之后价格出现了反弹，但此时的反弹出现了不太好的迹象。你能看出来是哪里不好吗?

周二、周四直播公开课听众黄光成：

价格整体反弹的幅度在下跌波段的1/2处，位置倒是不错，还受到均价线的压力，这种形态应当是逢高做空的好形态。不好的因素应当就是价格反弹速度过快。涨速过快说明多方力量强大，多方力量强大就意味着不好做空了。

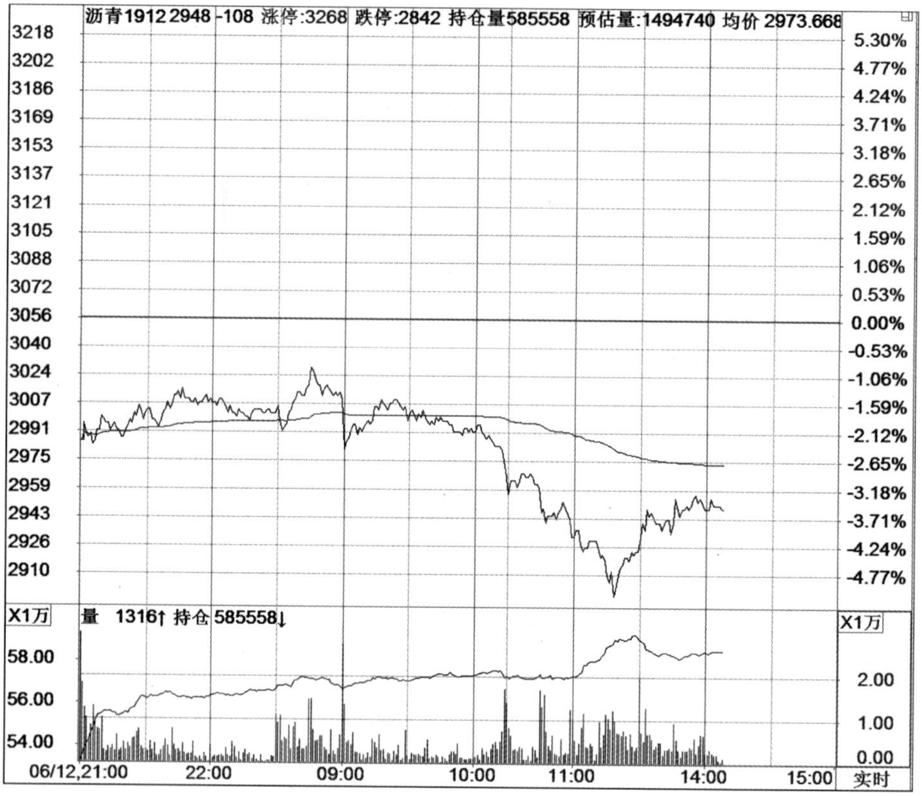

图 7－12　沥青 1912 合约 2019 年 6 月 13 日走势图

姚助教：

价格反弹的位置的确非常好，若没有不好的反弹迹象，这个点位是非常值得逢高做空的！

反弹速度快是一个影响价格反弹的重要因素，另一个重要因素是反弹过程中成交量放大，并且放量还超过了下跌时的量能！这说明之前做空的资金有撤退的可能，或有资金入场做多。无论哪种情况，对价格后期的下跌都是不利的。因此，虽然价格处于很完美的关键位置，但由于这两点不好的因素，做空需要谨慎！

在图 7－13 中，红枣的价格在后期调整过程中，终于形成了符合要求的走势：分时线一直在均价线上方，并且调整的低点形成了抬高的迹象。因此，在抬高的低点处便可以入场进行做多操作。到了 14:00 后，价格再

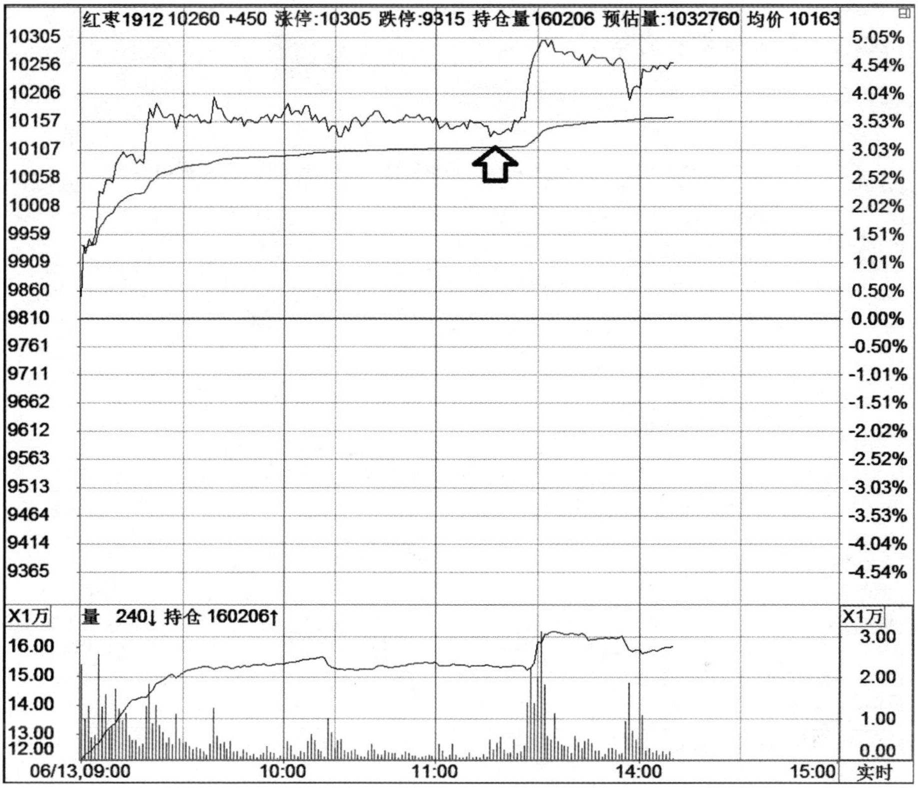

图7－13　红枣1912合约2019年6月13日走势图

次出现了调整。在这一区间该如何操作呢？

周二、周四直播公开课听众黄光成：

价格在调整的时候形成了放量的走势，并且跌幅超过了上涨波段的1/2，这样的调整形态不太好，跌下去很快又回到了放量下跌的起跌点。从走势上看，价格继续上涨的概率大，但目前的走势中找不到好的介入点。

姚助教：

这种走势属于观察形态，因为价格的走势有一些异常。虽然能从走势上判断出价格未来上涨概率大，但却无从下手进行操作。之前曾说过这个问题，有的形态既可以持仓也可以开仓，有的形态只适合持仓不适合开仓，而红枣的走势属于第三种情况：只适合观察分析不适合操作。面对这种不太稳定的波动，多单除非成本很低，否则刚才的回落肯定会打掉止盈位，因此无法持仓。由此可以判断出，价格上涨的概率大，但却没有机会操作。

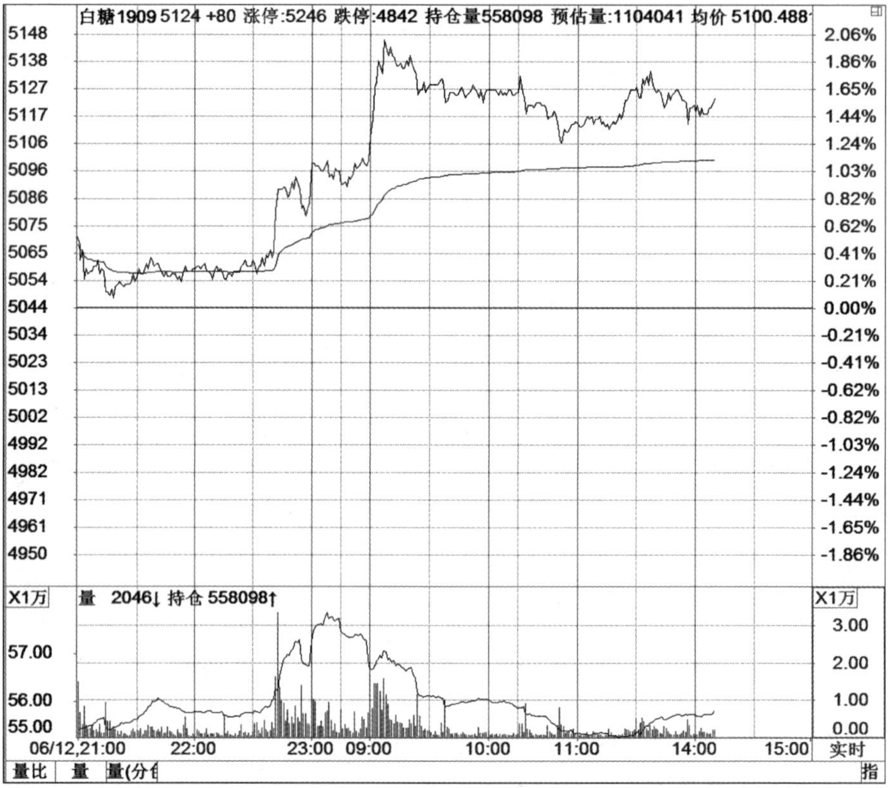

图 7－14　白糖 1909 合约 2019 年 6 月 13 日走势图

关注白糖只是因为它是涨幅居前的农产品。在图 7－14 中，它恰好形成了符合操作要求的技术形态，在当前的点位可以直接进行做多操作。你能说出可以操作的原因吗？

周二、四直播公开课听众黄光成：

价格在调整过程中出现了低点抬高的迹象。

姚助教：

正是如此！而且这已经是自 11:00 起第三个低点抬高的走势了，说明多头的力量在不断增强，因此，这个点位值得操作。另外，受农产品上涨的氛围带动，白糖下跌的可能性有所减小。上升趋势中出现低点抬高的迹象便可以直接动手操作，这个方法在之前的案例中已经讲过。这是无形老师一个非常有效的实战操盘技巧，大家一定要好好掌握！

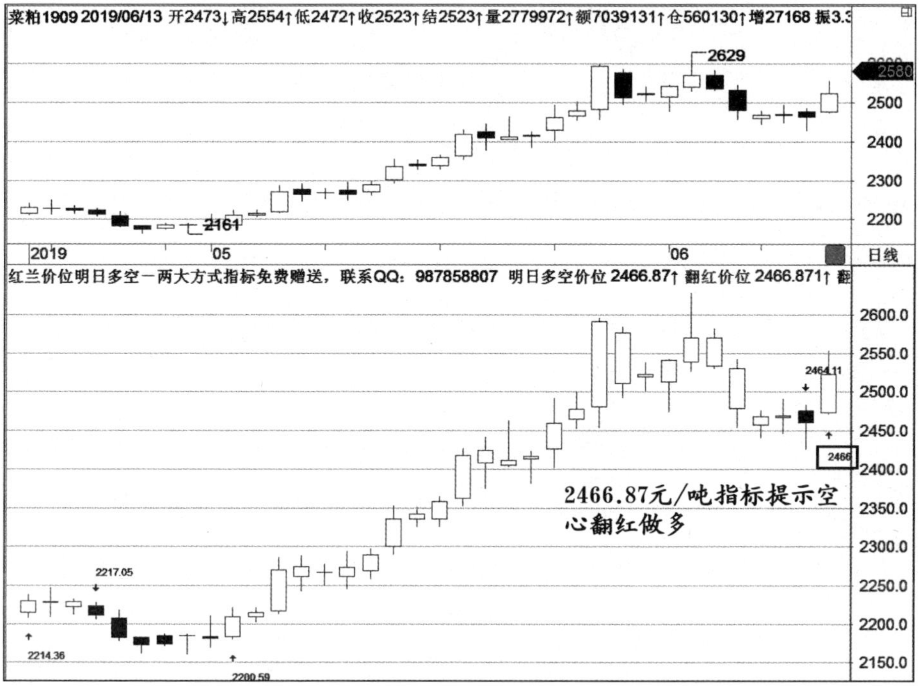

图7－15　菜粕1909合约2019年6月13日日K线走势图

在图7－15中，菜粕1909合约日K线当天盘中发出了做多的信号，趋势监控指标于调整结束后形成空心翻红的买点，指标提示的价格为2466.87元/吨，取整数2467元/吨为实际买入价位。大家可以关注这个品种做多的机会。若需要了解当前某个品种的多空状态，可随时与我们进行交流，以便为您的操作提供帮助。

第8章 2019年6月14日实盘解析：群龙无首势纷乱

代码	序	名称	最新	涨跌	↓涨幅
CJ912	1	红枣1912	10330	145	1.42%
ni1907	2	沪镍1907	99640	1240	1.26%
y1909	3	豆油1909	5498	56	1.03%
p1909	4	棕榈1909	4398	34	0.78%
SR909	5	白糖1909	5146	41	0.80%
au1912	6	黄金1912	304.75	2.40	0.79%
jd1909	7	鸡蛋1909	4529	35	0.78%
SF909	8	硅铁1909	6040	46	0.77%
ag1912	9	白银1912	3654	27	0.74%
rb1910	10	螺纹1910	3791	17	0.45%
CF909	11	棉花1909	13530	55	0.41%
cu1907	12	沪铜1907	46490	160	0.35%
hc1910	13	热卷1910	3635	12	0.33%
pp1909	14	PP1909	8029	19	0.24%
v1909	15	PVC 1909	6690	15	0.22%
MA909	16	甲醇1909	2339	5	0.21%
OI909	17	菜油1909	7101	10	0.14%
FG909	18	玻璃1909	1461	2	0.14%
RM909	19	菜粕1909	2526	3	0.12%
sc1907	20	原油1907	422.7	0.7	0.17%
jm1909	21	焦煤1909	1401.0	0.0	0.00%
m1909	22	豆粕1909	2918	0	0.00%
l1909	23	塑料1909	7560	0	0.00%
TA909	24	PTA 1909	5168	-4	-0.08%
AP910	25	苹果1910	9235	-17	-0.18%
al1906	26	沪铝1906	14010	-20	-0.14%
SM909	27	锰硅1909	7494	-16	-0.21%
sp1909	28	纸浆1909	4578	-12	-0.26%
j1909	29	焦炭1909	2130.0	-5.0	-0.23%
eg1909	30	乙二醇1909	4374	-16	-0.36%
zn1907	31	沪锌1907	20585	-85	-0.41%
ZC909	32	动煤1909	586.0	-3.8	-0.64%
bu1912	33	沥青1912	2954	-22	-0.74%
ru1909	34	橡胶1909	12095	-120	-0.98%
fu1909	35	燃油1909	2473	-28	-1.12%

图8－1　2019年6月14日09:01 涨跌排行榜

陈助教：

无论是多头市场、空头市场还是分化市场，只要涨幅前列或跌幅前列品种形成了板块效应，并且波动幅度都比较大，那么这一天投资者便可以获得10%左右的收益。市场是完全会给投资者这样的盈利机会的，若交易策略运用得当，一天赚20%～30%也不是什么难事。但是，若涨幅前列或跌幅前列的品种没有形成板块效应，又会出现什么样的现象呢？

0附加手续费开户李家海：

那这一天赚钱的难度肯定会大大提高了。涨幅与跌幅居前的品种的名次也会经常变化，从而增大了操作的难度。多数情况下所有品种的平均涨跌幅会比较小。

陈助教：

有好赚钱的行情，也必然有不好赚钱的行情。若是碰到了群龙无首的情况，该如何交易呢？结合今天的走势具体学习一下。

在图8-1中，从早上开盘的情况来看，这一天的市场多空形态介于弱多与分化市之间。说它是弱多，下跌的品种却略多；说它是分化市，上涨的品种却略多。不过，这也并不太影响操作，因为我们始终要对涨幅居前或跌幅居前的品种进行操作，涨跌幅居中的品种是没有操作价值的。这一天涨跌幅居前的品种有着怎样的特征呢？

0附加手续费开户李家海：

下跌品种的前五名里涉及了三个板块的品种，上涨的品种都属于关联度不高的农产品，板块结构与前几天相比并不非常明显。

陈助教：

除了这些因素，涨幅居前与跌幅居前的品种的涨跌幅都非常小，只有1%左右，说明多空双方的力量都不强。在这种情况下，就得留意涨跌幅前列品种的名次了。在涨跌幅较小的行情中，名次轮换现象比较常见，意味着我们关注的目标也会随时更换。同时，在盘面力度较弱的情况下，操作时的收益预期不能定得过高，一定要主动降低收益预期，严格遵从出局信号进行操作。

红枣由于没有夜盘，因此，早开盘之后至少需要等15分钟再进行关注。沪镍涨幅第二，但从图8-2分时图的走势来看，分时线在均价线下方，形成了空头的波动状态。这个时候可以对沪镍做空吗？该如何制定后期的操作策略呢？

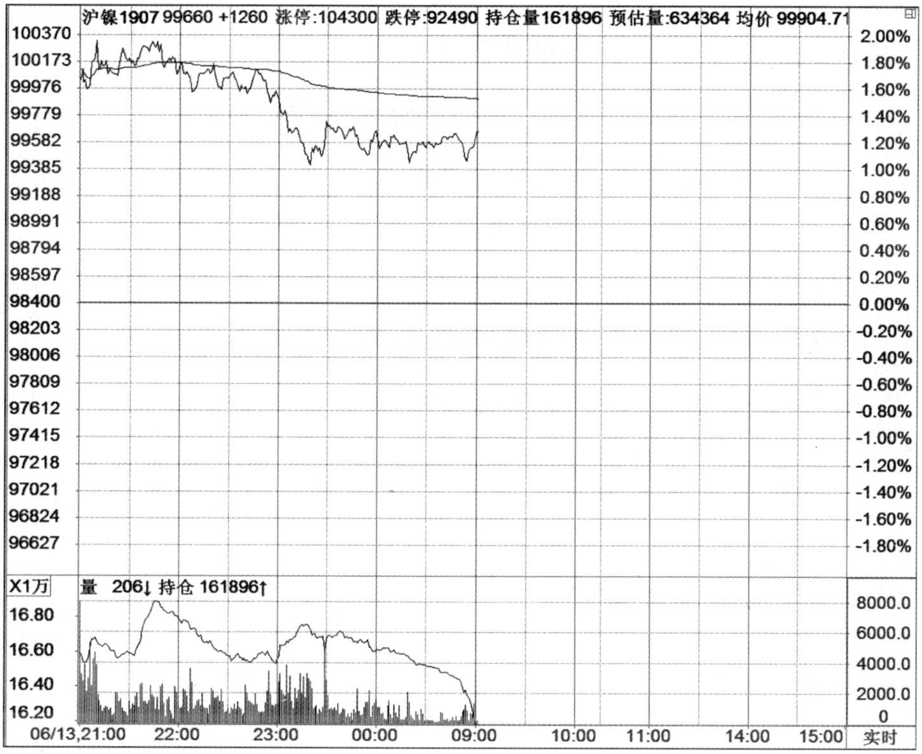

图8－2　沪镍1907合约2019年6月14日走势图

0附加手续费开户李家海：

绝对不可以做空！无形老师在公开课中反复强调过："涨幅居前的品种形成再漂亮的空头形态也绝对不能对它们做空！"因为还有跌幅靠前的品种"垫底"，根本轮不到对涨幅居前的品种做空。

对沪镍的操作，我是这样打算的：等待分时线爬到均价线上方。只有当价格重新形成多头形态的时候，才可以找机会入场做多。

自从无形老师的团队新开了一个0附加手续费的期货账号后，现在沪镍1907合约的手续费一开一平仅要1元/手。这么低的手续费进行日内交易，成本大大降低了。

陈助教：

市场中有句老话：顺势而为。"顺势"顺应的是方向。还不够，还需要顺性质而为！沪镍有下降的趋势，就可以去顺势了吗？肯定不行，因为性质不符，所以，无形老师强调的性质更为重要！只有当性质与方向同步的时候，顺着去做，成功的概率才会更大。

图 8－3　豆油 1909 合约 2019 年 6 月 14 日走势图

当分时线站稳于均价线上方的时候，其波动性质为多，方向也向上，这个时候再去操作胜率自然大增。而当分时线位于均价线下方的时候，只需要等待就可以了。

在图 8－3 中，豆油夜盘形成了震荡上涨的走势。持续回落之后，豆油的价格日开盘跳空到了早开盘高点的位置。这个位置可以开多单吗？

0 附加手续费开户李家海：

仅从这个形态来看，在开盘买点的位置的确可以进行突破操作。不过，开盘时的涨幅不是太理想，我觉得应当保守一些，等它调整后再进行操作。

陈助教：

你的思路属于保守型思路，这也很正常，宁可错过机会，也不轻易出手。但若结合价格的波动性质，这个点位其实是可以做一下的。豆油的价格在夜盘期间形成了第一个放量高点之后，出现了调整的走势，之后再次回到了前高点的位置，但受到压力出现回落趋势。若第一个高点的压力是真实的，那么价格应当连续下跌才对。价格接连两次重新回到压力位，说明价格并不想跌下去，因此当早开盘价格直接跳空回到前高点位置时，就需要留意突破的机会了。这就是我认为它可以开多单的原因。价格一而再，再而三地回到一个位置，就是为了越过该点位。

在图8－4中，燃油在夜盘下跌时形成了较为单边的走势，因为反弹幅度都很小，所以，持仓压力很小。在下跌过程中，曾先后出现了两次逢高做空的机会和多次突破的机会。你来说一下逢高做空的形态都有哪些规律？

图8－4　燃油1909合约2019年6月14日走势图

0 附加手续费开户李家海：

第一次逢高做空时价格出现了反弹，反弹幅度差不多在下跌波段 1/3 的位置，并且反弹高点受到了均价线的压力。不过由于价格在反弹高点停留的时间较短，经验不足的投资者可能不太好把握机会。第二次逢高做空的形态就简单了，价格形成了高点降低的态势，形态识别的难度小了很多，非常容易把握机会 。

在 0 附加手续费的期货账号中，燃油这个品种的手续费也非常低，一开一平仅 1.5 元/手左右。它是按价格的万分比收取手续费的，不像沪镍的手续费是固定不变的，燃油价格上涨则手续费升高，价格下跌则手续费随之降低。

陈助教：

逢高做空的时候，价格既要反弹起来，又不能突破压力位。相比突破操作，它的介入难度略大，因为突破操作的介入点更好识别，毕竟前低点一直在那里。除了箭头处的两次逢高做空机会，22:00 还有一次逢高做空的机会，同样，价格也反弹到了下跌波段 1/3 的位置。

日盘开盘的时候，燃油的价格处于当天的低位，没有任何介入点可言。此时的走势对于手中有空单的投资者来说可以继续持仓，而空仓的投资者只能等待有了更多的走势数据之后再择机操作。

在图 8 -5 中，沥青夜盘期间的走势更为经典，给投资者提供了多次逢高做空的机会。面对这样的走势，要是还赚不到钱，真得好好反省一番了！日开盘的时候，沥青的价格像豆油一样，开在了前低点的位置。这个位置可以操作吗？

图 8-5　沥青 1912 合约 2019 年 6 月 14 日走势图

0 附加手续费开户李家海：

同样的思路：采取保守的态度进行操作，等价格出现反弹之后另作打算，反弹到一定幅度就可以逢高做空，反弹幅度小就做突破。对于激进的投资者来说，价格虽然略低一些，但也算在突破点附近，因此也可以操作一下。

在无形老师团队开的 0 附加手续费的期货账号中，沥青这个品种的手续费也不高，一开一平仅 5.88 元/手左右。它的交易所手续费是价格的万分之一，双边收取，所以价格上涨则手续费提高，价格下跌则手续费随之降低。

陈助教：

虽然说豆油与沥青的价格都是开盘就开在了突破点处，但是其走势不同。豆油的价格三番五次回到前高点总想越过去，而沥青的价格则直接开在突破位，没有在前低位置徘徊过。所以，两者虽然开盘位置一样，但波动性质却不同。波动性质不同，采取的交易策略肯定也不同，因此，对于沥青，此时要做的就是等待更多的走势数据，再根据其形态进行操作。

代码	序	名称	最新	涨跌	↓涨幅
ni1907	2	沪镍1907	100070	1670	1.70%
SF909	3	硅铁1909	6070	76	1.27%
TA909	4	PTA 1909	5232	60	1.16%
au1912	5	黄金1912	305.30	2.95	0.98%
ag1912	6	白银1912	3659	32	0.88%
y1909	7	豆油1909	5484	42	0.77%
jd1909	8	鸡蛋1909	4525	31	0.69%
p1909	9	棕榈1909	4392	28	0.64%
SR909	10	白糖1909	5136	31	0.61%
MA909	11	甲醇1909	2348	14	0.60%
RM909	12	菜粕1909	2538	15	0.59%
FG909	13	玻璃1909	1466	7	0.48%
hc1910	14	热卷1910	3640	17	0.47%
AP910	15	苹果1910	9289	37	0.40%
v1909	16	PVC 1909	6695	20	0.30%
pp1909	17	PP1909	8031	21	0.26%
OI909	18	菜油1909	7109	18	0.25%
cu1907	19	沪铜1907	46430	100	0.22%
sc1907	20	原油1907	423.0	1.0	0.24%
rb1910	21	螺纹1910	3782	8	0.21%
l1909	22	塑料1909	7570	10	0.13%
m1909	23	豆粕1909	2920	2	0.07%
CF909	24	棉花1909	13455	-20	-0.15%
ZC909	25	动煤1909	588.8	-1.0	-0.17%
sp1909	26	纸浆1909	4582	-8	-0.17%
jm1909	27	焦煤1909	1397.5	-3.5	-0.25%
SM909	28	锰硅1909	7492	-18	-0.24%
j1909	29	焦炭1909	2126.0	-9.0	-0.42%
al1906	30	沪铝1906	13955	-75	-0.53%
eg1909	31	乙二醇1909	4359	-31	-0.71%
bu1912	32	沥青1912	2954	-22	-0.74%
fu1909	33	燃油1909	2481	-20	-0.80%
ru1909	34	橡胶1909	12115	-100	-0.82%
zn1907	35	沪锌1907	20495	-175	-0.85%

图 8－6　2019 年 6 月 14 日 10:30 涨跌排行榜

在图 8－6 中，空方的力度进一步减弱，没有跌幅超过 1% 的品种了。上涨的品种中除了沪镍外，其他品种的涨幅都有所减小。由此可见，经过了一个多小时的波动，多空双方的力量依然没有大的改变。在这种情况下，该如何进行操作呢？

0 **附加手续费开户李家海：**

因为涨跌力度有限，所以价格每一波的涨跌幅度也比较小。这种情况下就不太适合进行突破操作了。因为突破的介入点高于逢低做多的介入点，因此，突破的介入点往往在小波段涨跌走势的中末阶段，很容易陷入钱还没捂热价格便回落的窘境。

陈助教：

下跌的品种还好，除了沪锌跑到了跌幅第一的位置，能源化工板块的品种虽然跌幅减小了，但基本上还处于跌幅前列。而涨幅榜上的农产品品种都掉了下去。PTA 还成了能源化工板块的“叛徒”，当其他品种下跌的时候，它却出现了上涨。涨幅榜形势纷乱，没有主心骨，跌幅榜虽然有板

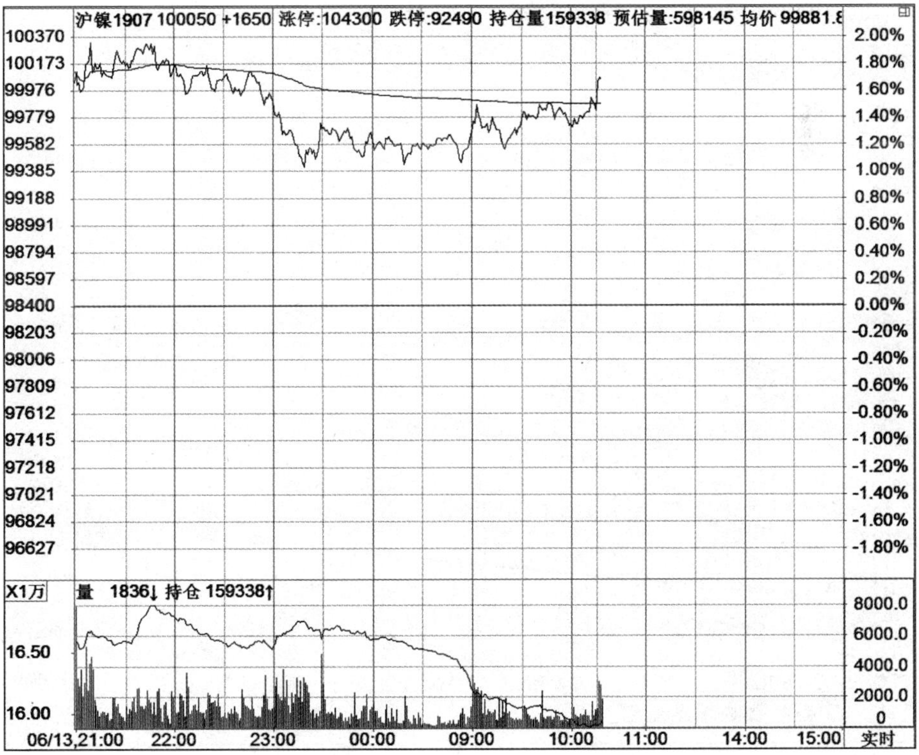

图 8-7　沪镍 1907 合约 2019 年 6 月 14 日走势图

块，但幅度都非常小，难以出现大波段。所以，面对这样的盘面，并不应做空，而应当从涨幅前列的品种中发现机会。

在图8-7中，沪镍的走势在早开盘之后一步步趋好，并且在10:30爬到了均价线上方，早开盘时期望的走势终于出现。沪镍是如何一步步走好的？这其中有着怎样技术上的规律？

0附加手续费开户李家海：

早开盘之后，价格并未创出新低。随着波动的延续，价格形成了低点连续抬高的走势，价格低点不断向上，高点也不断向上，恢复多头的形态。

陈助教：

从分时形态来看，价格的波动具备了明显的多头特点。只不过此时分时线在均价线下方，若是分时线位于均价线上方，便可以在抬高的低点处

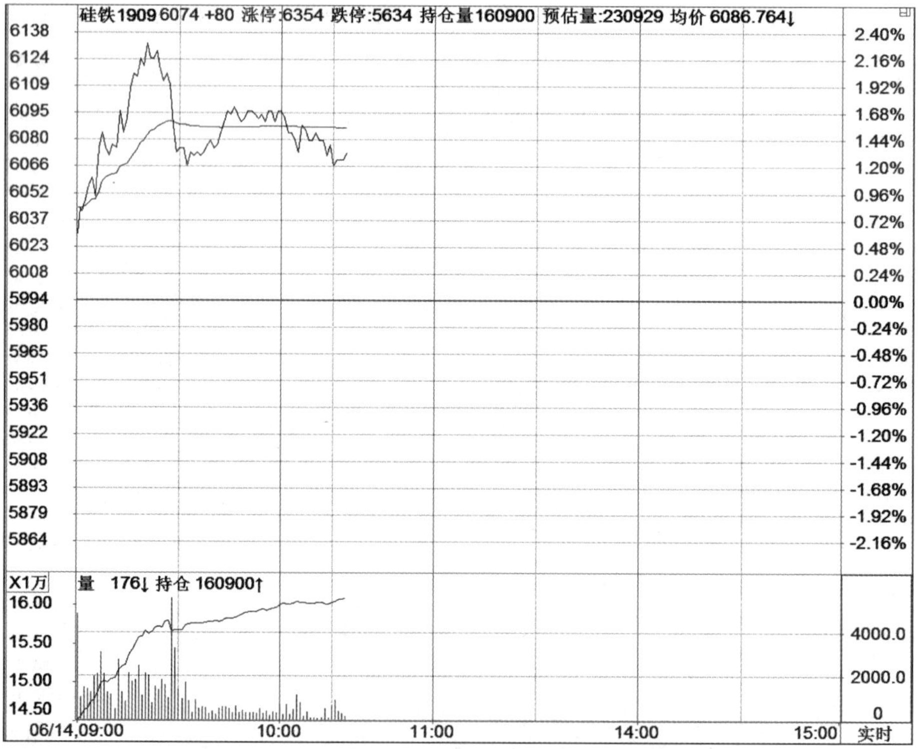

图8-8 硅铁1909合约2019年6月14日走势图

进行操作了。若投资者看的不是分时图，而是K线图，则可以在布林线指标中轨或是移动均线形成上升趋势的时候，提前入场进行操作，因为趋势指标追踪价格方向变化的速度要优于均价线。

价格虽然爬到了均价线上方，但走势没有形成买点，因此，采取的策略便又是继续等待了，等价格要么形成突破的买点，要么给出逢低做多的买点。

在图8-8中，硅铁开盘之后价格快速上冲，但随后价格的调整使得做多的行为不得不停下来。价格明明出现了一定幅度的回落，为什么不能进行逢低做多的操作呢?

0附加手续费开户李家海：

第一，价格回落的幅度超过了上涨波段的1/2，说明空方力量较大，不利于价格后期进一步上涨，因此不宜做多；第二，价格调整的低点跌破了均价线，这是不可以的，价格可以进行调整，也允许调整有一定深度，但绝对不能跌破重要的支撑；第三，价格调整的低点出现了放量的现象。硅铁的调整没有一条满足操作要求，因此，需要放弃对它的做多操作。

在0附加手续费的期货账号中，硅铁这个品种的手续费是双边收取，一开一平共6元/手左右。价格波动一下便能赚出手续费，一手还能盈利4元钱。

陈助教：

价格经过一番震荡，到了10:00，与之前的低点相比形成了抬高的迹象。虽然低点抬高，但依然不可以入场，因为此时的低点抬高发生在均价线下方，形态的确是多头的形态，但位置却说明价格处于空头状态。若是分时线在均价线上方，价格又形成了低点抬高的走势，那么，价格波动的性质是多头，形态也是多头，入场操作才有了技术上的依据。

在图8-9中，PTA在夜盘单边下跌时有多次创新低、做突破的机会，23:00之后又有了一次逢高做空的机会。随后的反弹吃掉了最后一波下跌，价格逆转成了上升趋势。最终空头形态彻底消失的原因就是分时线站在了均价线上方。

图 8－9 PTA1909 合约 2019 年 6 月 14 日走势图

0 附加手续费开户李家海：

刚看无形老师《一年十倍的期货操盘策略》系列书籍的时候，我还抱着怀疑的态度：分时线在均价线下方就做空，分时线在均价线上方就做多，这么简单也能赚钱？我曾经有一段时间不服气，还专门和老师说的反着来，结果亏得一塌糊涂。的确，在最后一波下跌时做多可以盈利，但为了抓到最后这一波下跌的机会，却需要承受前边持续下跌过程中的巨大亏损。从此我才明白，“大道至简”！只要分时线在均价线下方就一门心思去做空，而一旦像 PTA 这样，分时线走到了均价线上方，就要扭转思路做多。

在 0 附加手续费的期货账号中，PTA 这个品种的手续费也很便宜，一开一平仅 3 元/手左右。正如你们所说：开户即是为自己省钱！

陈助教：

分时线站在均价线上方之后，价格形成了经典的低点抬高的逢低做多形态，也有向上突破创新高的技术买点形态。而10:30，价格又处在了一个关键位置：将突破早开盘的高点创下盘中的新高。这个点肯定是可以入场操作的。需要注意的是：价格此时整体波段的涨幅已经很大，并且整体盘面的多头力量并不是太强，所以，就算可以创出盘中的新高，上涨的空间也不会太大，因此，收益预期可以降低一些。同样，因为盘面并不是很强，所以，是会突破之后向上再冲一下，还是会刚刚突破又掉了回来，都很难说。因此，在降低收益预期的同时，还需要做好随时止损的准备。

图8－10 燃油1909合约2019年6月14日走势图

在图8－10中，燃油日盘开盘后形成了一次突破的形态，价格反弹的幅度很小。这意味着就算突破操作失败了，止损的幅度也并不大。虽然突破形态满足要求，并且止损也很小，但早盘期间的突破却是失败的，没有赚钱的机会。而后价格出现了反弹。这一次的反弹可以逢高做空吗？

0 附加手续费开户李家海：

价格反弹的幅度有些大，超过了下跌波段的50%。这意味着多方的力量较大，空方的优势并不明显，因此，不适合进行逢高做空的操作。

陈助教：

价格在反弹的时候，成交量始终保持着低迷的状态。从量能上来看，这是好的现象。只可惜上涨的幅度太大了，超过了要求。虽然分时线在均价线下方，但所有反弹幅度超过50%的高点都需要放弃。未来的走势可能有机会，也可能没有机会，但不管怎样，只要不符合技术要求就必须放弃。放弃其实也是稳定盈利的组成部分！

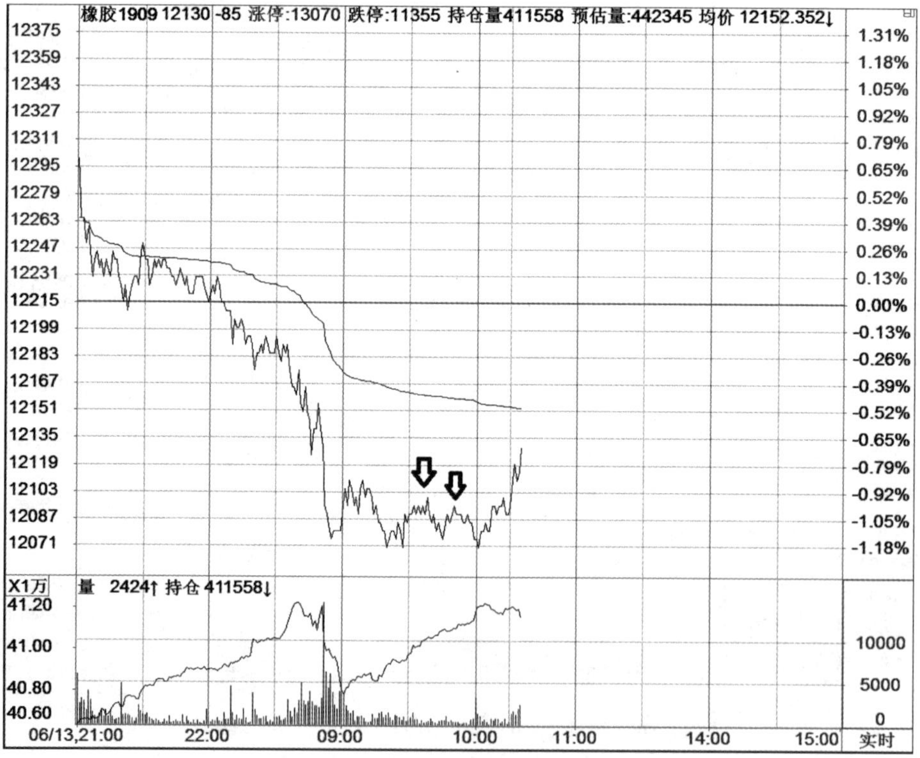

图 8－11　橡胶 1909 合约 2019 年 6 月 14 日走势图

在图 8－11 中，橡胶日盘开盘后的走势还是非常不错的。下跌过程中留下的都是逢高做空的好点位，连续 3 个高点依次降低。这样漂亮的技术形态一定要深深记在脑子里，只要在下降趋势中见到这样的形态，一定要积极地进行操作！

0附加手续费开户李家海：

虽然先后两次提供了逢高做空的交易形态，但最终却是以止损为结局。这难道也好吗？

陈助教：

这个市场中不是盈利就是止损。止损是操作过程中绝对不可能回避的事情，回避止损是不成熟的体现，我们要做的就是减小形态失败时亏损的幅度。只要亏损的幅度不大，就是一个好的形态失败的案例。并不是只有一种介入形态成功了才是好形态，教科书一般的止损形态也是非常棒的技术案例！

从橡胶的走势来看，不管在哪个高点进行做空操作最终都要止损。但亏得多吗？如果形态成功了，就算盘面力度不强，取得1∶3的盈亏比也是非常轻松的；若盘面力度大一些，取得1∶10的盈亏比也很平常。这就足够了。亏小钱赚大钱，才是盈利的根本！做空点符合要求、止损幅度又小的技术形态全都值得投资者仔细品味。

从图8－12中下午开盘时的涨跌排行榜来看，空头的力量依然没有加大的迹象，并且原来形成板块的能源化工居然变成了一盘散沙的状态。下跌前几名不再有明显的板块结构，说明做空操作很难进行下去了。那涨幅居前的品种又有什么样的特点呢？

0附加手续费开户李家海：

涨幅第一的沪镍的涨幅有所扩大，超过了2%，说明多方的力量比空方的力量强。只不过涨幅居前的品种也没有形成板块，多头与空头皆是孤掌难鸣的状态。

代码	序	名称	最新	涨跌	↓涨幅
TA909	2	PTA 1909	5250	78	1.51%
au1912	3	黄金1912	305.40	3.05	1.01%
sc1907	4	原油1907	426.0	4.0	0.95%
SF909	5	硅铁1909	6042	48	0.80%
ag1912	6	白银1912	3654	27	0.74%
y1909	7	豆油1909	5480	38	0.70%
SR909	8	白糖1909	5140	35	0.69%
jd1909	9	鸡蛋1909	4523	29	0.65%
p1909	10	棕榈1909	4392	28	0.64%
hc1910	11	热卷1910	3643	20	0.55%
pp1909	12	PP1909	8039	29	0.36%
rb1910	13	螺纹1910	3786	12	0.32%
CJ912	14	红枣1912	10215	30	0.29%
MA909	15	甲醇1909	2340	6	0.26%
FG909	16	玻璃1909	1462	3	0.21%
cu1907	17	沪铜1907	46420	90	0.19%
OI909	18	菜油1909	7103	12	0.17%
v1909	19	PVC 1909	6685	10	0.15%
l1909	20	塑料1909	7565	5	0.07%
RM909	21	菜粕1909	2524	1	0.04%
ZC909	22	动煤1909	589.4	-0.4	-0.07%
m1909	23	豆粕1909	2915	-3	-0.10%
eg1909	24	乙二醇1909	4385	-5	-0.11%
sp1909	25	纸浆1909	4584	-6	-0.13%
CF909	26	棉花1909	13455	-20	-0.15%
al1906	27	沪铝1906	13980	-50	-0.36%
SM909	28	锰硅1909	7480	-30	-0.40%
jm1909	29	焦煤1909	1394.5	-6.5	-0.46%
bu1912	30	沥青1912	2960	-16	-0.54%
fu1909	31	燃油1909	2485	-16	-0.64%
zn1907	32	沪锌1907	20530	-140	-0.68%
j1909	33	焦炭1909	2120.5	-14.5	-0.68%
AP910	34	苹果1910	9188	-64	-0.69%
ru1909	35	橡胶1909	12110	-105	-0.86%

图 8－12　2019 年 6 月 14 日 14:05 涨跌排行榜

陈助教：

从幅度的对比来看，多方略占优势。操作就是这样，谁的优势明显就对谁进行操作。既然沪镍的涨幅最大并且有扩大的迹象，就要重点关注它。同时，由于空头的形态都比较小，只需要盯着跌幅第一的橡胶就可以了。毕竟原油处于涨幅第四名，能源化工能否再现集体下跌的现象就不太好说了。

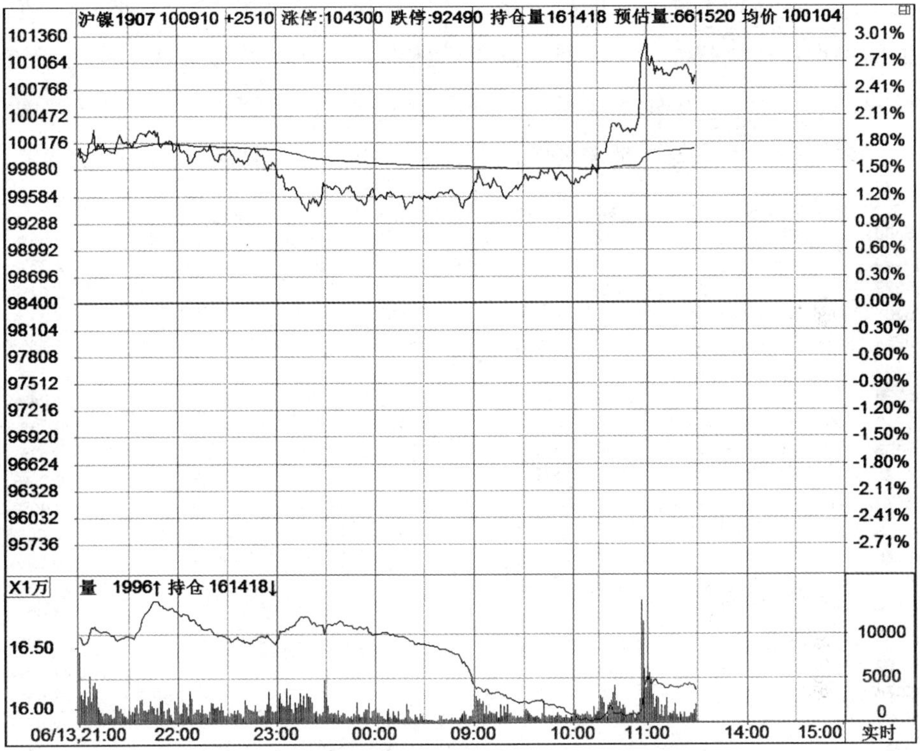

图8－13　沪镍1907合约2019年6月14日走势图

在图8－13中，沪镍的价格爬上均价线之后终于有了好的表现，只不过上涨中途只留下了一次突破的操作机会，而后价格便出现了巨量上涨的走势。在面对随后的调整走势的时候，结合整体盘面，该如何制订操作计划呢？

0附加手续费开户李家海：

继续保持以往的操作思路，等价格进一步调整，形成低点抬高的走势之后再入场操作。

陈助教：

如果整体盘面是明显的多头，并且有板块效应，这样的分析结论是绝对正确的！但是，今天的盘面一片散沙、没有板块效应，而且其他品种上涨的力度均不大，因此，出现大涨幅的可能性并不大。

价格在上涨的时候，不以温和且连续的方式上涨，而以巨量快速的方式上涨——这种上涨形态的特点是往往涨速快、涨幅大，但持续性差。它们的出现往往意味着一个重要的高点就此形成，除非整体盘面多头力量进一步加大，否则，沪镍盘中的高点可能就在3%的位置了。虽然由于沪镍是涨幅第一，无论怎样都需要关注它，但在操作上要抱着消极的态度。

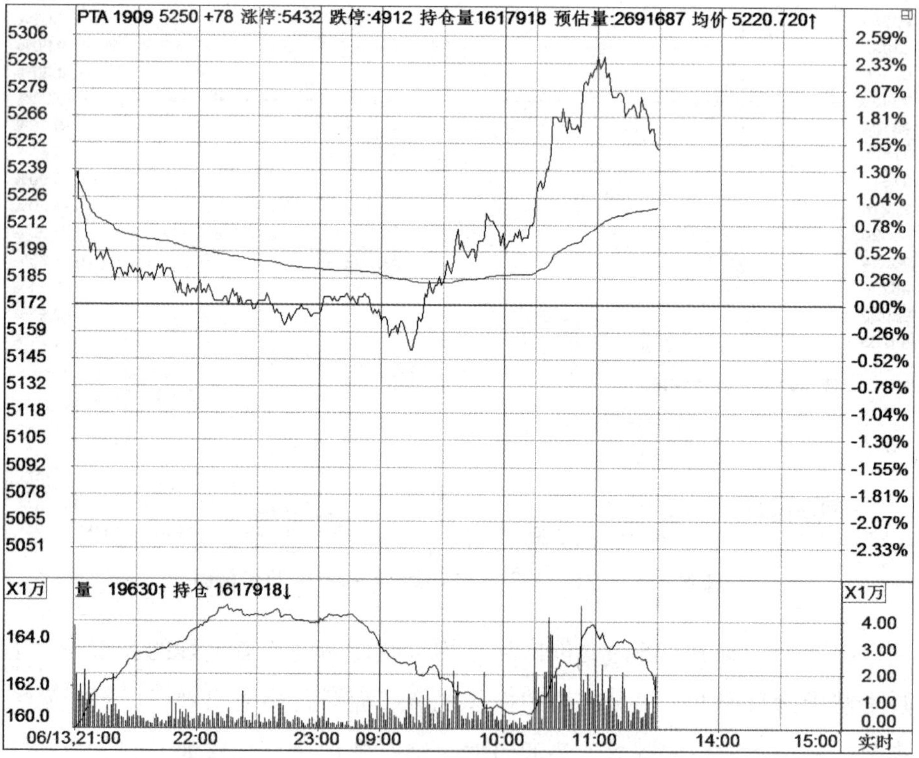

图8－14　PTA1909合约2019年6月14日走势图

在图8－14中，PTA突破了早开盘的高点之后，形成了不错的上涨走势。这得益于成交量的连续放大。有了资金的积极推动，价格自然会有好的表现。价格在进一步上涨的过程中，再一次给出了小幅调整再突破的交易机会。上涨过后，在价格调整的过程中，可以进行逢低做多的操作吗？

0 附加手续费开户李家海：

不可以。持续的回落把价格最后一波上涨的空间全部吞没了，这说明空方有能力与多方相抗衡。因此，面对价格完全回撤的走势，应当放弃操作。

陈助教：

就最低点到最高点的整体上涨行情而言，价格回落的幅度仍在1/3以内，从这个角度来看，价格还有上涨的可能。但从局部走势来讲，完全回撤现象的出现，意味着价格调整的时间将会延长。调整周期一旦延长，价格能回落到多深就很难判断了。整体行情继续看涨，局部行情继续调整，价格的波动形成了矛盾的现象。而处理矛盾现象其实很简单，放弃即可！切记，但凡有明确的不稳定因素出现，都不宜开仓。

图8－15　橡胶1909合约2019年6月14日走势图

在图8－15中，橡胶在日开盘之后，虽然高点降低的形态失败了，但经过一段时间的反弹，价格再度给出了一次逢高做空的机会。相比之前的高点降低形态，这一次的逢高做空形态有什么样的特点呢？

0 附加手续费开户李家海：

相比第一次的高点降低形态，这一次介入点的形态位置更理想了。价格反弹到了整体下跌波段的1/3关键处，并且距离均价线的强大压力位也很近，因此，形态成功的概率较大。

按12200元/吨的价格计算，一手橡胶的手续费为10.98元。它是按0.45‱双边收取的手续费。

陈助教：

反弹达到1/3的关键位、面对强大的压力位，这是逢高做空的两大要素。还有一个要素就是价格下跌后留给多方足够的时间进行反击，并且有

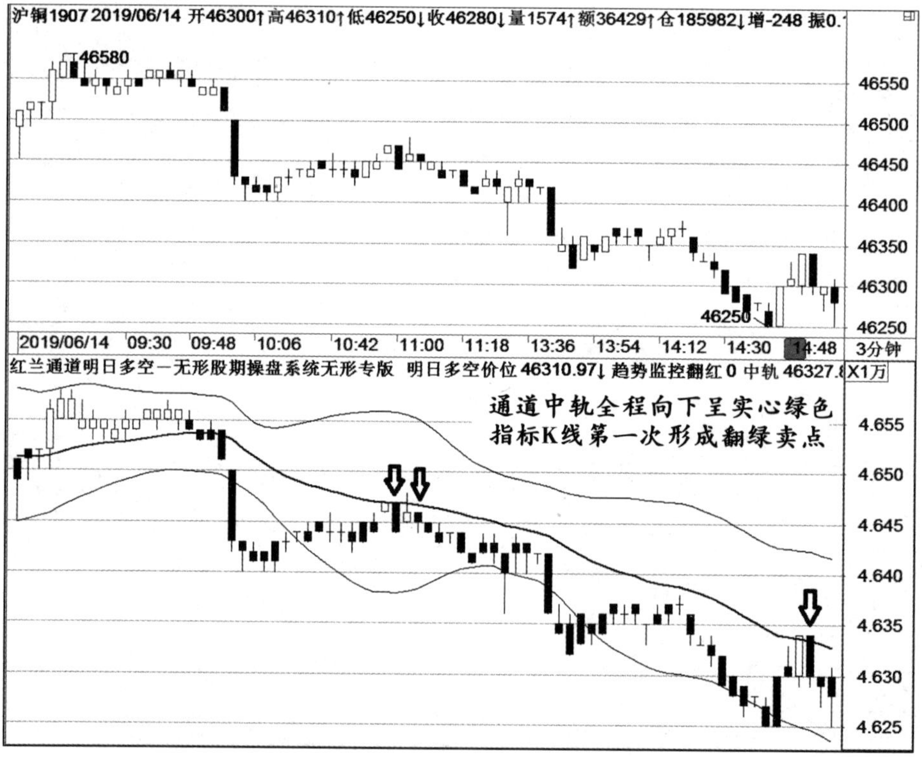

图8-16　沪铜1907合约2019年6月14日3分钟K线走势图

一定幅度的上涨。时间与空间都可以消耗多方的力量，在多方力量减弱、高点形成降低形态的时候，自然可以直接出手做空。至于止损点，既可以放在前高点，也可以放在均价线，若形态失败，无论哪个位置都不会带来

大的亏损，亏损的幅度都非常小，并且风险完全可控。风险是已知的，未知的就是到底是会赚一笔大钱，还是赚一笔小钱。

在图8-16中，沪铜虽然不是今天涨跌幅居前的品种，但在盘中却形成了非常标准的震荡下跌走势。价格在盘中下跌的时候虽然有两次反弹，但反弹的幅度并不大，说明多方的力量比较虚弱。多空力量的对比越明显，价格延续当前趋势的概率就会越大。

除了常规的逢高做空和突破的操作方法，价格在下跌过程中还先后3次形成了“双绿”卖点的形态。你能看出“双绿”卖点的信号特点吗？

0附加手续费开户李家海：

无形老师研发的趋势监控指标的通道中轨保持着向下的态势，在这种情况下，中轨呈现全程实心绿色的状态，以此提示投资者不要逆势做多。随价格反弹，指标会翻红，但在中轨向下的情况下，指标K线的翻红恰恰意味着下一次做空机会的到来，此时要做的就是等指标K线翻红后再度翻绿时入场做空。

陈助教：

中轨全程绿色、指标K线第一次翻绿，这便是“双绿”卖点。图8-16中先后出现了三次“双绿”卖点：第一次是失败的，造成了小幅度的亏损；第二次“双绿”卖点是当天最大的收益，拿下了主要的下跌波段；最后一次出现在尾盘期间，临近收盘可以持仓，但不宜新开仓，否则就与日内操作收盘前不得留仓的原则相违背。

第9章 2019年6月17日实盘解析：上冲回落多无力

陈助教：

有时候，上涨的品种会形成冲高回落的走势。除了自身技术上的原因，还可以从盘面中找到冲高回落的原因。你认为什么情况下，价格在盘中容易形成冲高回落的走势呢?

0 附加手续费开户张富江：

在没有接触无形老师《一年十倍的期货操盘策略》丛书之前，我也看过几十本国内以及国外的期货书，从没有一个作者像无形老师一样，能够把盘面的多空分析技术和盘面的种种情况写得如此细致。无形老师的方法对日内操作的帮助真是太大了。要是以前，您这个问题还真把我问住了，但是现在我可以轻松地回答了：价格形成冲高回落的走势，一是肯定不会发生在多方明显占上风的市场中，只有在空方力量略大的盘面下，上涨的品种才容易形成冲高回落的走势；二是当天多方整体上涨的幅度不会太大，若多方力量较大，就很难出现冲高回落的走势了；三是上涨前列的品种没有形成板块，因为多方没有形成合力。

陈助教：

你回答的这三点非常棒，看来的确对无形老师的盘面多空分析方法领悟深刻。要知道，无形老师极具实战性的盘面多空分析方法在国内可是独一份的！正好今天的走势在多方形成了冲高回落的现象，我们来看看盘中都有怎样的技术特征吧。

如图 9－1 所示，2019 年 6 月 17 日 09:01，盘面形成了明显的空头状态，这也为今天上涨品种的冲高回落埋下了伏笔。大多数品种保持下跌的状态，就凭这一点就可以直接确定今天的盘面性质。那么，涨跌居前的品种都有怎样的特征呢?

代码	序	名称	最新	涨跌	↑涨幅
rb1910	1	螺纹1910	3725	-60	-1.59%
ru1909	2	橡胶1909	11895	-195	-1.61%
AP910	3	苹果1910	9119	-126	-1.36%
j1909	4	焦炭1909	2103.0	-23.0	-1.08%
zn1907	5	沪锌1907	20315	-220	-1.07%
hc1910	6	热卷1910	3603	-37	-1.02%
CJ912	7	红枣1912	10240	-100	-0.97%
jd1909	8	鸡蛋1909	4484	-38	-0.84%
cu1907	9	沪铜1907	46140	-280	-0.60%
SR909	10	白糖1909	5107	-32	-0.62%
SF909	11	硅铁1909	6040	-36	-0.59%
sp1909	12	纸浆1909	4564	-24	-0.52%
jm1909	13	焦煤1909	1388.0	-7.5	-0.54%
p1909	14	棕榈1909	4372	-18	-0.41%
al1906	15	沪铝1906	13945	-55	-0.39%
MA909	16	甲醇1909	2337	-8	-0.34%
v1909	17	PVC 1909	6655	-25	-0.37%
ag1912	18	白银1912	3639	-13	-0.36%
pp1909	19	PP1909	8006	-26	-0.32%
au1912	20	黄金1912	304.20	-0.60	-0.20%
eg1909	21	乙二醇1909	4364	-9	-0.21%
l1909	22	塑料1909	7535	-15	-0.20%
SM909	23	锰硅1909	7462	-14	-0.19%
CF909	24	棉花1909	13465	-20	-0.15%
ni1907	25	沪镍1907	100060	-100	-0.10%
FG909	26	玻璃1909	1461	-2	-0.14%
y1909	27	豆油1909	5486	0	0.00%
bu1912	28	沥青1912	2970	-2	-0.07%
OI909	29	菜油1909	7104	1	0.01%
fu1909	30	燃油1909	2502	6	0.24%
ZC909	31	动煤1909	591.0	3.2	0.54%
TA909	32	PTA 1909	5260	36	0.69%
sc1907	33	原油1907	429.4	3.1	0.73%
RM909	34	菜粕1909	2559	34	1.35%
m1909	35	豆粕1909	2958	44	1.51%

图9－1　2019年6月17日09:01涨跌排行榜

0附加手续费开户张富江：

先说涨幅居前的品种。涨幅居前的板块有农产品与能源化工，但能源化工的涨幅实在太小，连1%都不到，力量非常小。而除了豆粕与菜粕，其他农产品的表现也不怎么样。所以，从早开盘来看，应当盯着豆粕与菜粕。

而跌幅居前的品种也没有明显的板块，跌幅前五名中四大板块的品种全部都有，更是混乱。不过下跌家数多，占了优势，因此，早开盘之后应当积极留意做空的机会。螺纹、橡胶、苹果是主盯对象。

陈助教：

通常情况下，如果上涨或下跌的板块结构不明显，那么，当天就很难走出较大的行情。看到这样散沙般的涨跌情况，就知道今天的操作难度比较大，所以，今天的收益目标就要降下来。在这样的盘面下进行日内投机交易，一天能实现5%的收益就要知足，恐怕不太有机会实现10%以上的收益。

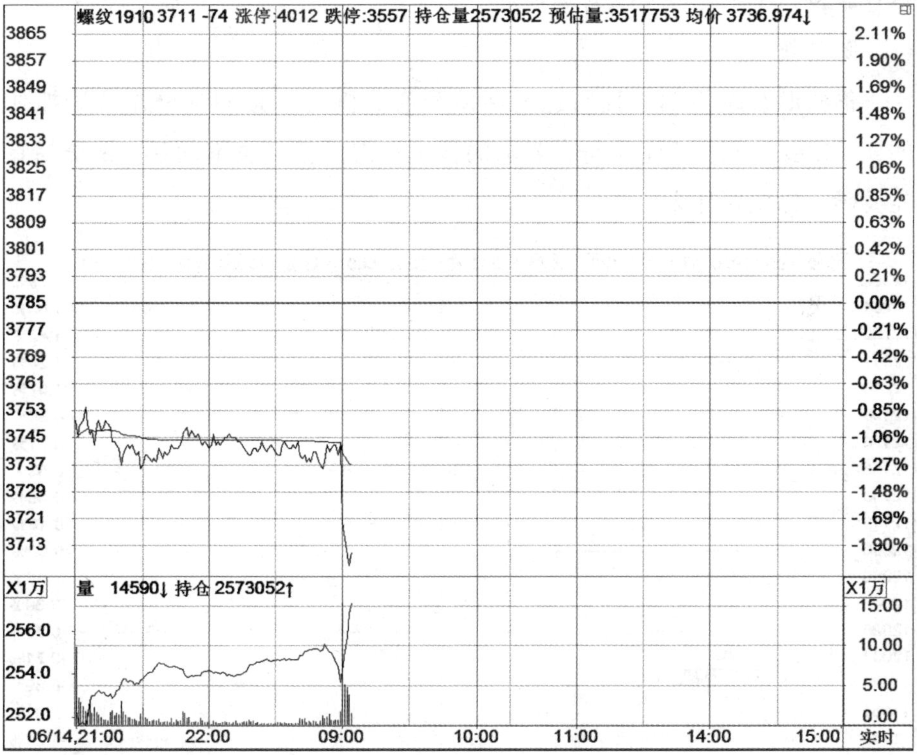

图9-2　螺纹1910合约2019年6月17日走势图

在图9-2中，螺纹夜盘表现平平，下跌过程中有一次小反弹突破的操作机会，不过是失败的突破形态，如果对它进行操作，会产生一次小亏。之后的走势中，分时线与均价线始终纠缠在一起，也没有好的操作机会了。虽然开盘便出现了低开，但这个低开是无法把握的。面对螺纹此时的走势，该如何制订操作计划呢？

0 附加手续费开户张富江：

之前的讲解中碰到了许多这样的例子，通过学习，我现在应对这种走势已经不在话下了。一定要耐心地等，等价格的走势有了更多的数据之后再进行操作。若价格给出了适中的反弹高点则运用逢高做空的手法进行操作，若反弹幅度小便进行突破。只这两招足矣！

无形老师的团队新开了一个0附加手续费的期货账号后，真是帮我节省了大量的手续费！螺纹的手续费为1‱，双边收取，以3700元/吨的价格计算，一手一开一平仅需7.4元手续费。

陈助教：

价格形态越不明，我们越要保持耐心。机会不是胡乱操作就能抓住的，一定要克制，不走出符合要求的技术形态，就坚决不动手！做交易首先要确定你想要什么！

图9－3　橡胶1909合约2019年6月17日走势图

同样，在图9－3中，橡胶在夜盘只给出了突破的交易机会，虽然在夜盘收盘时提供了逢高做空的机会，但日内交易的规则就是日盘、夜盘两个收盘前必须平仓，因此，不能对这种形成于收盘前夕的形态进行操作。日开盘以后面对这种形态该如何操作呢？

0 附加手续费开户张富江：

如果价格反弹幅度小就做突破；如果价格继续反弹并在均价线下方形成高点降低的走势，就进行逢高做空。这种形态是最棒的。

陈助教：

为什么可以对螺纹与橡胶制订出突破操作的计划呢？因为它们是领跌品种。对于龙头领跌品种，既可以进行逢高做空操作，也可以进行突破操作。若所关注的品种并不是跌幅居前的，就只能等待逢高做空的机会。

因为橡胶开盘时整体形态的完整度比螺纹要好，因此，具体操作时可以把价格走势的数据合并在一起进行分析。

图9－4　菜粕1909合约2019年6月17日走势图

这段时间，受中美经贸摩擦的影响，能源化工板块和农产品板块中的豆类、粕类总爱出现跳空高开的走势。如果持仓隔夜，就要承担更多的风险。为什么许多投资者都愿意做日内交易？就是因为投资者可以把盈亏把握在自己手里，而不是交给市场。虽然有时一开盘就会有不菲的收益，但一旦亏了呢？一开盘就亏一笔大的，相信这一天也不会有好心情来平静地进行交易了。面对图 9－4 中菜粕这种开盘走势，该如何制订交易计划？

0 附加手续费开户张富江：

因为菜粕开盘的走势不属于正常、连续的波动，所以，没有别的方法，唯有等！等是赚钱的不二法门，等有了更多数据，可以把价格的波动性质看得清清楚楚时，再动手操作。

在 0 附加手续费的期货账号中，菜粕这个品种的手续费也非常便宜，一开一平仅 1.5 元/手。

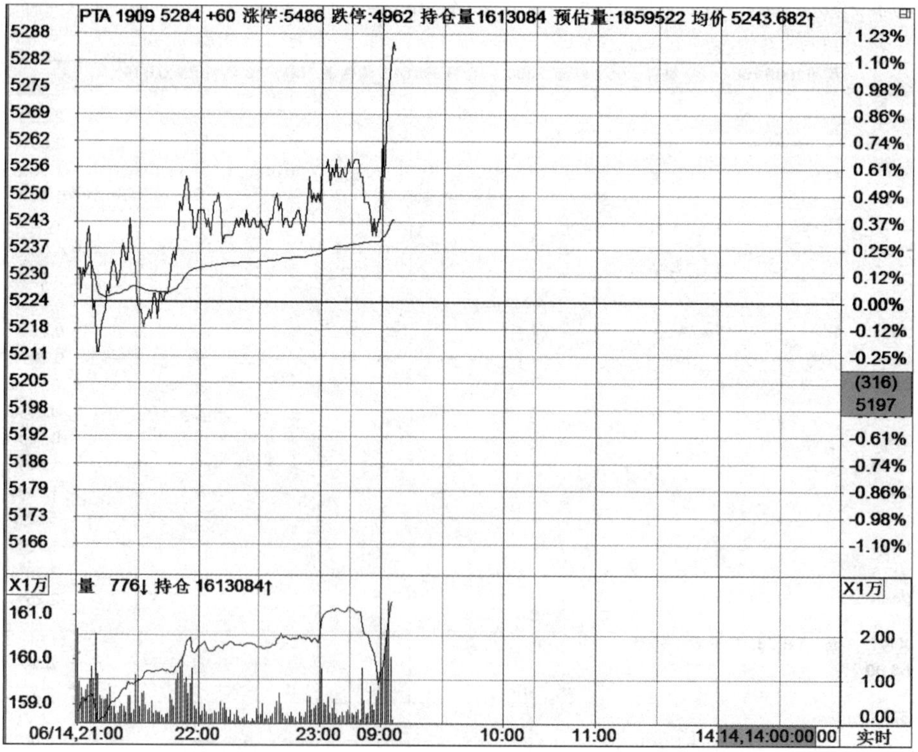

图 9－5　PTA1909 合约 2019 年 6 月 17 日走势图

陈助教：

在图9-5中，PTA在夜盘的走势相比其他几个品种有着明显的规律性。开盘后价格虽然上下大幅震荡，但低点的抬高率先透露出了一丝多头的味道。而后分时线一直保持在均价线上方，提供了好几次逢低做多的交易机会，夜盘前虽然出现了价格调整，但调整的低点依然在均价线上方，多头形态并没有被破坏。日开盘之后的走势有着怎样的波动特征呢？

0附加手续费开户张富江：

日开盘后价格直接跳到盘中的高点区间，仅从这个形态来讲，的确是买点，激进的投资者可以在价格突破夜盘高点的点位入场操作。不过，若是我的话，我会承认买点的有效性，但并不会去操作，因为此时盘面毕竟是空头性质的。

在0附加手续费的期货账号中，PTA这个品种的手续费一开一平仅3元/手，大大增加了日内投机操作的主动性。降低的交易成本，就是给自己省下来的钱。

陈助教：

如果不去操作，价格却上涨了，会不会心痛？不要心痛，一定要习以为常。就好像食草动物一样，只要有一丁点不安全的因素，就提高警惕准备逃跑，只有这样才可以生存下去。错过机会不会亏钱，而不考虑盘面就着急地冲进去，也许这一次运气好有得赚，但怎么可能每次都有好运气相伴？操作就是这样，肯定会过滤掉一些机会，最后抓在手中的是最有把握的机会。所以，你的操作策略是正确的，空头盘面下，任何做多的行为都要谨慎！

在图9-6中，到了10:31，盘面有由标准的空头市场转变为分化市场的迹象。这种变化是从上涨与下跌家数的变化上体现的。虽然涨跌家数有了变化，但上涨的幅度却整体变化不大。这说明多方力量的增强并不明显，市场性质的转变只是由那些跌幅较小品种价格的上涨引发的，并不属于实质性转变。此时盘面中的品种又有着怎样的变化？

代码	序	名称	最新	涨跌	↓涨幅
TA909	1	PTA 1909	5324	100	1.91%
m1909	2	豆粕1909	2952	38	1.30%
RM909	3	菜粕1909	2547	22	0.87%
sc1907	4	原油1907	429.0	2.7	0.63%
SM909	5	锰硅1909	7516	40	0.54%
CF909	6	棉花1909	13555	70	0.52%
ZC909	7	动煤1909	590.0	2.2	0.37%
v1909	8	PVC 1909	6705	25	0.37%
eg1909	9	乙二醇1909	4388	15	0.34%
SF909	10	硅铁1909	6096	20	0.33%
FG909	11	玻璃1909	1467	4	0.27%
l1909	12	塑料1909	7570	20	0.26%
fu1909	13	燃油1909	2502	6	0.24%
pp1909	14	PP1909	8051	19	0.24%
MA909	15	甲醇1909	2347	2	0.09%
au1912	16	黄金1912	304.70	-0.10	-0.03%
bu1912	17	沥青1912	2970	-2	-0.07%
y1909	18	豆油1909	5482	-4	-0.07%
ni1907	19	沪镍1907	100060	-100	-0.10%
sp1909	20	纸浆1909	4576	-12	-0.26%
ag1912	21	白银1912	3638	-14	-0.38%
OI909	22	菜油1909	7071	-32	-0.45%
p1909	23	棕榈1909	4366	-24	-0.55%
jm1909	24	焦煤1909	1387.5	-8.0	-0.57%
cu1907	25	沪铜1907	46130	-290	-0.62%
al1906	26	沪铝1906	13910	-90	-0.64%
jd1909	27	鸡蛋1909	4490	-32	-0.71%
SR909	28	白糖1909	5100	-39	-0.76%
CJ912	29	红枣1912	10250	-90	-0.87%
AP910	30	苹果1910	9155	-90	-0.97%
zn1907	31	沪锌1907	20270	-265	-1.29%
ru1909	32	橡胶1909	11905	-185	-1.53%
hc1910	33	热卷1910	3584	-56	-1.54%
rb1910	34	螺纹1910	3715	-70	-1.85%
j1909	35	焦炭1909	2080.0	-46.0	-2.16%

图 9－6　2019 年 6 月 17 日 10:31 涨跌排行榜

0 附加手续费开户张富江：

“双粕”涨幅降低；PTA 虽然成了涨幅第一名，但对能源化工板块其他品种的带动能力不足；原油依然保持着低涨幅的状态。因此，多头依然呈一盘散沙状。空头品种前三名都属黑色系板块，如果再算上波动并不活跃的铁矿，跌幅前五名里就有四个品种属于黑色系板块了，这就构成了明显的板块效应。因此，操作的重点应当在黑色系板块上。

图9－7　PTA1909 合约 2019 年 6 月 17 日走势图

陈助教：

在图9－7中，PTA开盘之后又给出了一次突破的交易机会。按无形老师说的“小幅调整做空，调整幅度略深一些逢低做多，再深一些便放弃”进行操作，既可以规避风险，又可以把握机会。突破之后一波放量上涨结束，价格出现了调整的走势。从低点的位置来看，符合逢低做多的要求，那可以在这个点位入场做多吗？

0 附加手续费开户张富江：

不可以进行逢低做多的操作。一是价格回落的速度太快，说明空方力量大；二是价格调整时成交量出现了明显的放量，这也不符合调整时应当缩量的要求。

陈助教：

逢低做多并不是一味地见到低点就入场做多。低点必须要满足几个技术条件：第一，必须缩量。缩量调整一则说明没有空方资金大举杀入，二则说明没有多方资金大举离场，做多的资金依然留在场中，量价配合完美，价格的波动也会是完美的；第二，价格必须要以温和的方式回落，如果下跌速度过快或幅度过大，则说明空方资金力量大，在这种情况下就不利于多方的上涨。因此，图 9－7 中 PTA 的调整不可以做多。

第二个箭头的低点处的确是一个介入形态，价格比之前的低点明显抬高了许多。但考虑到当时盘面并不是完全的多头，能源化工板块的跟涨行为也不明显，所以，本着谨慎的原则，在多头不占优势的情况下，在该位置进行逢低做多的机会只属于之前有盈利的投资者，即使形态失败也仅是回吐之前的盈利。

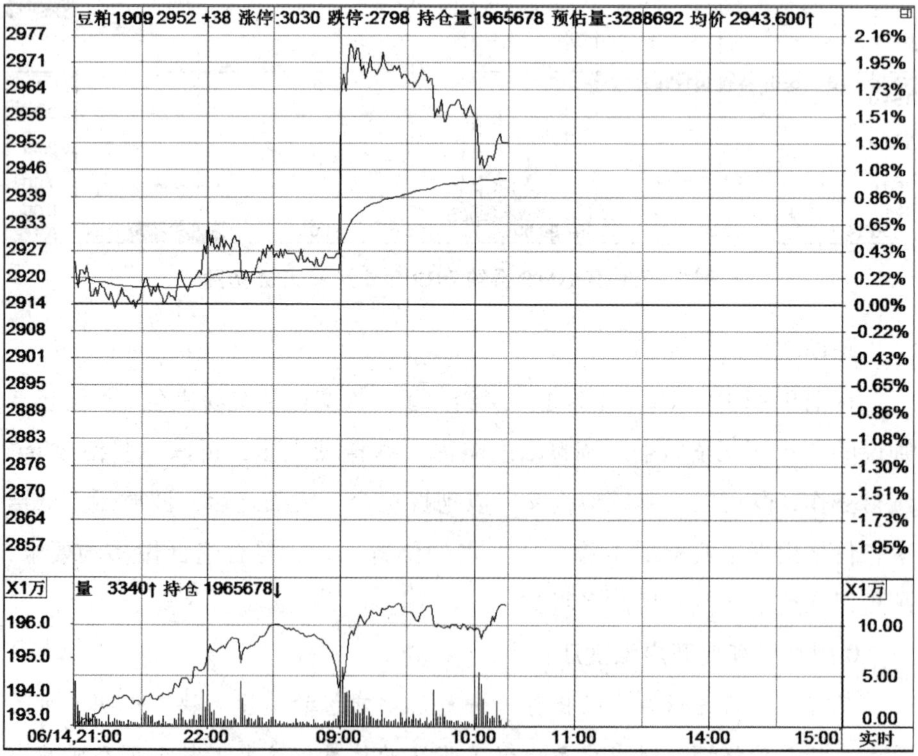

图 9－8 豆粕 1909 合约 2019 年 6 月 17 日走势图

在图9－8中，豆粕大幅高开之后便出现了连续回落的走势。虽然豆粕排名依然靠前，但这样的走势暂时没有任何可以操作的机会。从当前的形态来看，未来形成怎样的走势才有可能出现操作机会？

0附加手续费开户张富江：

调整时价格要始终位于均价线上方，绝对不能跌破均价线这条重要的多方底线；当分时线在均价线上方形成低点抬高的走势时，表明多方的力量有所增强，便可以入场操作。

在0附加手续费的期货账号中，豆粕这个品种的手续费和菜粕一样，一开一平也是1.5元/手。

陈助教：

这是一个非常重要的操作方案，它针对的就是价格虽然保持着多头状态，但却出现了持续性回落的情况。要么价格大幅下跌，在多头性质不变

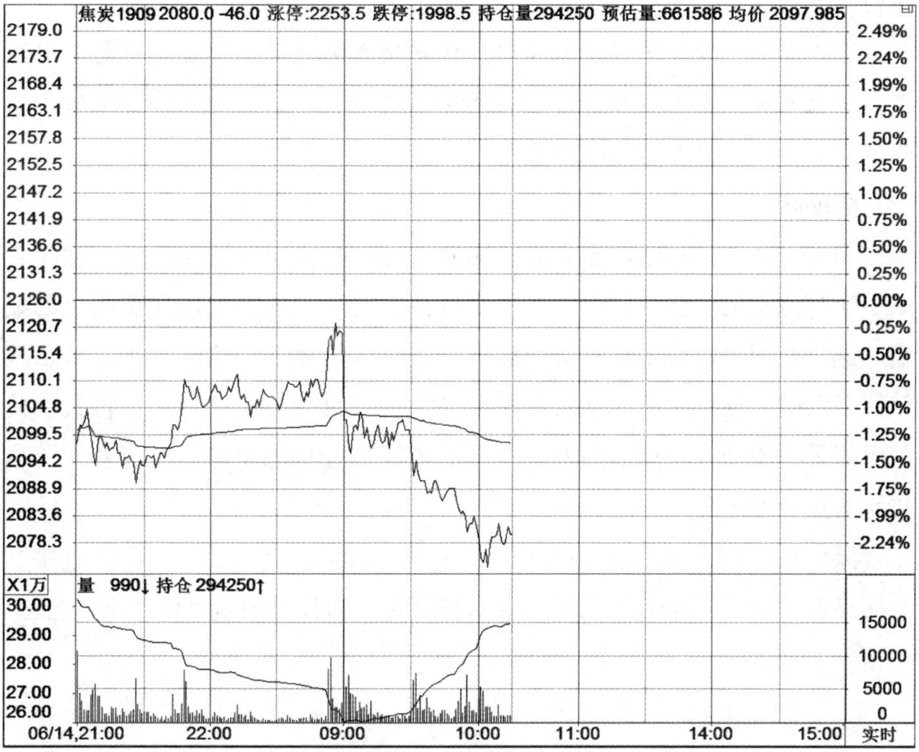

图9－9　焦炭1909合约2019年6月17日走势图

的情况下给出抄底做多的机会；要么价格震荡回落，形成低点抬高的标准多头形态。不见这两种形态，就不能轻易入场，以免多头性质彻底转变为空头。

焦炭不知不觉顶替了螺纹，成为跌幅第一的品种。其实在黑色系板块中，最活跃的品种就是焦炭，螺纹是排在其后的。日常盯盘的时候，如果手中有几十万元可以盯着焦炭，有几百万元就可以盯着螺纹。毕竟螺纹盘口的量大，大资金更容易一笔单子敲进去。在图 9－9 中，焦炭在下跌的时候有什么样的技术特点和怎样的操作机会？

0 附加手续费开户张富江：

焦炭下跌的走势较为单边，虽然反弹的次数多，但是每一次反弹的幅度都很小，说明多方的力量很虚弱。这样的走势极大地减轻了持有空单的压力。由于整体反弹幅度并不大，因此，留下的介入点全都是突破性质的。

在 0 附加手续费的期货账号中，焦炭这个品种的手续费高一些。因为交易所收的日内交易的手续费是 1.8‰，双边收取，以 2100 元/吨的价格计算，一开一平需要 75.6 元/手。

陈助教：

到 10:30，焦炭的价格出现了反弹。这一次反弹的幅度略大，意味着有了逢高做空的机会。同时，在价格反弹的时候，成交量出现了明显的萎缩。这是好现象，说明没有资金愿意在此时入场做多，这样一来，价格继续回落的概率就极大了。从目前的形态来看，反弹的幅度较小，再大一些就更好了；或者像之前的案例一样，形成高点降低的走势。应当密切留意焦炭的这种形态！

黑色系的机会真不错，在图 9－10 中，螺纹也走到了一个可以直接开仓的点位。这个点位有什么样的技术特征呢？为什么说它可以直接开仓？

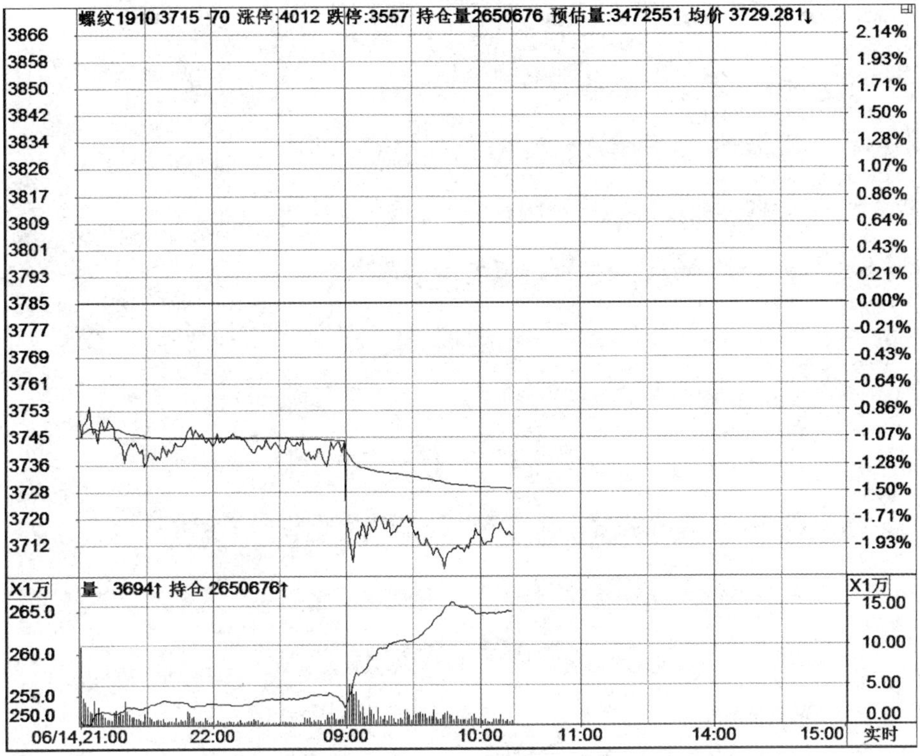

图9-10　螺纹1910合约2019年6月17日走势图

0附加手续费开户张富江：

首先，价格反弹的周期比较理想。就像跑步一样，多方跑的时间够久了，是时候休息一下了。其次，价格反弹到了前高点的压力位处，这本身就是一个做空的信号点。最后，价格反弹时成交量保持萎缩，与焦炭一样，没有资金入场做多的迹象。

陈助教：

这三种判断方法是非常重要的。无量说明上涨没动力，上涨没有足够的动力就不足以突破之前的高点，因此，前高点的压力位往往就会生效。在价格保持空头性质的时候，一旦保持无量状态到达某个重要的压力点，就需要密切留意，因为赚钱的机会就在眼前！

在图9-11中，“双粕”形成了冲高回落的走势，PTA在上涨后也出现了回落的走势，上涨幅度明显减小，且涨幅排名掉到了第三，可见今天

代码	序	名称	最新	涨跌	↓涨幅
m1909	1	豆粕1909	2963	49	1.68%
RM909	2	菜粕1909	2563	38	1.50%
TA909	3	PTA 1909	5298	74	1.42%
SM909	4	锰硅1909	7530	54	0.72%
ZC909	5	动煤1909	591.4	3.6	0.61%
CF909	6	棉花1909	13535	50	0.37%
pp1909	7	PP1909	8053	21	0.26%
eg1909	8	乙二醇1909	4379	6	0.14%
v1909	9	PVC 1909	6690	10	0.15%
FG909	10	玻璃1909	1465	2	0.14%
l1909	11	塑料1909	7565	15	0.20%
y1909	12	豆油1909	5492	6	0.11%
MA909	13	甲醇1909	2346	1	0.04%
ni1907	14	沪镍1907	100200	40	0.04%
fu1909	15	燃油1909	2494	-2	-0.08%
sc1907	16	原油1907	425.8	-0.5	-0.12%
SF909	17	硅铁1909	6064	-12	-0.20%
sp1909	18	纸浆1909	4580	-8	-0.17%
au1912	19	黄金1912	304.25	-0.55	-0.18%
OI909	20	菜油1909	7071	-32	-0.45%
p1909	21	棕榈1909	4370	-20	-0.46%
ag1912	22	白银1912	3634	-18	-0.49%
cu1907	23	沪铜1907	46150	-270	-0.58%
bu1912	24	沥青1912	2950	-22	-0.74%
jd1909	25	鸡蛋1909	4483	-39	-0.86%
jm1909	26	焦煤1909	1382.5	-13.0	-0.93%
SR909	27	白糖1909	5083	-56	-1.09%
al1906	28	沪铝1906	13845	-155	-1.11%
CJ912	29	红枣1912	10220	-120	-1.16%
zn1907	30	沪锌1907	20250	-285	-1.39%
AP910	31	苹果1910	9097	-148	-1.60%
hc1910	32	热卷1910	3577	-63	-1.73%
ru1909	33	橡胶1909	11860	-230	-1.90%
rb1910	34	螺纹1910	3712	-73	-1.93%
j1909	35	焦炭1909	2071.5	-54.5	-2.56%

图 9－11　2019 年 6 月 17 日 14:00 涨跌排行榜

多头居前的品种全部无功而返。为什么？其实还是盘面不强造成的。可见盘面的多空环境对操作的影响有多大！在实战操作的时候，不使用无形老师的多空盘面分析方法怎么能行？

0 附加手续费开户张富江：

盘面此时又回到了早开盘时的状态。上涨的品种一盘散沙，原来成板块的黑色系品种也出现了分散的现象，跌幅前五名分散在三个板块，不再紧紧地抱团。上涨品种与下跌品种的涨跌幅度都无法突破 2%，说明多空力量均不强。看来下午还要保持谨慎的态度。

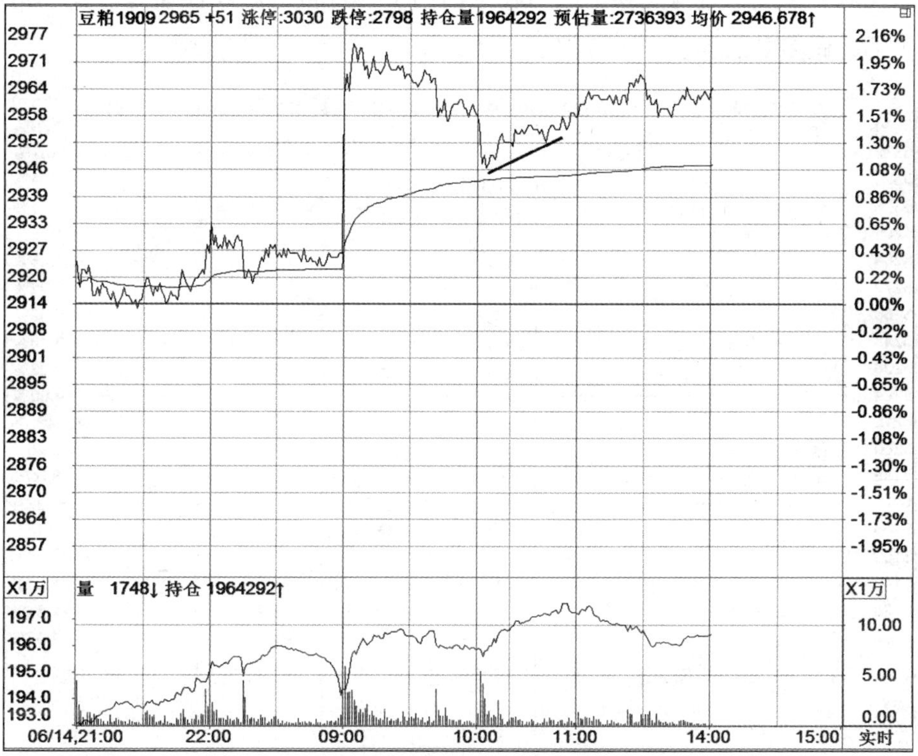

图 9－12　豆粕 1909 合约 2019 年 6 月 17 日走势图

陈助教：

在图 9－12 中，豆粕的价格在下跌到均价线附近时受到了支撑，之后的波动形成了预期中的形态：分时线始终在均价线上方，震荡的低点形成了抬高的迹象，从而带来了交易的机会。为什么要求价格在均价线上方形成低点抬高的走势呢？

0 附加手续费开户张富江：

分时线在均价线上方说明价格的波动性质为多头，而低点抬高说明空方的力量在衰竭，多方力量强大。价格波动从多空位置来讲是多头，从形态来讲也是多头，因此，随之做多成功的概率肯定较大。

陈助教：

既然要进行做多操作，就要求价格形成明确的多头状态。无论从哪个角度进行分析，满足多头性质波动的条件越多，入场做多就越可靠。为什么反对大家进行逆势交易？因为在方向向下、价格的波动性质是空头的情况下，做多必然容易产生亏损。

图 9－13　PTA1909 合约 2019 年 6 月 17 日走势图

豆粕的价格冲高之后，因为离收盘还早，价格还有机会翻身转为上涨的走势。但留给 PTA 的时间却不多了。在图 9－13 中，14:00—15:00，PTA 至少要花半个小时才能形成低点抬高的形态，这样一来，继续操作 PTA 就不太明智了。对 PTA 做多不适合，那可以对它做空吗？毕竟它的高点在不断降低，这也是空头常见的技术形态。

0 附加手续费开户张富江：

分时线在均价线上方绝不做空。虽然此时存在做空的机会，但也要放弃。应该等分时线位于均价线下方再考虑做空。虽然价格形成了高点降低的空头形态，但从价格位置的角度来看，分时线仍在均价线上方，价格走势带有矛盾的特点。无形老师说过，对于绝大多数投资者来说，矛盾的走势最好一律放弃。

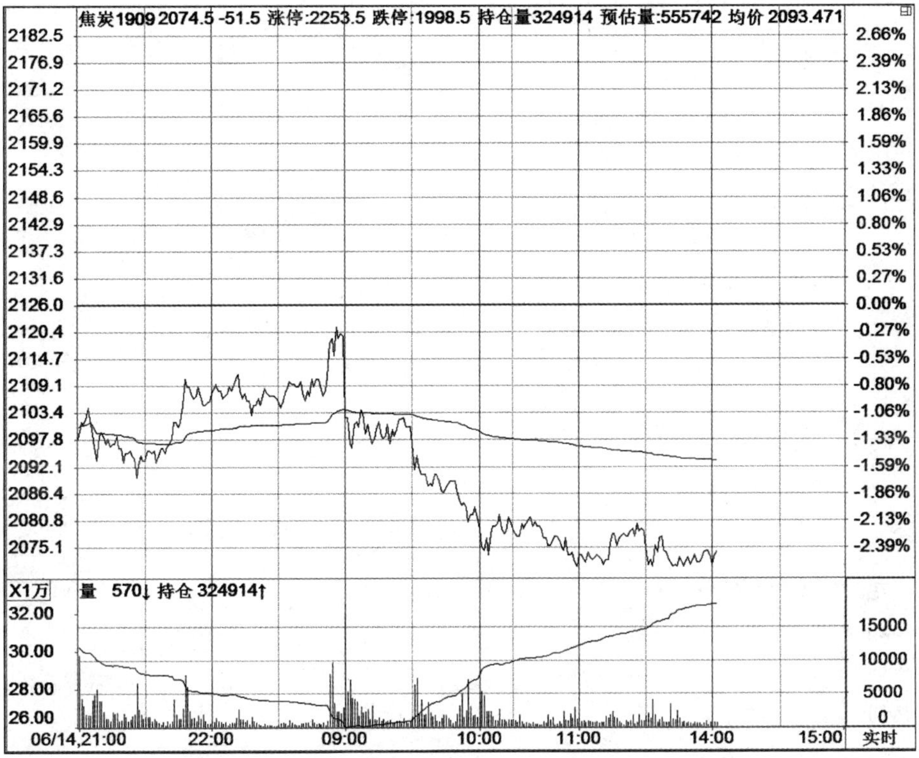

图 9－14 焦炭 1909 合约 2019 年 6 月 17 日走势图

陈助教：

在图 9－14 中，焦炭开盘后在 10:31 形成了高点降低的走势。这种走势也在预期之中，价格始终涨不上去恰恰说明了多方力量的虚弱。而由于整体盘面的空方力量也不是非常强大，因此，价格跌得并不干脆，而是震荡下行。从中午收盘时的数据来看，下午该如何操作?

0 附加手续费开户张富江：

如果手中有空单，从当前的数据来看，可以继续持仓。但是，如果手中没有空单的话，就不好进行操作了，必须等价格走出一个像样的反弹之后再入场进行操作。价格跌到当前的低点处，虽然有小幅反弹，但因为位置的关系也不好再继续进行突破操作了。没有了好的突破交易位置，便只能等机会进行逢高做空的操作了。

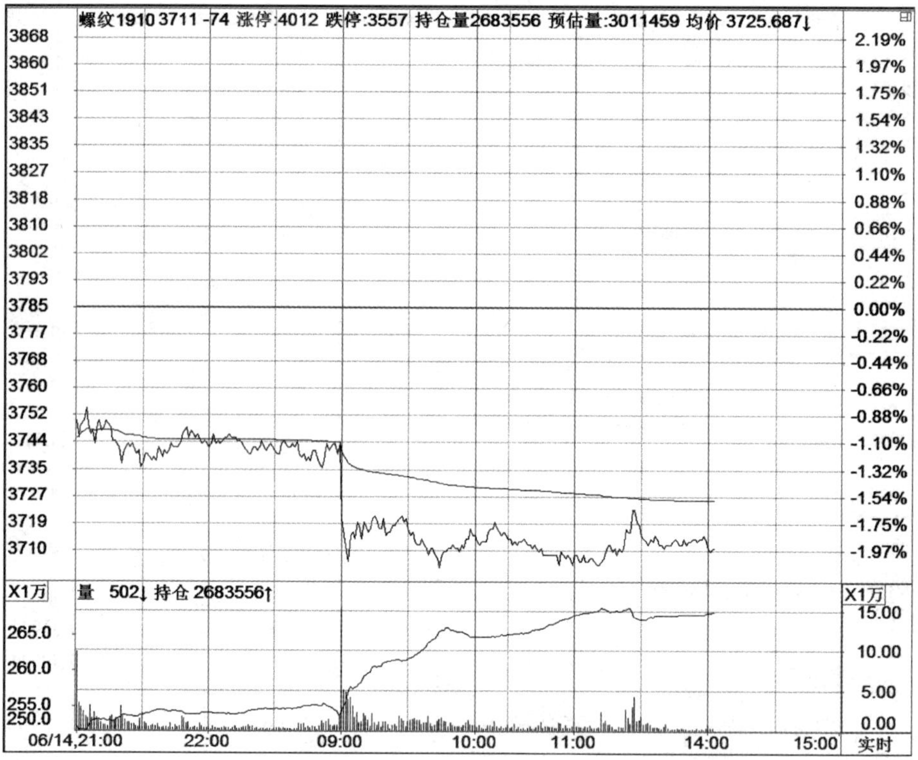

图 9-15 螺纹 1910 合约 2019 年 6 月 17 日走势图

陈助教：

在图 9-15 中，螺纹在 10:30 形成了符合操作要求的形态，之后价格也果然出现了下跌。只不过下跌的幅度并不是很大，这其中既有盘面整体力量不强的外在原因，也有螺纹下跌时始终无量的内在原因。由此可见，在整体力度不大的情况下，降低收益预期是多么重要。

0附加手续费开户张富江：

无形老师讲过：盘面力量大、板块结构明显时，可以放开胆子让利润不断奔跑；而一旦盘面力量不强，就一定要进行波段式操作，一旦出局信号出现就要马上离场。

陈助教：

从螺纹当前的数据来看，估计下午大多数的时间又要在等待中度过了，要等待价格形成像样的反弹，而后在反弹高点做空。可以预期的策略是：等价格反弹至前一个高点下方，形成高点降低的形态时再进行操作。这一招我们已经用了很多次，次次灵验！只要形成这样的形态，一来分时线在均价线下方，二来高点降低意味着多方力量有所衰竭，价格易跌难涨，波动性质为空。两者结合，做空盈利的概率自然会提高。若价格没有给出逢高做空的机会，就要等价格形成小幅度反弹之后的突破走势。不过形成突破时成交量一定要放量，若始终无量，就算形成了突破，价格随后

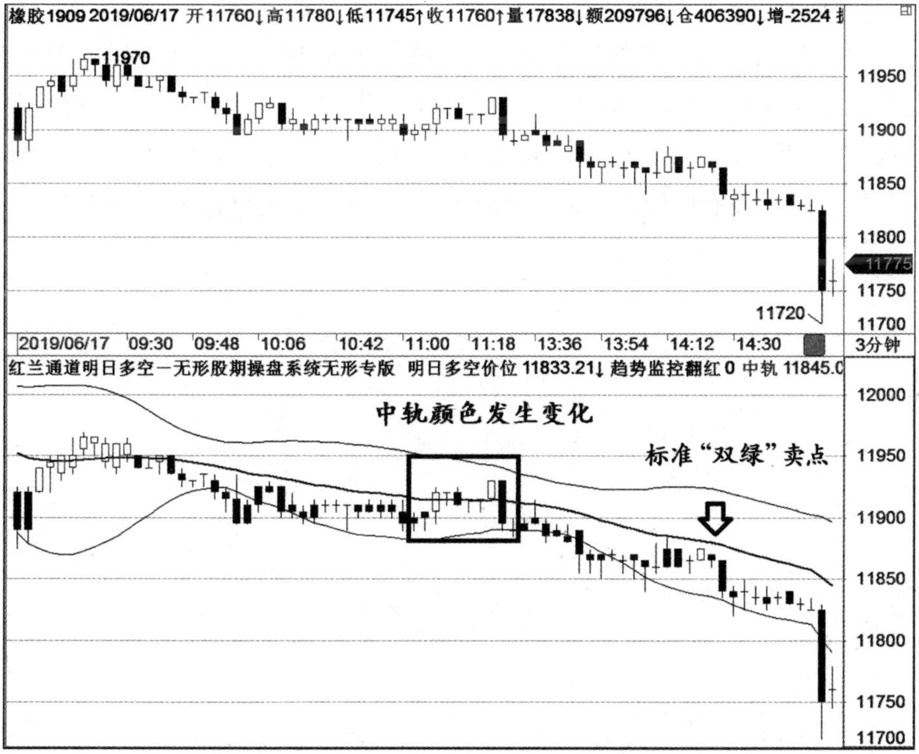

图9-16 橡胶1909合约2019年6月17日3分钟K线走势图

下跌的幅度也并不会太大。

价格未来怎么走没有人会知道，我们能做的就是提前制订好操作计划，确定出自己想要的操作形态，如果价格没有走出这样的形态就耐心等等，形态一旦走出来便要毫不犹豫地入场操作。

在图 9－16 中，橡胶开盘后价格出现了短暂的上涨，随后持续震荡下跌。当价格快速波动的时候，可以使用趋势监控指标进行突破操作；而当价格形成震荡回落走势的时候，则可以使用“双绿”卖点进行做空操作。不过这一天只有一次标准的“双绿”卖点，它在哪里？

0 附加手续费开户张富江：

唯一一次“双绿”卖点出现在 14:00 之后。在震荡下跌过程中，趋势监控指标中轨全程保持绿色（实心）的状态，反弹之后，指标 K 线第一次形成了实心翻绿的信号。因为是第一次翻绿，所以这一根 K 线便是卖点。中轨全程绿色、指标 K 线第一次翻绿，便形成了“双绿”卖点。

陈助教：

在 11:00 之后下跌的过程中，虽然指标 K 线也有过一次翻绿的现象，但是这一时期，趋势监控指标中轨发生了颜色的变化，未能保持全程绿色的状态。因此，这一区间指标 K 线虽然有第一次翻绿的现象，但也只形成了“一绿”。没有中轨全程绿色为前提，“双绿”卖点也就无法形成了。

第10章 2019年6月19日实盘解析：多头轮换力不强

彭助教：

在对盘面进行多空分析的时候，一要看具体的涨跌家数，这是多空双方力量最直接的体现，二要看上涨或下跌幅度，它们进一步反映了多空双方的力量变化。很多时候，幅度比数量更重要。如果上涨品种的涨幅一直无法扩大，而下跌品种的跌幅却在不断加大，那么做空就是更好的选择了。

0附加手续费开户郭金和：

现在某些行情软件中有商品指数，看一下商品指数的走势是不是会更好？如果商品指数一直在涨，就说明多方力量强。这样会不会更省事？

彭助教：

商品指数的确可以关注，无形老师有一套根据指数做期货的看盘技巧，讲的就是如何根据商品指数来选择时机，实战的效果也非常棒，有兴趣您可以学习一下。

既然提到指数，就必然会涉及权重的问题。螺纹的权重肯定要比玻璃的权重大，原油的权重也肯定要比PVC的权重大，这就会导致权重大的品种的小幅上涨便可以抵平权重小的品种大幅下跌的影响。品种涨跌出现了明显变化，但指数可能无法准确地显示出这些信息的变化。这也是无形老师在大家刚刚学习盘面分析方法时不提商品指数的原因。同时，商品指数仅对确定买点卖点有直接的帮助，对判断盘面多空性质作用并不大，可有可无。

下面来看一下2019年6月19日盘中的走势，面对这种多头占主动但力量始终无法扩大的情况，该如何在盘中进行操作？

从图10-1中上午开盘时的涨跌数据来看，这一天的盘面状态非常标准。你说来一下早开盘时盘面的多空特点。

代码	序	名称	最新	涨跌	↓涨幅
TA909	1	PTA 1909	5526	164	3.06%
CF909	2	棉花1909	13820	410	3.06%
bu1912	3	沥青1912	2988	90	3.11%
fu1909	4	燃油1909	2516	56	2.28%
hc1910	5	热卷1910	3657	80	2.24%
pp1909	6	PP1909	8185	156	1.94%
rb1910	7	螺纹1910	3782	72	1.94%
j1909	8	焦炭1909	2088.0	39.5	1.93%
l1909	9	塑料1909	7675	145	1.93%
ni1907	10	沪镍1907	100640	1790	1.81%
jm1909	11	焦煤1909	1406.5	23.0	1.66%
v1909	12	PVC 1909	6755	110	1.66%
MA909	13	甲醇1909	2389	37	1.57%
eg1909	14	乙二醇1909	4486	69	1.56%
cu1907	15	沪铜1907	46900	630	1.36%
ru1909	16	橡胶1909	11945	140	1.19%
zn1907	17	沪锌1907	20420	230	1.14%
ZC909	18	动煤1909	600.6	6.2	1.04%
SF909	19	硅铁1909	6130	54	0.89%
FG909	20	玻璃1909	1476	13	0.89%
sp1909	21	纸浆1909	4614	40	0.87%
al1908	22	沪铝1908	13870	75	0.54%
SM909	23	锰硅1909	7568	24	0.32%
SR909	24	白糖1909	5115	13	0.25%
AP910	25	苹果1910	9027	18	0.20%
ag1912	26	白银1912	3646	4	0.11%
CJ912	27	红枣1912	10225	-5	-0.05%
jd1909	28	鸡蛋1909	4457	-9	-0.20%
p1909	29	棕榈1909	4366	-10	-0.23%
sc1907	30	原油1907	419.0	-1.4	-0.33%
au1912	31	黄金1912	303.60	-1.60	-0.52%
y1909	32	豆油1909	5466	-36	-0.65%
OI909	33	菜油1909	7012	-81	-1.14%
RM909	34	菜粕1909	2464	-74	-2.92%
m1909	35	豆粕1909	2858	-89	-3.02%

图 10－1　2019 年 6 月 19 日 09:00 涨跌排行榜

0 附加手续费开户郭金和：

早开盘的时候，上涨品种远远多于下跌品种，从涨跌家数来看，属于非常标准的多头盘面。涨幅前列的能源化工品种形成了板块结构，这也就意味着多单一定要放在它们身上。空头方面，以“双粕”为代表的农产品形成了明显的空头，不过由于下跌品种数量少，只能作为备选。

彭助教：

上涨家数多、上涨品种形成了板块，这样的盘面状态会使得今天的做多操作变得简单。但具体是不是这样，还需要对涨幅前列品种的具体走势进行分析。行情涨跌排名只是瓜果的皮，皮好看不顶用，瓤也要好才行。

图10－2　沥青1912合约2019年6月19日走势图

从图10－2中沥青夜盘的走势来看，它的价格连续上涨形成了高涨幅。如果涨幅前列的品种全是这样的走势，早开盘还真不好操作。这其中的原因是什么？

0附加手续费开户郭金和：

涨幅居前的品种如果在夜盘出现了连续的上涨，到了日盘，要么价格继续强势上涨，推动盘面向强多状态发展，要么会形成较长时间的调整，因为属于日盘的上涨空间被夜盘占用了。这样一来，早开盘期间就难以进行操作了。

彭助教：

碰到这样的走势，并不是说操作难，而是需要等待，等价格有了像样的调整之后再进行操作，这个过程至少得半小时甚至更长。就拿沥青的走势来说，如果价格后期要调整，那早开盘的走势也仅仅意味着调整刚开始，完成了一个低点抬高的形态。从历史统计结果来看，至少需要等待半小时，如果走势再慢一些，等的时间就更长了。就沥青早开盘的走势而言，应对策略只有等。

图 10－3　燃油 1909 合约 2019 年 6 月 19 日走势图

在图 10－3 中，与沥青同属于能源化工板块的燃油的走势与沥青极为接近，因此，交易的策略是一样的。对这两个品种都只能耐心地等待。反正也要等，那就来总结一下夜盘都有哪些介入点吧。

0 附加手续费开户郭金和：

前一个小时上涨的时候，价格调整的幅度都很小，因此，只能使用突破的方法进行操作。之后，价格形成了一次形态规模大一些的调整，显然，面对这一次的调整，最适合的操作手法就是逢低做多。

彭助教：

价格在调整的时候，整体回落的幅度是上涨幅度的1/3左右，并且成交量也出现了萎缩的迹象，因此，完全符合操作的要求。

结合燃油夜盘的走势，可以初步得出一个结论：后期价格要形成好的多头形态，调整的低点不宜跌破2500元/吨。因为这个价格是之前调整的低点，跌破这个重要的低点，多头形态就容易遭到破坏。多头形态的一大标志，就是前低点的有效支撑！

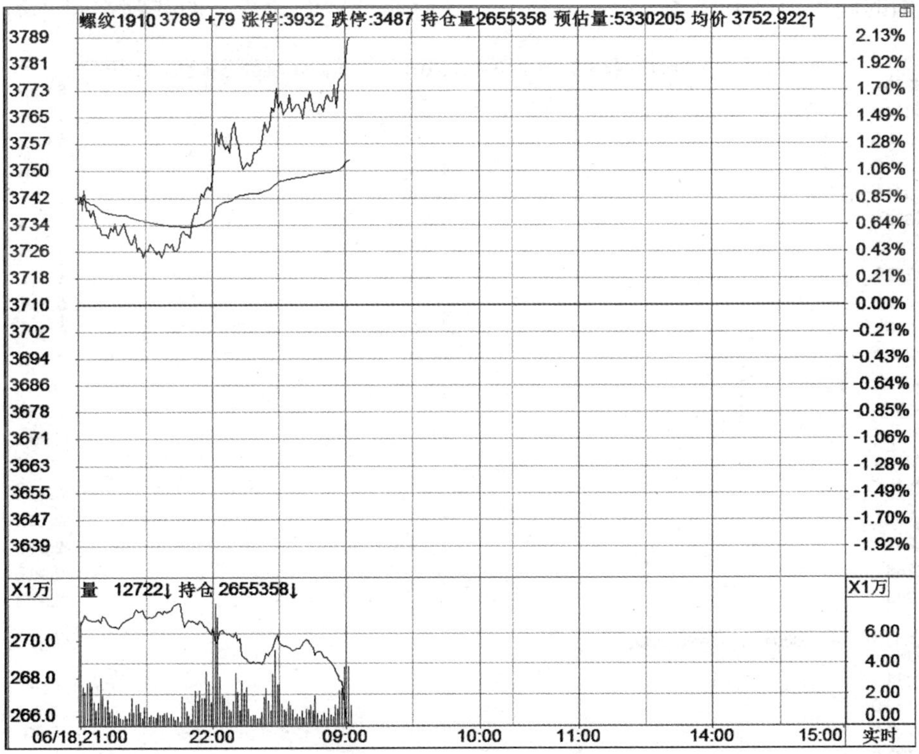

图10-4　螺纹1910合约2019年6月19日走势图

在图10-4中，螺纹的开盘位置挺好。夜收盘前价格形成了横盘的震荡，而后直接开盘到了突破的点位，所以，开盘时便可以直接入场进行突破操作。从技术形态来看，如此分析是没有问题的，但也需要注意另一个细节。你能从价格波动的次数上看出问题所在吗？

0 附加手续费开户郭金和：

无形老师曾在周二、周四的公开课中讲过“逢三便止”。而螺纹早开盘形成了突破之后的走势，恰恰是上涨的第三波。按无形老师的要求，这是需要放弃的。

彭助教：

就突破买点而言，技术上没有任何问题，只不过位置并不占优势。“逢三便止”意味着价格往往已经完成了一个五浪上涨循环，价格后期调整的概率较大，所以，在最后一波上涨的时候冲进场中，就容易被套在后面的调整走势上。买点没有问题，只是后期价格波动留下的获利空间并不

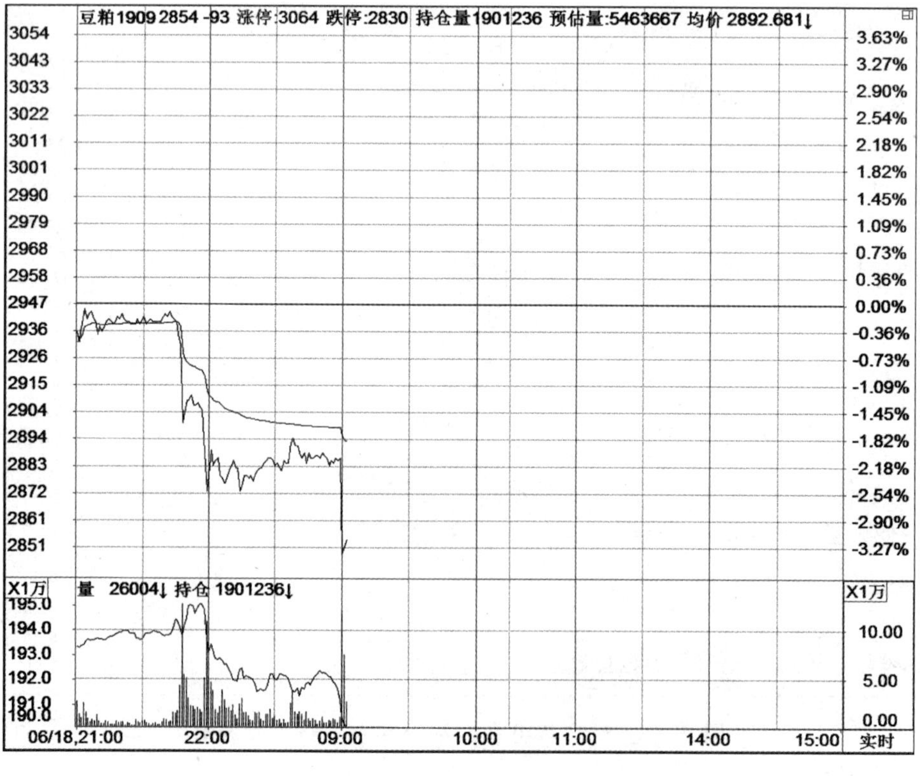

图 10－5　豆粕 1909 合约 2019 年 6 月 19 日走势图

大，不容易得到大的盈亏比。为什么要强调位置呢？在上涨初期介入，价格有广阔的上涨空间，才可以最大化盈亏比。投资者取胜的关键并不在于提高成功率，而在于想办法提高盈亏比，而介入点位置的选择恰恰是提高盈亏比的关键。

虽然早开盘的盘面是明显的多头状态，但是，跌幅第一的品种还是有必要看一眼的。涨幅第一与跌幅第一这两个品种，都是行情中的王者，操作与否先不论，但必须观察它们的动态。在图10－5中，豆粕的走势有什么样的特点？

0附加手续费开户郭金和：

如果连接上夜盘的走势，豆粕价格一开盘的下跌恰好走完了三波的下跌。面对这样的走势自然也只有一种应对方案：等待价格反弹之后再作打算。

彭助教：

由于盘面整体偏多，因此，价格继续大幅下跌的概率并不大，适宜的操作手法就是等反弹出现之后再动手操作。仍然是两手准备：反弹幅度小则等突破形成时做空，反弹幅度大则找高点入场做空。

在图10－6中，上涨的品种与下跌的品种都出现了一些问题。你来总结一下这个时间点盘面的特点。

0附加手续费开户郭金和：

下跌品种的跌幅减小了，最大跌幅由早开盘时的－3.02%变为了－2.52%，这说明空方的力量没有增强。不过，农产品的空头龙头地位并没有变化，板块结构也没有变化。多头的力量同样减弱了，能源化工板块超3%的涨幅都降了下来，涨幅第一的地位也被棉花夺去了。多头的力量与空头的力量都有所衰竭。

代码	序	名称	最新	涨跌	↓涨幅
CF909	1	棉花1909	13825	415	3.09%
TA909	2	PTA 1909	5520	158	2.95%
fu1909	3	燃油1909	2508	48	1.95%
hc1910	4	热卷1910	3639	62	1.73%
bu1912	5	沥青1912	2948	50	1.73%
pp1909	6	PP1909	8156	127	1.58%
v1909	7	PVC 1909	6735	90	1.35%
rb1910	8	螺纹1910	3758	48	1.29%
l1909	9	塑料1909	7620	90	1.20%
cu1907	10	沪铜1907	46780	510	1.10%
eg1909	11	乙二醇1909	4464	47	1.06%
ni1907	12	沪镍1907	99740	890	0.90%
FG909	13	玻璃1909	1474	11	0.75%
ZC909	14	动煤1909	598.6	4.2	0.71%
MA909	15	甲醇1909	2365	13	0.55%
al1908	16	沪铝1908	13850	55	0.40%
SR909	17	白糖1909	5121	19	0.37%
sp1909	18	纸浆1909	4584	10	0.22%
jm1909	19	焦煤1909	1386.0	2.5	0.18%
zn1907	20	沪锌1907	20215	25	0.12%
ag1912	21	白银1912	3646	4	0.11%
j1909	22	焦炭1909	2049.5	1.0	0.05%
SM909	23	锰硅1909	7538	-6	-0.08%
sc1907	24	原油1907	419.6	-0.8	-0.19%
SF909	25	硅铁1909	6064	-12	-0.20%
jd1909	26	鸡蛋1909	4457	-9	-0.20%
au1912	27	黄金1912	304.15	-1.05	-0.34%
AP910	28	苹果1910	8972	-37	-0.41%
p1909	29	棕榈1909	4354	-22	-0.50%
CJ912	30	红枣1912	10180	-50	-0.49%
ru1909	31	橡胶1909	11705	-100	-0.85%
y1909	32	豆油1909	5438	-64	-1.16%
OI909	33	菜油1909	6950	-143	-2.02%
m1909	34	豆粕1909	2876	-71	-2.41%
RM909	35	菜粕1909	2474	-64	-2.52%

图 10－6　2019 年 6 月 19 日 11:00 涨跌排行榜

彭助教：

多头力量衰竭很正常，毕竟夜盘连续涨了那么多，调整一下并不过分。只不过，涨幅居前的品种被替换了，这可不是好现象。因为涨幅靠前的品种地位轮换意味着多头力量的持续性差，这种现象是弱多市场或分化市的常见现象。多头市场中一旦出现板块结构松散或龙头品种地位轮换的现象，就会增加获利的难度！看来，之后有一场硬仗要打了。

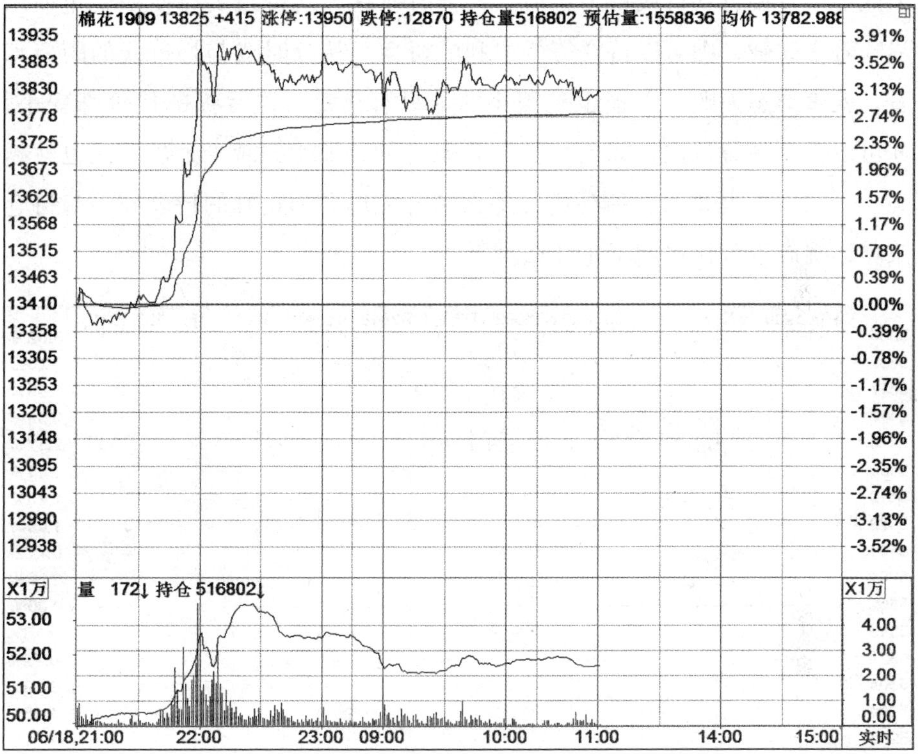

图10-7　棉花1909合约2019年6月19日走势图

在图10-7中，棉花此时的走势倒是一个买点形态。这种买点形态之前也曾多次出现，它的技术特征是怎样的呢？

0附加手续费开户郭金和：

价格调整的时候分时线一直在均价线上方，均价线对调整的低点起到了强大的支撑作用。这说明价格虽然一直在调整，但本身依然具备多头的波动性质。到11:00，调整的低点形成了低点抬高的迹象，至此，买点的技术要求全部得到了满足。

无形老师的团队新开了一个0附加手续费的期货账号，现在棉花1909合约的手续费一开一平仅需4.3元/手。这么低的手续费，日内交易的成本大大降低了。

彭助教：

此时买点的止损位为前低点，而由于前低点与均价线是同一个数值，因此可以直接将均价线视为止损点，分时线跌破均价线支撑便需要止损出局，若未跌破，则可以持仓等待盈利的机会。从分时线与均价线的距离来看，就算形态失败，亏损也是很小的。只有让每一次亏损的代价都变小，才可以得到高盈亏比。如果“盈”是确定的，那亏损越少，盈亏比也就越高；若“亏”是能够控制住的，那么结合无形老师正确的持仓技巧与持仓策略，提高盈亏比也就不是什么难事了。

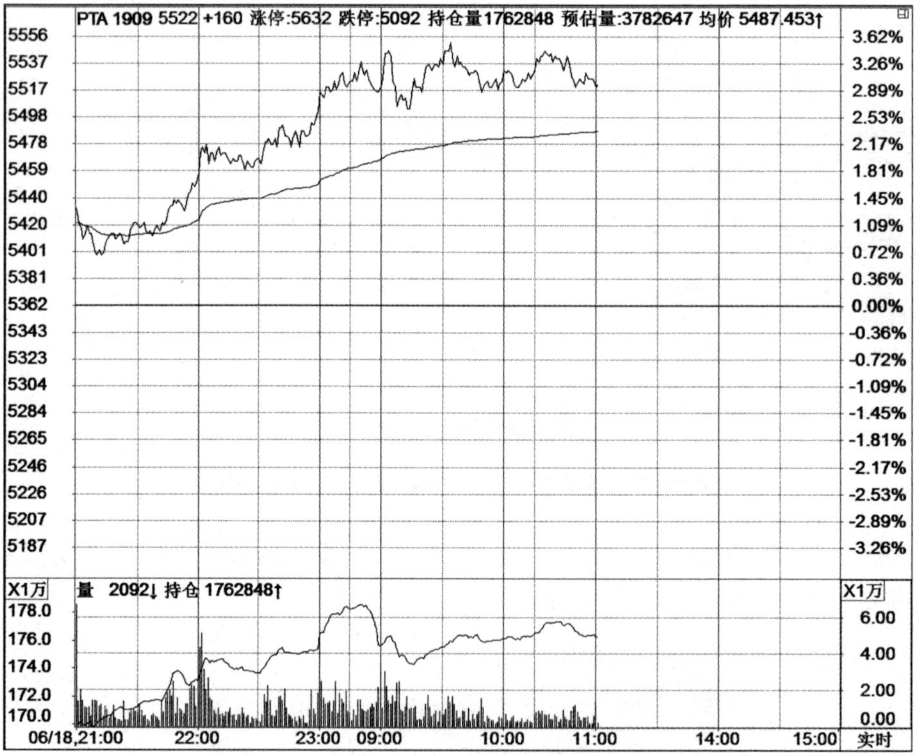

图 10－8　PTA1909 合约 2019 年 6 月 19 日走势图

在图 10－8 中，PTA 自早开盘之后形成了较长时间的调整，时间周期上满足了早开盘时制订的计划。通过今天的案例也希望大家能够学习到：若夜盘价格出现了连续性上涨，日盘操作时一定要保持耐心，价格要么继续强势上攻，要么只有经过较长时间的调整后，才可能出现好的交易机会。PTA 现在的走势也将要形成买点，此时的交易计划该如何制订？

0 附加手续费开户郭金和：

价格运行到了关键位置。若价格向下跌破前低点的支撑，则意味着当前的多头形态失败，需要继续等待新的多头形态出现。若价格在前低点稳住，并有上涨的迹象，便可以入场进行做多操作。与棉花的操作手法完全一致。

彭助教：

若当前价格的走势能够在前低点上方稳住，就将形成连续 3 个低点抬高的形态，再加上分时线位于均价线上方的多头波动性质，在这个点位开多单是没有任何问题的。与棉花的操作不同的是：PTA 的分时线离均价线略远，所以，只适合拿前低点进行止损，而不宜拿均价线进行止损，否则，亏损的幅度就太大了。

图 10－9　燃油 1909 合约 2019 年 6 月 19 日走势图

在图 10 -9 中，燃油的走势在日开盘之后也形成了长时间调整，这是夜盘透支了日盘上涨空间后的常见现象。可以操作 PTA，但不可以操作燃油，其中的技术原因是什么？

0 附加手续费开户郭金和：

PTA 的价格在前低点上方有稳住的迹象，而燃油的价格已经跌破了前低点，虽然燃油的分时线仍在均价线上方，价格依然保持着多头的波动性质，但却没有买点形态出现。

彭助教：

一旦价格跌破前低点，便意味着支撑失败，而支撑失败则意味着当前的多头形态失败并且暂无买点形态。请记住：当前的多头形态失败，并不等于整体的多头迹象消失。若分时线依然在均价线上方，不排除还有再度形成新形态的可能。

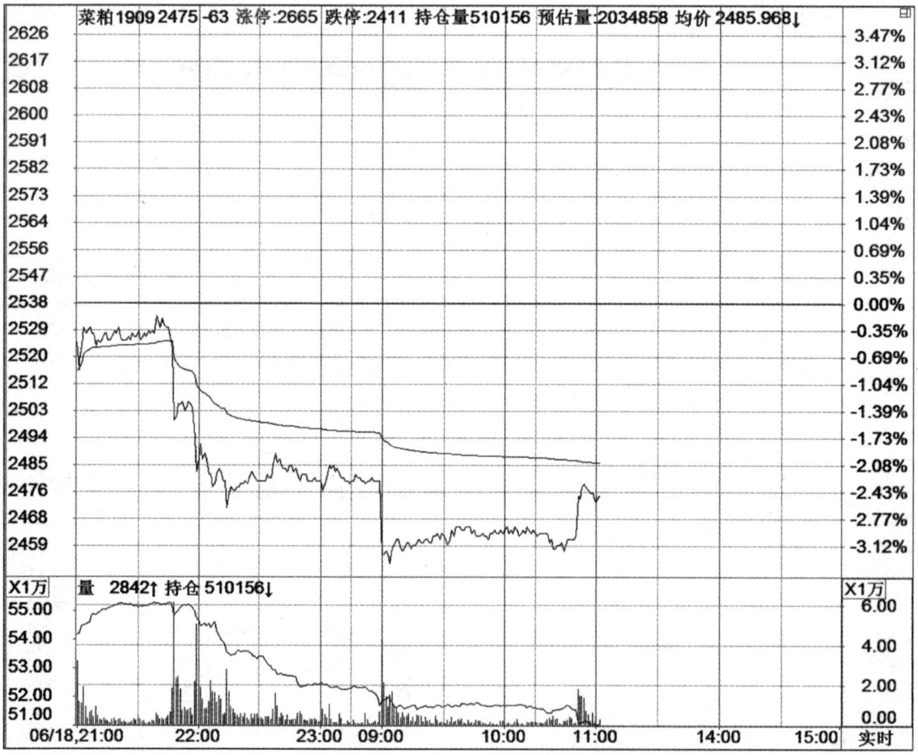

图 10 -10　菜粕 1909 合约 2019 年 6 月 19 日走势图

在图 10 - 10 中，与豆粕的走势类似，菜粕低开之后价格出现了长时间反弹。价格无法继续下跌的主要原因就是盘面趋多，没有外部环境的支撑。面对价格此时的反弹形态，该如何进行做空的操作？

0 附加手续费开户郭金和：

我认为此时不应当对菜粕进行做空的操作。一则成交量在价格反弹时出现了放量的现象，这说明要么空方资金已经撤退，要么有多方资金入场，无论哪种情况都不利于价格后期的下跌。二则价格的反弹直接将低开的下跌空间全部吞没，这说明多方力量较强，因此不适合进行做空操作。

彭助教：

非常正确。但若价格的走势演变为高点降低的形态，其实也是可以操作的，从目前来看在这个位置区间也只有这一种形态才可以进行操作。毕竟分时线依然位于均价线下方，在波动性质为空头的情况下，价格若形成符合要求的卖点也是可以操作的。但是，是否会有常规的逢高做空与突破的操作机会，目前无法预测 ，只能走一步看一步。

在图 10 - 11 中，到了 14:00，盘面依然保持多头，上涨家数和早开盘时差不多，领跌品种的下跌幅度依然没有变化，但是，能源化工板块的涨幅有所变大。受多头盘面的影响，能源化工板块中的品种价格难以下跌。

0 附加手续费开户郭金和：

从此时的多空盘面状态中，可以感受到无形老师一直说的：“多头盘面咬死做多，不做空。”这对于经验少的普通投资者来说真的是太重要了，虽然有可能错过一些做空的机会，但因为做到了顺势而为，盈利的可能性会更高。普通投资者操作随心所欲，而高手们操作有章有法，这就注定了不同的结局。

代码	序	名称	最新	涨跌	↓涨幅
TA909	1	PTA 1909	5566	204	3.80%
CF909	2	棉花1909	13825	415	3.09%
fu1909	3	燃油1909	2523	63	2.56%
hc1910	4	热卷1910	3652	75	2.10%
pp1909	5	PP1909	8175	146	1.82%
rb1910	6	螺纹1910	3772	62	1.67%
l1909	7	塑料1909	7650	120	1.59%
v1909	8	PVC 1909	6740	95	1.43%
bu1912	9	沥青1912	2936	38	1.31%
cu1907	10	沪铜1907	46850	580	1.25%
ni1907	11	沪镍1907	99780	930	0.94%
eg1909	12	乙二醇1909	4454	37	0.84%
FG909	13	玻璃1909	1475	12	0.82%
j1909	14	焦炭1909	2064.0	15.5	0.76%
SR909	15	白糖1909	5135	33	0.65%
MA909	16	甲醇1909	2365	13	0.55%
al1908	17	沪铝1908	13870	75	0.54%
ZC909	18	动煤1909	596.4	2.0	0.34%
jm1909	19	焦煤1909	1387.5	4.0	0.29%
zn1907	20	沪锌1907	20240	50	0.25%
ag1912	21	白银1912	3651	9	0.25%
SF909	22	硅铁1909	6084	8	0.13%
sp1909	23	纸浆1909	4580	6	0.13%
SM909	24	锰硅1909	7550	6	0.08%
jd1909	25	鸡蛋1909	4462	-4	-0.09%
sc1907	26	原油1907	419.7	-0.7	-0.17%
ru1909	27	橡胶1909	11785	-20	-0.17%
AP910	28	苹果1910	8991	-18	-0.20%
au1912	29	黄金1912	304.50	-0.70	-0.23%
CJ912	30	红枣1912	10200	-30	-0.29%
p1909	31	棕榈1909	4360	-16	-0.37%
y1909	32	豆油1909	5440	-62	-1.13%
OI909	33	菜油1909	6950	-143	-2.02%
m1909	34	豆粕1909	2882	-65	-2.21%
RM909	35	菜粕1909	2478	-60	-2.36%

图 10－11　2019 年 6 月 19 日 14:00 涨跌排行榜

彭助教：

从这一天的走势来看，虽然能源化工板块的紧密程度有所变化，但只要构成了板块，它们就是最有潜力的目标品种。因此，在实战操作时，永远要优先对形成板块的品种进行操作。

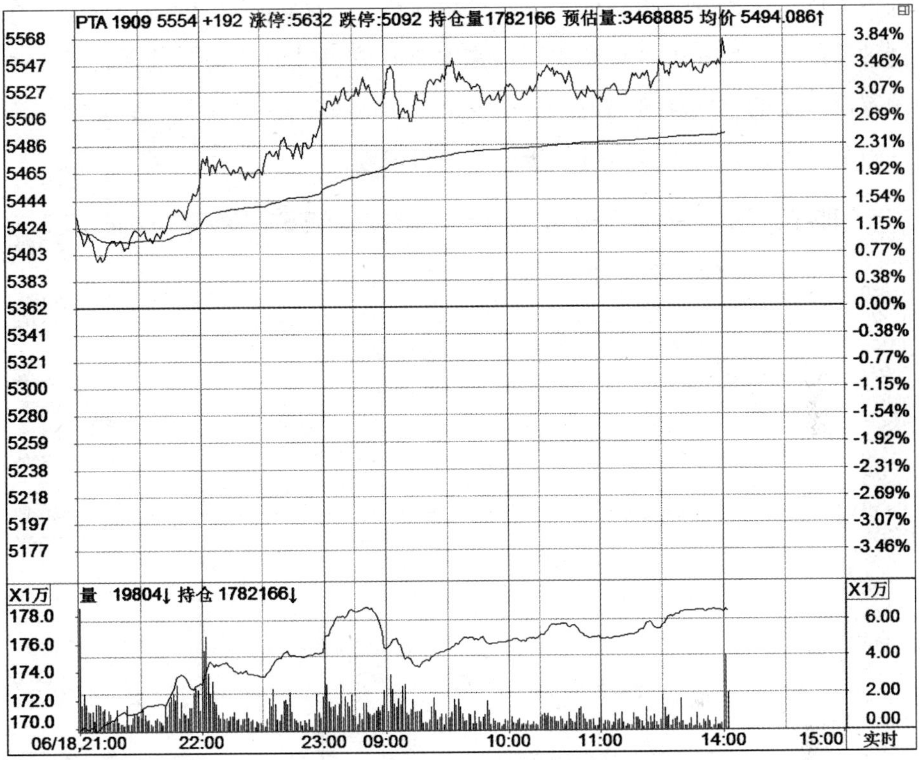

图 10－12　PTA1909 合约 2019 年 6 月 19 日走势图

在图 10－12 中，在 11:00 的时候，PTA 价格的低点并未跌破之前的低点，从而形成了连续 3 个低点抬高的技术形态。低点抬高说明多头力量在不断增强，而分时线在均价线上方说明价格具备多头的波动性质。在这种情况下，价格自身的特点就是易涨难跌。到了 14:00，价格放量冲高回落。此时该用什么策略应对？

0 附加手续费开户郭金和：

因为介入点是调整的低点，当前的价格刚刚突破前高点，所以拿开仓时的价格作为止损为宜。因为价格一旦跌破开仓时的低点，便意味着支撑失败，整体性的上涨便可能结束，而只要价格位于低点上方，就意味着多头形态依然成立，自然便可以继续持有多单了。

彭助教：

由于价格上涨时的分时线曲曲折折，再加上成交量始终不能连续放大，因此可以推断：价格的上涨将会继续保持“小碎步”的波动形态。在这种情况下，价格上冲后小幅回落是非常正常的波动形态，因此，要主动预留出一定的空间让价格波动。毕竟 PTA 是涨幅第一的品种，只要价格不跌破前低点，就仍然具有进一步上涨的可能性。

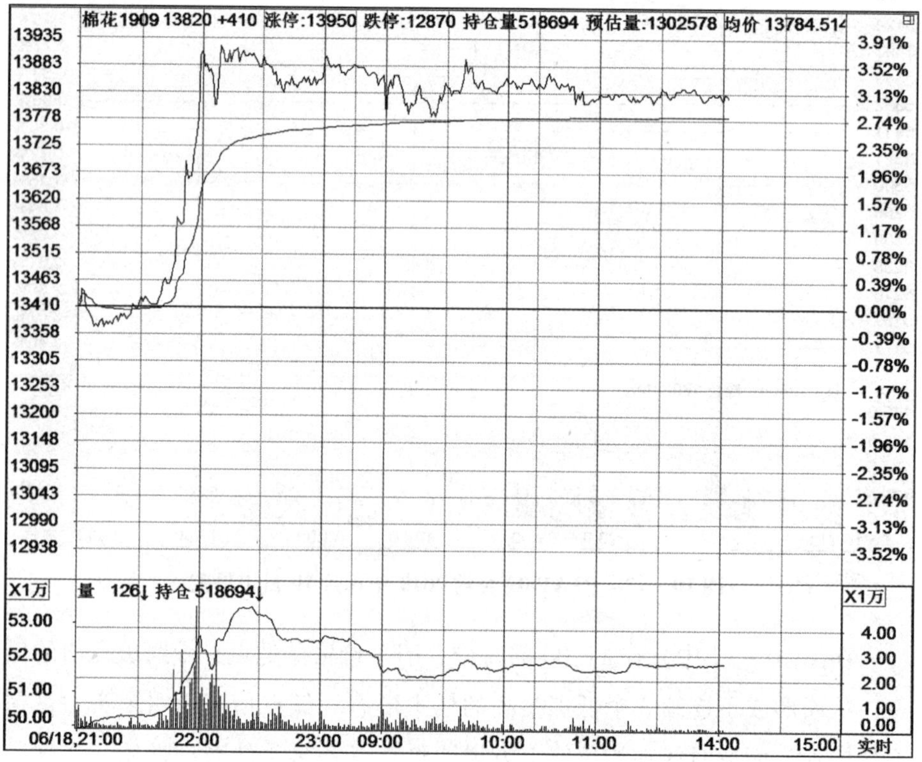

图 10－13　棉花 1909 合约 2019 年 6 月 19 日走势图

在图 10－13 中，11:00，棉花价格的走势形成了低点抬高的波动形态，经过一个小时的波动，价格始终没有上涨。面对这样的走势该作何打算？

0 附加手续费开户郭金和：

对于这种价格始终围绕开仓成本波动的形态，无形老师说过，如果当前其他品种有了好的介入点，可以马上换仓操作，没必要在一只一直带不来利润的品种上耗费时间；而如果其他品种也没有好的介入点，则可以继续持仓，直至它的价格跌破均价线、打掉止损。

彭助教：

在只关注一个品种的前提下，开仓之后只需关心一件事，就是价格是否跌破了止损，若没有跌破止损便应当继续持仓。但因为开仓后并无亏损，或亏损非常少，所以若同时关注着的其他品种有了介入点，也可以用极小的亏损为代价换品种操作，这样可以提高交易的效率。棉花的价格直到收盘既没有上涨，也没有跌破均价线，若一直持仓，就白白浪费了 2 小时的机会。这 2 小时中若操作其他品种，定会有一定的收益。当然，大家也要注意，并不是说一个品种不赚钱就换仓。换仓的前提是价格没有触及止损，进入了无规律变化或横盘状态。若价格此时方向明确，只是涨得慢一些，就得继续持仓。

图 10－14　沥青 1912 合约 2019 年 6 月 19 日走势图

早开盘时沥青的涨幅较大，所以必须关注。在图 10－14 中，随着时间的推移，它的走势变得越来越弱，在整个调整过程中，价格的低点不断降低，没有好的介入机会。随着分时线跌破均价线，沥青的多头形态彻底遭到了破坏。自价格跌破均价线的那一刻，沥青就失去了关注的价值。14:00，价格跌破了之前的低点，形成了突破的走势。此时可以入场做空吗？

0 附加手续费开户郭金和：

不可以。仅就沥青价格自身的形态而言，它的确形成了突破的走势，并且位置在均价线下方。空头波动性质形成了空头的交易形态，这是可以操作的理由。但结合整体盘面而言，虽然沥青的价格有了连续的回落，但它依然是翻红的品种，并且能源化工板块是当天的多方龙头板块，所以，应当主动放弃它的空单机会。

彭助教：

查看涨跌排行，就是为了确定各品种的地位。不要对上涨的品种做空，因为有跌幅靠前的品种“垫底”，轮不着对这些上涨的品种做空。同理，不要对下跌的品种做多，因为有涨幅居间的品种顶着，也轮不着对这些翻绿的品种做多。这也就是无形老师说“红盘不做绿，绿盘不做红”的根本原因。

跌幅居前的品种没有好的形态，但由于农产品是今天空方的龙头，因此也可以留意一下同板块中其他品种的表现。在图 10-15 中，14:00，菜油又恰恰形成了卖点。在这个点位做空的理由是什么？

0 附加手续费开户众郭金和：

相比之前的高点，当前价格形成了明显的高点降低态势。这是一种最经典的做空形态，此时完全可以直接入场做空。

无形老师的团队新开了一个 0 附加手续费的期货账号，现在菜油 1909 合约的手续费一开一平仅需 2 元/手，真是帮我节省了大量的手续费。省下的就是赚到的。

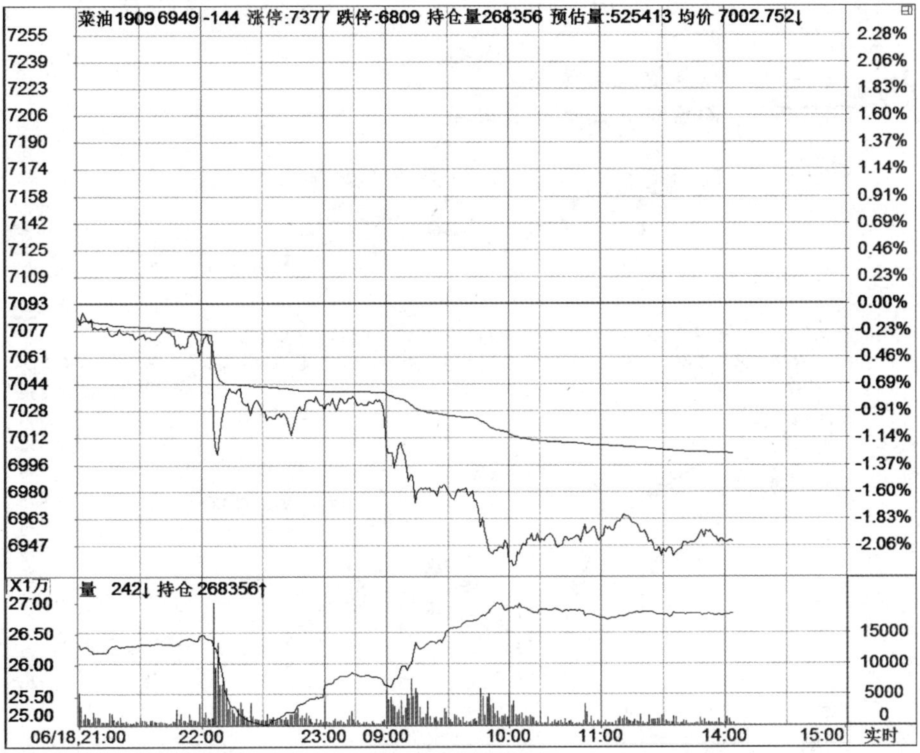

图 10－15　菜油 1909 合约 2019 年 6 月 19 日走势图

彭助教：

两个高点离得并不远，意味着止损的幅度并不大，亏损是已知的。由于盘面偏多，对菜油做空虽然有板块和技术形态本身的支撑，但却无法预期有太大的获利。也就是说，此时的确可以操作菜油，但别想着赚大钱，因为行情并没有高度配合。有所盈利之后见好就收为上策。

在图 10－16 中，沪锌在今天没有进入跌幅前列，但是，它在下跌过程中却出现了 4 处标准的“双绿”卖点。虽然价格的位置各不相同，但都有共性：趋势监控指标通道中轨全程绿色（实心），这是“一绿”；而后指标 K 线形成了第一次的翻绿状态，这便意味着“双绿”做空点的到来。第一次“双绿”卖点带来了当天最大幅度的收益，第二、第三次“双绿”卖点则是需要止损的。第四次“双绿”卖点带来了收盘前的一小波盈利。由此可以看到，无形老师的“双绿”卖点在捕捉价格高点的做空机会时是非常

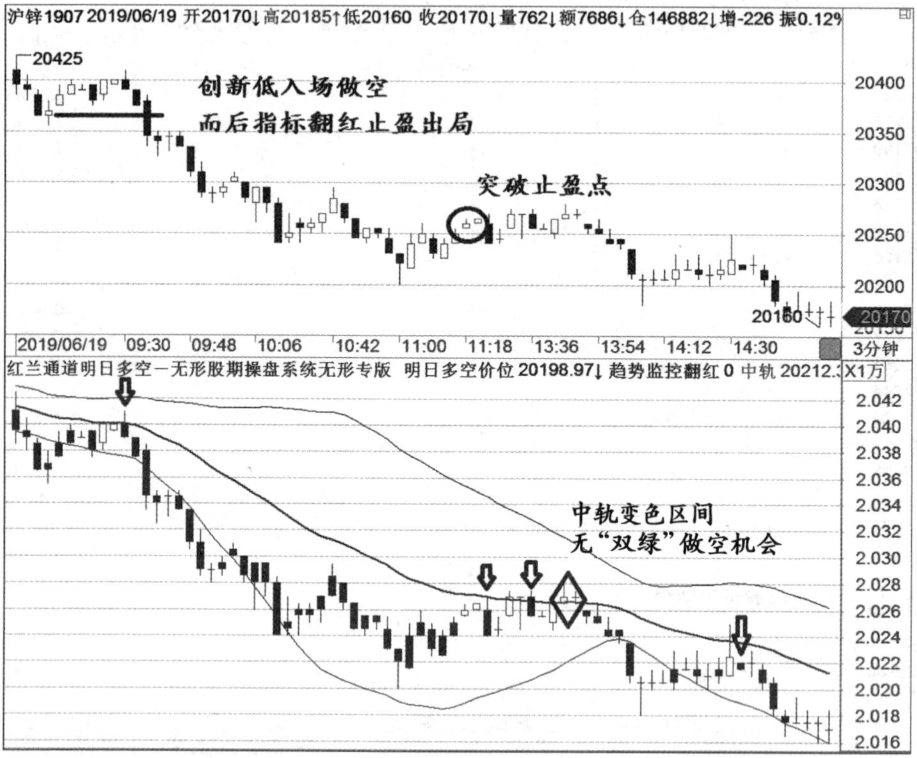

图 10－16　沪锌 1907 合约 2019 年 6 月 19 日 3 分钟 K 线走势图

及时且到位的。

除了这四次“双绿”卖点，还有一次非常经典的突破做空机会，该如何实际运用？

0 附加手续费开户郭金和：

当价格向下创出新低的时候便可以入场操作了，这是所有突破操作的统一介入点，不同的就是介入之后的处理。突破点介入之后就简单了，只要盯着趋势监控指标就可以了。指标若持续呈实心绿色状态便一路持仓，而一旦空心翻红便可以止盈出局。这样一来，持仓就变得非常轻松、简单了，就算是完全零基础的投资者，也可以马上掌握这种做突破的操作方法。

在 0 附加手续费的期货账号中，沪锌 1907 合约的手续费一开一平仅 3 元/手。沪锌价格波动活跃，手续费又极低，在操作上占尽了主动。

彭助教：

价格反弹幅度略大的时候，可以使用“双绿”卖点对高点进行做空。若是没有形成“双绿”卖点，或是错过了交易机会，如果价格继续下跌，则可以在创新低的点位用突破的方法进行操作，如此一来，机会便跑不掉了。趋势监控指标本身具有买卖提示功能、持仓功能和止盈止损功能，用起来非常简单高效。无形老师的趋势监控指标是赠送的，各位读者朋友均可以通过本书后记中提到的两种方式免费获得！

第11章 2019年6月21日实盘解析：单边多头转分化

序	代码	名称	最新	涨跌	↓涨幅
1	sc1908	原油1908	442.8	17.1	4.02%
2	bu1912	沥青1912	3066	96	3.23%
3	fu1909	燃油1909	2597	67	2.65%
4	RM909	菜粕1909	2552	64	2.57%
5	i1909	铁矿1909	831.5	18.0	2.21%
6	MA909	甲醇1909	2420	44	1.85%
7	pp1909	PP1909	8375	119	1.44%
8	m1909	豆粕1909	2918	41	1.43%
9	au1912	黄金1912	313.30	4.10	1.33%
10	TA909	PTA 1909	5656	70	1.25%
11	ag1912	白银1912	3735	41	1.11%
12	l1909	塑料1909	7780	80	1.04%
13	CJ912	红枣1912	10370	105	1.02%
14	v1909	PVC 1909	6810	50	0.74%
15	a1909	豆一1909	3472	19	0.55%
16	eg1909	乙二醇1909	4497	23	0.51%
17	jd1909	鸡蛋1909	4514	17	0.38%
18	y1909	豆油1909	5458	14	0.26%
19	rb1910	螺纹1910	3806	6	0.16%
20	SR909	白糖1909	5117	8	0.16%
21	ZC909	动煤1909	599.2	0.6	0.10%
22	OI909	菜油1909	6917	5	0.07%
23	hc1910	热卷1910	3685	2	0.05%
24	ru1909	橡胶1909	11750	5	0.04%
25	cu1908	沪铜1908	46850	10	0.02%
26	AP910	苹果1910	8926	-2	-0.02%
27	SF909	硅铁1909	6138	-10	-0.16%
28	SM909	锰硅1909	7530	-14	-0.19%
29	CF909	棉花1909	13785	-35	-0.25%
30	sp1909	纸浆1909	4532	-14	-0.31%
31	ni1908	沪镍1908	99380	-380	-0.38%
32	p1909	棕榈1909	4348	-22	-0.50%
33	zn1908	沪锌1908	19705	-130	-0.66%
34	j1909	焦炭1909	2055.5	-15.5	-0.75%
35	jm1909	焦煤1909	1386.0	-14.5	-1.04%

图 11－1　2019 年 6 月 21 日 09:00 涨跌排行榜

彭助教：

多头市场转变为分化市，多数情况下并不是因为空头力量加大，而是因为多头力量有所减弱。具体识别也并不难。若是空头力量加大，那么，下跌品种的跌幅必然扩大，而如果是多头力量减弱，那么，空头品种的跌幅并不一定加大，但是多头品种的涨幅肯定会缩小，而且，涨幅居前的多头品种的价格形态往往会遭到破坏。

0 附加手续费开户杨琼英：

那具体操作时的思路还是关注涨幅与跌幅居前的品种并择机操作？既然转变为分化市，就可以使用“跷跷板”的方式进行操作了吧？

彭助教：

在多头力量减弱的情况下，空头很容易趁势追上，因此，多头走弱的时候可以盯空。如果空头没有什么好的表现，就只能等了，因为多头正处于上涨状态不能做空，而真正的空头又不发力，所以没有交易的机会。不过，这种现象相对少见，常见的是多头走弱时，空头有表现的机会。下面结合今天的走势具体来看一下盘中相关的信息要素。

从图 11－1 中 2019 年 6 月 21 日早开盘的涨跌数据来看，市场的多空状态非常容易判断。此时盘面有着怎样的特点？

0 附加手续费开户杨琼英：

上涨的家数远多于下跌的家数，从这一点来讲这是多头市场的特点。从涨跌幅度对比来看，上涨的力度大于下跌的力度。因此，早开盘时的交易策略应当以做多为主。

彭助教：

从上涨的品种来看，受原油上涨的带动，能源化工板块形成了集体性上涨的走势，板块效应非常突出。因此，当天操作的重点就是对“商品之王”原油进行操作。

在图 11－2 中，原油的价格在向上突破了均价线以后，在上涨过程中调整的幅度很小，所以只给出了突破的交易机会。在 23:00 之后的调整过程中，价格给了投资者逢低做多的交易机会。它的技术特征是怎样的？

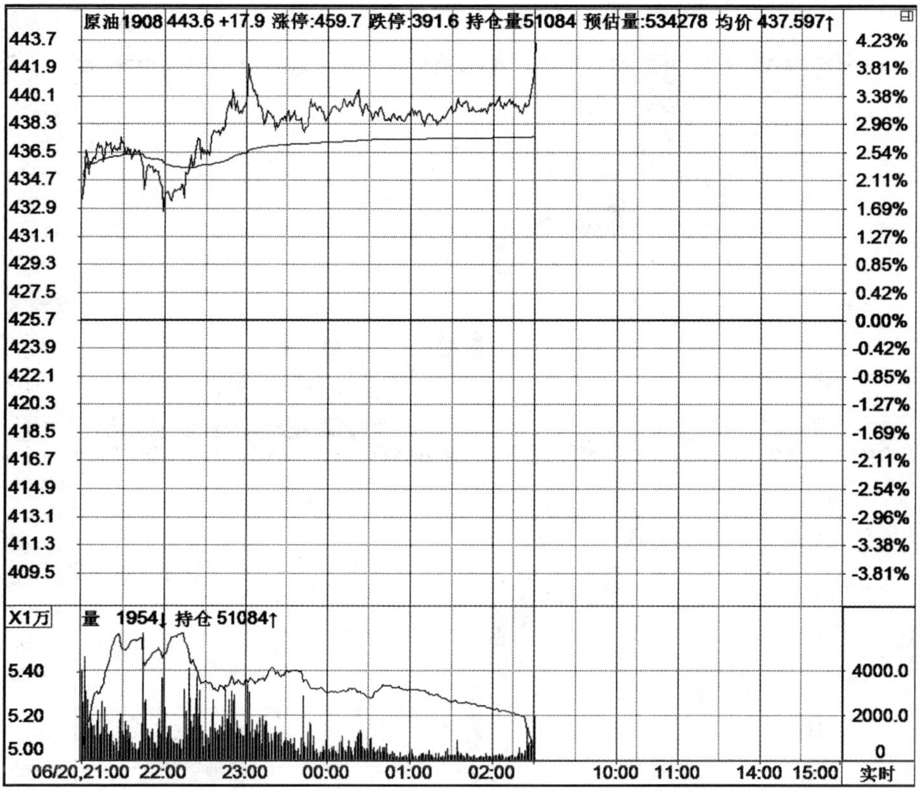

图11－2　原油1908合约2019年6月21日走势图

0附加手续费开户杨琼英：

虽然调整的时间较长，但分时线始终在均价线上方波动，说明价格始终保持着多头的性质。波动性质不变自然会有做多的盈利机会。价格在分时线上方调整时，形成了低点抬高的迹象，从而制造出了逢低做多的机会。顺便说一句，通过无形老师的团队开设的0附加手续费的期货账号，我现在做原油的手续费标准就是交易所标准，开仓加平仓总共20元/手。这么低的手续费，进行日内交易的成本大大降低了。

彭助教：

价格调整形成低点抬高走势时，介入点就是调整的次低点，止损位就是前低点。在多数情况下，这两个低点的位置并不远，因此，亏损幅度不会太大。加之价格始终位于均价线上方的多头性质，只要得到了盘面的配合，盈利的概率就是比较大的。

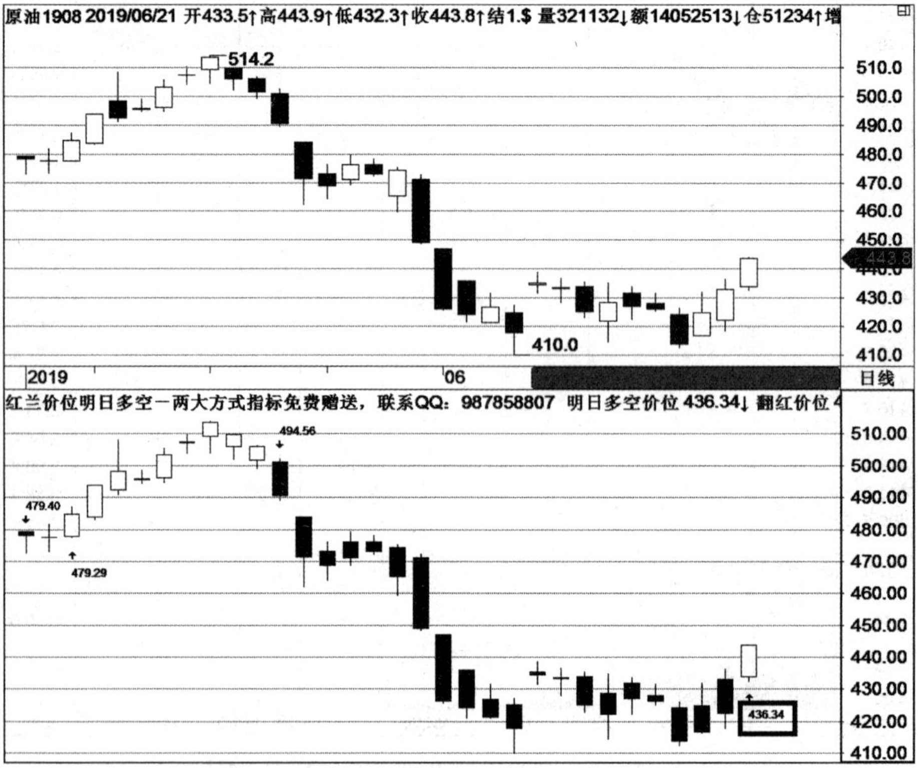

图 11－3 原油 1908 合约 2019 年 6 月 21 日日 K 线走势图

开盘之后价格直线上冲，没有任何再次介入的机会了，只能将其视为持仓形态。价格在当天出现上涨，其实在日 K 线中也存在信号。再去看一下日 K 线的走势特点。

价格在反弹之前出现了一大波下跌的行情。从图 11－3 中趋势监控指标的走势来看，价格在 494.56 元/吨处向投资者发出了做空的信号。你可以不按指标的信号做空，但绝对不能在指标发出实心绿色空头信号的情况下入场做多，否则代价将会非常沉重。

0 附加手续费开户杨琼英：

连续下跌之后，指标在 436.34 元/吨发出了做多的信号，指标 K 线重新形成了空心红色的做多信号。日 K 线上的做多信号正好处于日内价格向上突破均价线不久，突破前开盘高点的位置。

彭助教：

对于喜欢进行日内投机的投资者来说，直接根据1分钟、2分钟、3分钟K线的信号使用“双红”“双绿”交易技巧进行操作即可。而对于喜欢进行长周期操作的投资者来说，则可以直接根据30分钟、60分钟或是日

序	代码	名称	↓均涨跌幅20	强弱系数
1	sc1908	原油1908	1.929	-13.908
2	bu1912	沥青1912	1.720	-14.191
3	i1909	铁矿1909	1.702	48.047
4	j1909	焦炭1909	1.662	-17.713
5	fu1909	燃油1909	1.564	-13.534
6	RM909	菜粕1909	1.405	-1.833
7	TA909	PTA 1909	1.241	30.737
8	m1909	豆粕1909	1.223	-3.387
9	MA909	甲醇1909	1.214	4.197
10	ru1909	橡胶1909	1.205	-14.383
11	CF909	棉花1909	1.013	11.608
12	jm1909	焦煤1909	0.965	3.764
13	rb1910	螺纹1910	0.899	4.853
14	a1909	豆一1909	0.859	-9.865
15	pp1909	PP1909	0.858	12.149
16	ni1908	沪镍1908	0.851	11.449
17	l1909	塑料1909	0.809	4.883
18	eg1909	乙二醇1909	0.792	6.848
19	hc1910	热卷1910	0.764	8.422
20	sp1909	纸浆1909	0.731	-16.195
21	au1912	黄金1912	0.691	21.514
22	y1909	豆油1909	0.681	-1.323
23	zn1908	沪锌1908	0.668	-14.675
24	ZC909	动煤1909	0.615	8.927
25	v1909	PVC 1909	0.603	5.669
26	p1909	棕榈1909	0.589	-2.275
27	cu1908	沪铜1908	0.563	3.333
28	ag1912	白银1912	0.538	12.986
29	OI909	菜油1909	0.524	-13.437
30	SR909	白糖1909	0.516	4.183
31	jd1909	鸡蛋1909	0.730	1.856
32	SF909	硅铁1909	0.648	16.448
33	SM909	锰硅1909	0.614	9.459
34	AP910	苹果1910	1.591	-21.878
35	CJ912	红枣1912	1.656	5.570

图11－4 2019年6月21日20日日均涨跌排行榜

K 线的信号进行操作。指标只要翻红便可以做多，翻绿便可以做空，操作上简单了许多，减轻了大量的分析工作。这就是指标带来的帮助。

在图 11 -4 中，原油今天涨幅第一，并且带领着能源化工板块集体上行，其中蕴含着不错的交易机会。日开盘它便快速上冲就是最好的证明。之前曾说原油号称“商品之王”，这话可不是乱说的，而是有数据支撑的。我们可以看一下 20 日日均涨跌的数据情况，你知道这个指标反映的是什么吗？

0 附加手续费开户杨琼英：

我通过无形老师的团队开户之后，免费获得了一套操盘指标，其中便有这个指标。它反映的是在 20 个交易日内，某一个品种每日的平均波动幅度，是将 20 天内每一天的涨幅与跌幅（绝对值）相加，得出的总幅度再除以 20。以原油为例，它的数值是 1.929，即表示最近 20 天内，原油平均每天都有 1.929% 的上涨或下跌幅度。

彭助教：

怎样才可以使利润最大化呢？肯定是要操作那些波动幅度大的品种。从图 11 -4 中来看，原油每一天都有近 2% 的波动空间，去掉极端值，技术上每天可以至少把握住 1% 的波动空间。按 10% 的保证金计算，每天都会有 10% 的收益机会。数值越大代表每天的波动幅度越大，因此，数值在 1% 以下的品种是没必要关注的，因为它们无法带来最大化的收益。

大家选品种的时候，一定要服从数据，不要凭个人喜好。曾有朋友在交流时说喜欢操作白银，但从数据来看，白银近 20 个交易日平均每天只有 0.538% 的波动幅度，还不及原油的 1/3，为什么要操作它呢？别人大口吃肉，你只啃硬骨头，这也是你赚不到钱的一个原因。

从图 11 -4 的数据来看，沥青近 20 天日均波动幅度在 1.72%，波动幅度排名第二。这样的波动幅度很容易给投资者带来大的收益空间，因此，需要积极关注它。不过，在图 11 -5 中，今天沥青的走势与原油相比就差了许多。它夜盘期间的走势有什么规律吗？

图 11－5　沥青 1912 合约 2019 年 6 月 21 日走势图

0 附加手续费开户杨琼英：

我认为没有什么明显的规律。分时线始终围绕均价线上下波动，没有符合要求的介入点出现。对于这样的走势，应当放弃关注。

彭助教：

有一些涨幅居前的品种会形成好的介入点，这就是最佳的操作机会。但还有一些涨幅居前的品种没有任何满足要求的介入点或规律性变化。无论这种情况是如何造成的，都不能因为它们涨幅大而浪费精力。涨跌幅大是关注它们的一个理由，但技术形态完美是更为重要的理由。两者能合作最好，若只能选择其中一个，一定要选有明确方向和明确规律性变化的走势。

在夜盘临收盘前，沥青的价格突破前高点形成了买点，刚一开盘便快速上行。对于早开盘的走势来说，只能持有突破处的多单 ，暂时没有新开仓的机会。

序	代码	名称	最新	涨跌	↓涨幅
1	sc1908	原油1908	443.6	17.9	4.20%
2	bu1912	沥青1912	3068	98	3.30%
3	fu1909	燃油1909	2605	75	2.96%
4	au1912	黄金1912	315.80	6.60	2.13%
5	RM909	菜粕1909	2534	46	1.85%
6	MA909	甲醇1909	2415	39	1.64%
7	CJ912	红枣1912	10410	145	1.41%
8	ag1912	白银1912	3746	52	1.41%
9	i1909	铁矿1909	823.5	10.0	1.23%
10	pp1909	PP1909	8334	78	0.94%
11	TA909	PTA 1909	5628	42	0.75%
12	l1909	塑料1909	7755	55	0.71%
13	AP910	苹果1910	8990	62	0.69%
14	a1909	豆一1909	3473	20	0.58%
15	m1909	豆粕1909	2892	15	0.52%
16	SM909	锰硅1909	7576	32	0.42%
17	j1909	焦炭1909	2078.0	7.0	0.34%
18	v1909	PVC 1909	6780	20	0.30%
19	hc1910	热卷1910	3691	8	0.22%
20	ZC909	动煤1909	599.8	1.2	0.20%
21	ru1909	橡胶1909	11765	20	0.17%
22	cu1908	沪铜1908	46890	50	0.11%
23	rb1910	螺纹1910	3803	3	0.08%
24	eg1909	乙二醇1909	4475	1	0.02%
25	y1909	豆油1909	5444	0	0.00%
26	OI909	菜油1909	6905	-7	-0.10%
27	jd1909	鸡蛋1909	4484	-13	-0.29%
28	sp1909	纸浆1909	4516	-30	-0.66%
29	p1909	棕榈1909	4340	-30	-0.69%
30	SF909	硅铁1909	6096	-52	-0.85%
31	zn1908	沪锌1908	19650	-185	-0.93%
32	jm1909	焦煤1909	1386.0	-14.5	-1.04%
33	SR909	白糖1909	5054	-55	-1.08%
34	ni1908	沪镍1908	98560	-1200	-1.20%
35	CF909	棉花1909	13625	-195	-1.41%

图 11－6　2019 年 6 月 21 日 10:30 涨跌排行榜

在图 11 -6 中，10:30，盘面的多空变化并不明显。跌幅居前的品种虽然跌幅略微扩大，但整体上并没有大的变动。上涨品种家数较多、幅度较大，能源化工品种仍然成板块。这些核心要素都没有变化，因此在操作的时候，具体思路也应与早盘保持一致。

0 附加手续费开户杨琼英：

下跌品种的板块结构不明显，加上跌幅并不大，说明空头力量不强，因此做空并不是此时最佳的交易策略。既然做空不行，就只能继续在能源化工板块里“淘金”了。永远在涨幅居前、形成板块的品种中做多，这样才可以长久地实现稳定盈利。

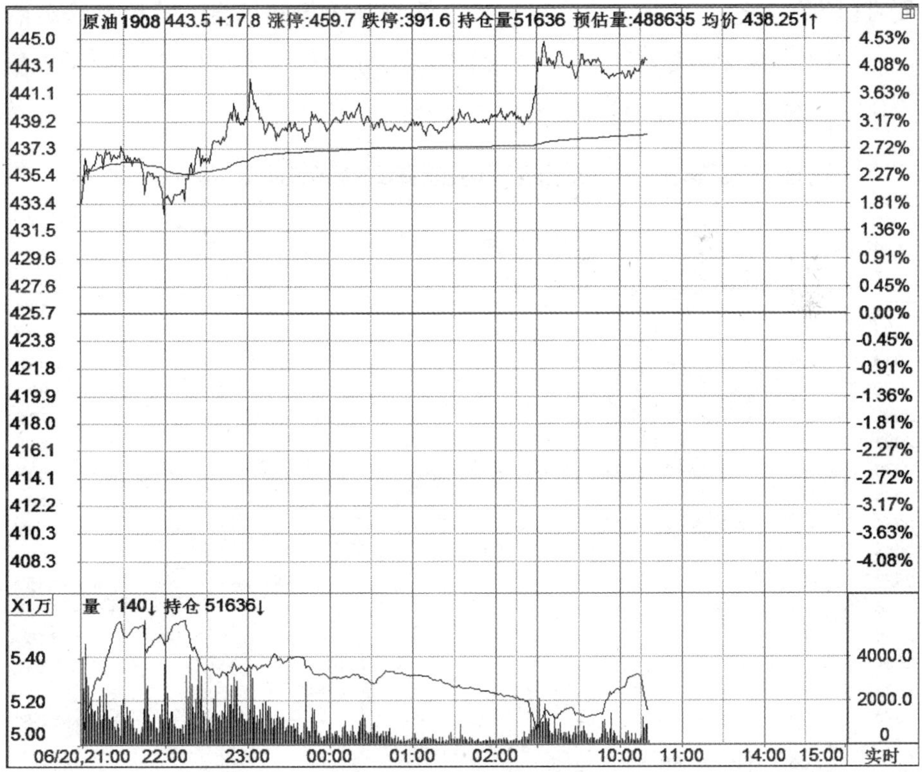

图 11 -7　原油 1908 合约 2019 年 6 月 21 日走势图

彭助教：

在图 11 -7 中，原油早开盘冲高了一波之后，再度形成长时间调整的走势。从 10:30 再度开盘时的走势来看，恰恰形成了一个买点。这个买点有着怎样的技术特征?

0 附加手续费开户杨琼英：

价格调整时形成了低点抬高的迹象，这是价格波动过程中经常出现的一种规律性变化。刚开始时正好有低点抬头的迹象，因此，可以直接入场进行操作。

彭助教：

在次低点入场做多之后，由于当前价格距离均价线较远，所以不能拿均价线直接作为止损。只有在价格与均价线相距较近的情况下才可以拿均价线作为止损。此时，应当拿之前的低点作为止损，只要价格不破前低点便可以继续持仓，以获得价格进一步上涨带来的盈利机会。若价格跌破前低点，便以小的亏损为代价出局。始终以小亏为代价才可以换来较大的盈亏比，想要赚钱，一定要看每次止损时亏得少不少。

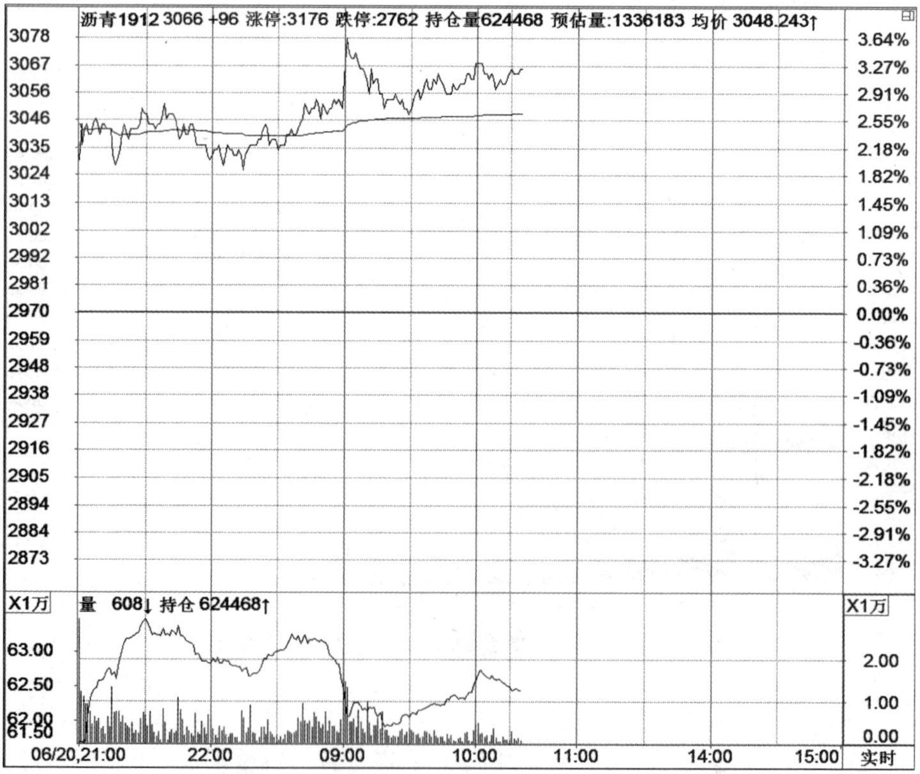

图 11-8　沥青 1912 合约 2019 年 6 月 21 日走势图

在图 11 －8 中，沥青的价格在开盘上冲后未能延续上涨，而是连续回落，这就使得夜盘的突破买点无法实现盈利。当然，运用无形老师的“开仓防亏术”，这笔多单是绝对不可能亏损的。价格回落，低点受到均价线的支撑之后，再度形成了非常标准的逢低做多形态。再次回顾一下它的技术细节吧。

0 附加手续费开户杨琼英：

这种技术形态真的是太常见了。价格形成的长周期的调整走势，可以及时提示投资者交易机会的所在。分时线在均价线上方，说明价格波动形成了多头的性质；调整的低点不断抬高，说明空方的力量在不断地衰弱。在这种情况下，价格自然就容易继续上涨。

彭助教：

一旦价格在前低点处稳住并且形成了明显的向上抬头迹象，便可以入

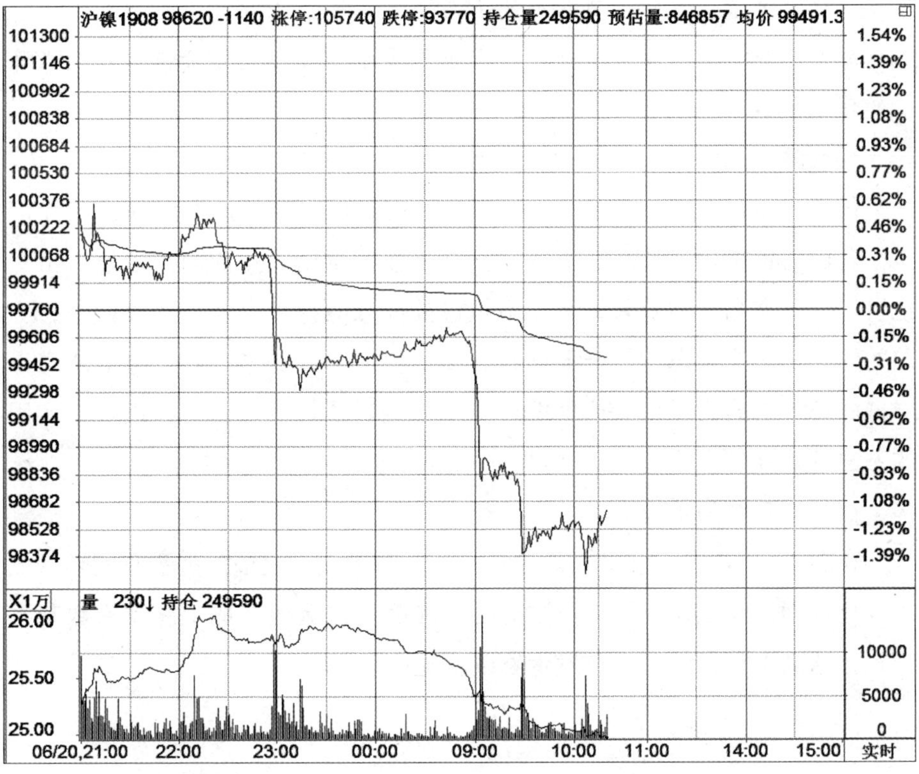

图 11 －9　沪镍 1908 合约 2019 年 6 月 21 日走势图

场做多，然后拿前低点作为止损。具体操作时，一定要放弃那些前后两个低点距离较远的走势，因为止损幅度会加大。一定要选择两个低点距离较近的，这样才可以更好地进行风险控制。

在图 11 -9 中，沪镍的价格在日开盘的时候快速下跌，虽然从形态上来讲有突破创新低的走势，但因为是在开盘阶段，所以是没有机会入场做空的。开盘之后的小幅反弹倒是再次提供了突破做空的机会。到了 10:30，价格再度出现反弹，此时该如何操作呢？

0 附加手续费开户杨琼英：

沪镍是一个非常活跃的品种，在无形老师这里开设了 0 附加手续费的期货账号后，我对 1 月、5 月、9 月之外的月份的合约进行交易时，手续费仅有 1 元/手。沪镍活跃性高，手续费又便宜，真是日内操作的最佳对象。

价格此时的反弹幅度虽然不是很大，但由于反弹已经将最后一波下跌波段全部吞没了，意味着多方有能力与空方抗衡。因此，此时的反弹不宜入场做空，应当过一段时间等价格有了更多数据之后，等价格形成高点降低的现象时再入场操作。

彭助教：

价格此时的反弹，一是吃掉了最后一波下跌波段，二是越过了前高点。若此时价格仍在前高点下方就很好操作，价格越过前高点之后，虽然也可以进行交易，但效果就不如不越过前高点时操作的效果了。同时，当前的盘面是多头状态。结合上述两点波动特征，最好是等到价格形成高点降低的态势之后再操作。这个思路虽然已经讲了好多次，但请记住，实用的方法就是那些简单且经常重复使用的方法。一个方法被提及的次数越多，往往就越容易给投资者带来盈利。

在图 11 -10 中，下午开盘的时候，形势大变！之前的多头盘面转变成了分化盘面，涨跌榜的形势由之前的上涨品种占多数变成了涨跌家数基本一致。这其中是谁的力量在发生着改变呢？

序	代码	名称	最新	涨跌	↓涨幅
1	sc1908	原油1908	437.5	11.8	2.77%
2	AP910	苹果1910	9129	201	2.25%
3	au1912	黄金1912	316.10	6.90	2.23%
4	CJ912	红枣1912	10470	205	2.00%
5	fu1909	燃油1909	2571	41	1.62%
6	RM909	菜粕1909	2526	38	1.53%
7	ag1912	白银1912	3744	50	1.35%
8	bu1912	沥青1912	3008	38	1.28%
9	i1909	铁矿1909	821.5	8.0	0.98%
10	SM909	锰硅1909	7618	74	0.98%
11	hc1910	热卷1910	3713	30	0.81%
12	j1909	焦炭1909	2087.0	16.0	0.77%
13	rb1910	螺纹1910	3823	23	0.61%
14	ZC909	动煤1909	600.6	2.0	0.33%
15	pp1909	PP1909	8277	21	0.25%
16	m1909	豆粕1909	2882	5	0.17%
17	cu1908	沪铜1908	46860	20	0.04%
18	MA909	甲醇1909	2377	1	0.04%
19	v1909	PVC 1909	6760	0	0.00%
20	l1909	塑料1909	7695	-5	-0.06%
21	a1909	豆一1909	3451	-2	-0.06%
22	y1909	豆油1909	5430	-14	-0.26%
23	ru1909	橡胶1909	11705	-40	-0.34%
24	jm1909	焦煤1909	1393.0	-7.5	-0.54%
25	SF909	硅铁1909	6116	-32	-0.52%
26	TA909	PTA 1909	5552	-34	-0.61%
27	OI909	菜油1909	6870	-42	-0.61%
28	p1909	棕榈1909	4334	-36	-0.82%
29	eg1909	乙二醇1909	4437	-37	-0.83%
30	jd1909	鸡蛋1909	4441	-56	-1.25%
31	SR909	白糖1909	5048	-61	-1.19%
32	zn1908	沪锌1908	19585	-250	-1.26%
33	sp1909	纸浆1909	4484	-62	-1.36%
34	CF909	棉花1909	13630	-190	-1.37%
35	ni1908	沪镍1908	98320	-1440	-1.44%

图 11－10　2019 年 6 月 21 日 13:30 涨跌排行榜

0 附加手续费开户杨琼英：

下跌品种依然保持着散乱的状态，说明空方并没有抱团下跌。下跌的幅度也并没有增大多少，可见，空方的力量并没有增加太多。再看涨幅居前的品种，它们的涨幅明显减小，说明市场由多头转变为分化市的原因就是多方的上涨力量减小了。

彭助教：

原本紧紧抱团的能源化工板块也变得松散了。涨幅居前的品种与跌幅居前的品种一样，都没有了板块效应。板块效应的消失就是力量变弱的直接体现。多方力量减弱，而空方并没有大力度杀跌，这是今天市场转变为分化市的根本原因。这样一来，操作的机会就多了，既可以从后起之秀的品种中寻找做多机会，也可以从跌幅居前的品种中寻找机会。

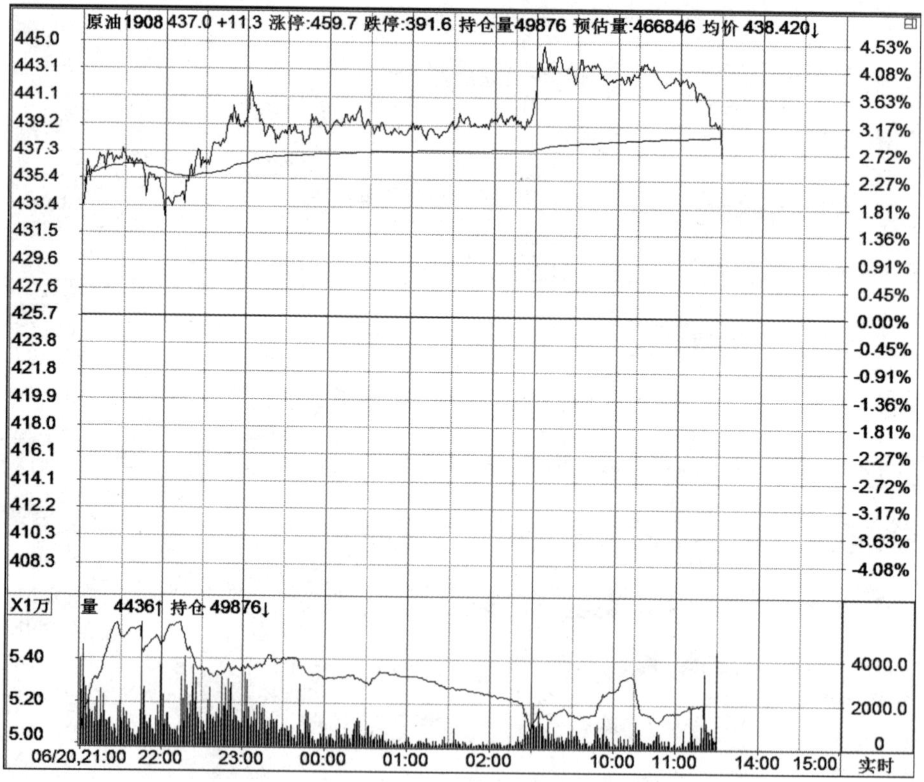

图11－11　原油1908合约2019年6月21日走势图

在图11－11中，原油在高位形成了低点抬高的做多形态之后，价格不仅没有涨起来，反而跌破了前低点触发了止损。这笔操作虽然小亏，但也没必要理会，因为这种亏损的性质就如同办公用品正常损耗的成本，并不是实际业务失败造成的亏损。交易不是赚就是亏，一定要懂得理性面对亏损，绝对不能说亏损了就不是好事。只要完全按技术开仓、按技术止损，就是正确的操作。原油的价格跌破了均价线，此时可以找机会入场做空吗？

0 附加手续费开户杨琼英：

价格跌破均价线意味着价格的波动性质由多头转变为空头，仅从这种走势来看，只要分时线在均价线下方，就应当进行做空操作。但原油是涨幅第一的品种，永远不能对涨幅前列的品种做空，因为还有跌幅靠前的品种“垫底”，根本轮不着对原油做空。针对原油的唯一操作策略就是：等它的价格形成多头形态。

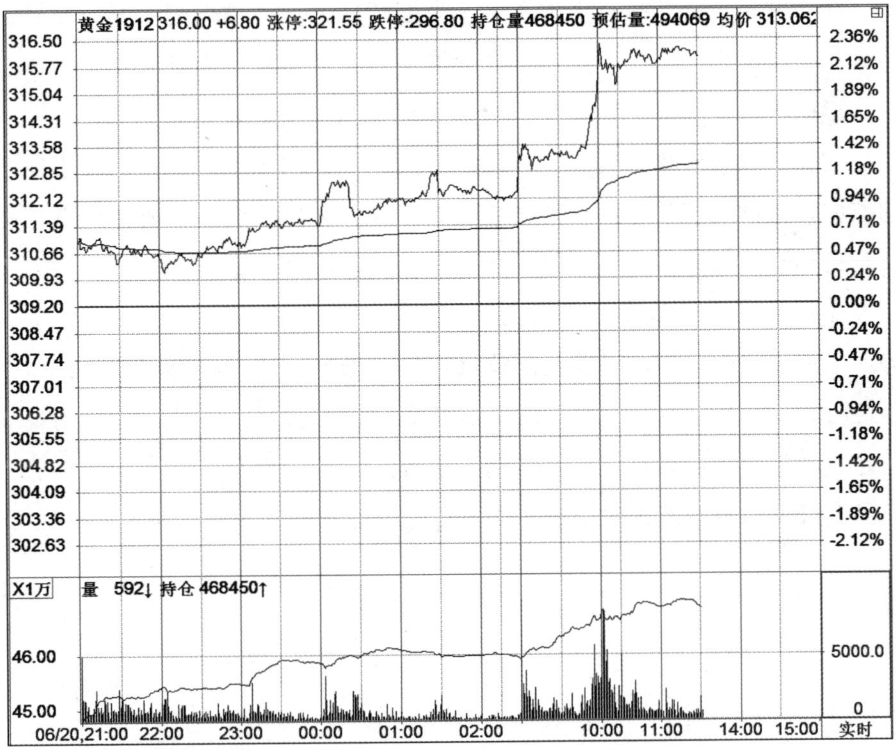

图 11－12　黄金 1912 合约 2019 年 6 月 21 日走势图

彭助教：

受中美经贸摩擦与美伊关系的影响，黄金在这一阶段行情略好。国际上一有大事情发生，黄金的避险作用就开始起效。但从之前20日日均涨跌幅的数据来看，黄金20天内的平均涨跌幅只有0.691%，整体波动幅度并不大，若它的走势在盘中没有什么亮点的话，其实是没有太大操作价值的。不过在图11－12中，它的走势非常好，形成了许多经典的技术形态，都有哪些买点呢?

0附加手续费开户杨琼英：

02:00左右形成了低点抬高的买点，不过大多数投资者是不太可能熬到这个时间点的。除此之外就是日开盘后的突破走势。虽然日开盘后的调整也形成了低点抬高的走势，但这种走势只能用来辅助判断价格上涨的可能性，因为价格回落的幅度小，所以没有机会进行逢低做多的操作。

在0附加手续费的期货账号中，黄金1912合约的手续费一开一平仅需10元/手，一手一跳便可以实现40元的盈利，成本越低获利效果就越好。

彭助教：

黄金的价格上涨到高位之后形成了低点抬高的迹象，但吸取今天原油的教训，在盘面多头力量减弱的情况下，黄金在高位调整形成的低点抬高形态是不宜进行操作的。这种形态只适合持仓，而不宜新开仓。

在图11－13中，苹果开盘之后，价格略经震荡便出现了连续上涨的走势。上涨过程中突破买点以及调整过程中低点抬高的买点都出现了，但由于此时它的涨幅较小，空有好的形态却无法进行交易，因此，苹果的走势适合盘后学习、盘后总结技术案例。在大涨幅品种没有好形态，而小涨幅品种有好形态时，能否对小涨幅的品种进行操作呢?

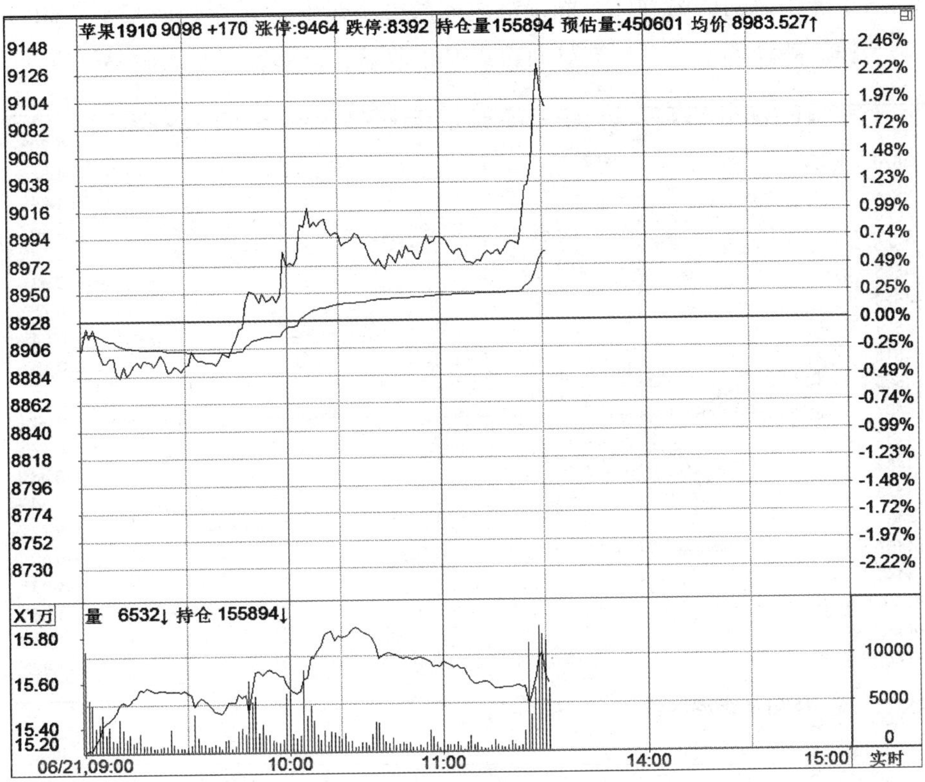

图 11－13　苹果 1910 合约 2019 年 6 月 21 日走势图

0 附加手续费开户杨琼英：

进行操作的时候，形态为主，幅度为辅。一个品种形态好、涨幅又居前，便是最好的目标品种，也是投资者每天重点关注的目标品种。只有在大涨幅的品种没有好的技术形态的前提下，才可以对小涨幅的品种进行操作。操作时也要注意，因为它们涨幅小、多方力度弱，所以需要主动降低一些收益预期。涨幅落后的品种涨得像苹果这么多的还是很少见的。

在交易所降低手续费之后，我的 0 附加手续费期货账号中，苹果的手续费只有 5 元/手，双边收取。品种波动极度活跃，并且手续费极低，在日内交易中真是占尽了优势。

彭助教：

当涨幅居前的品种没机会时，应当按涨幅排名依次向下寻找。涨幅越大的越有价值，涨幅小的，就算形态完美，能带来的实际收益也肯定是要落后于涨幅靠前的品种的。涨幅落后的品种不是不能操作，而是不要想着赚大钱。涨跌幅不大但形态好时可以带来收益，但多数不是大收益。

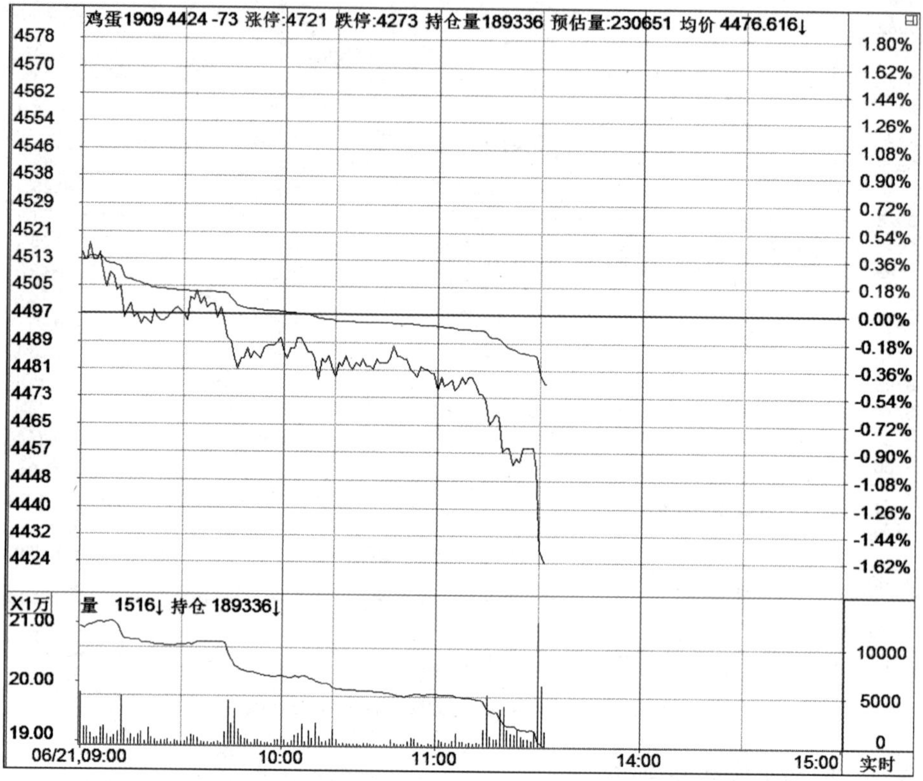

图 11－14　鸡蛋 1909 合约 2019 年 6 月 21 日走势图

大多数品种在上涨时都是由小涨幅一步步变成大涨幅的，但我们期望一上来就选中大涨幅的品种。这其中的矛盾该如何解决呢？其实并没有什么矛盾。强势品种在涨幅小时就处于涨幅前列，涨幅大时还处于涨幅前列，整体涨幅不变时处于前列，整体涨幅变小时也处于前列，这就是它们的特点。别忘了，强势品种的一大特点就是引领其他品种上涨或下跌，所以，不管是大涨幅还小涨幅，始终是涨幅前列的品种。

抛开排名单看形态，我们要找的就是类似鸡蛋这样的走势了。在图 11－14中，鸡蛋的价格在下跌时有什么特点呢？

0 附加手续费开户杨琼英：

价格在下跌过程中，分时线始终位于均价线下方，这是空头性质波动最典型的形态之一！在价格回落过程中，高点不断降低，说明多方力量不断衰竭，从而非常容易促使价格不断向下。

鸡蛋的手续费较高，交易所的收费标准是1.5‰，双边收取，按4450元/500千克计算，一手一开一平需要13.35元。这已是市场最低的手续费标准。

彭助教：

在价格下跌过程中，虽然成交量没有密集性地放大，但每一次下跌都伴随着量能的放大，说明资金的态度仍然是积极做空。反观反弹，无量说明没有资金愿意入场做多，可以推断出价格继续下跌是大概率的事情了。与苹果一样，鸡蛋下跌的概率虽大，但收益预期却不能太高。小跌幅的品种形成中等幅度的下跌是正常的。小跌幅的品种除了在板块效应明显的情况下容易见到大跌幅，单品种形成大跌幅其实并不多见。

对于处于涨跌幅前列的品种，只要形成标准的“双红”买点与“双绿”卖点，趋势监控指标自然都能及时抓住机会。那么，对于涨跌幅落后的品种，趋势监控指标能发挥好的作用吗？我们来看一下今天波动幅度一般的菜油的表现。

从图11-15中可以看到，菜油的价格走势出现了一次“双红”买点和三次“双绿”卖点，但因为最后一次“双绿”卖点发生在尾盘阶段，在实际操作过程中是不会再去开仓操作的。“双红”买点实现的只是微利，第一次“双绿”卖点也是微利，第二次“双绿”卖点则捉住了当天主要的下跌行情。就日内操作而言，一天一大波主跌浪足矣。再来回顾一下“双红”买点与“双绿”卖点的技术特征。

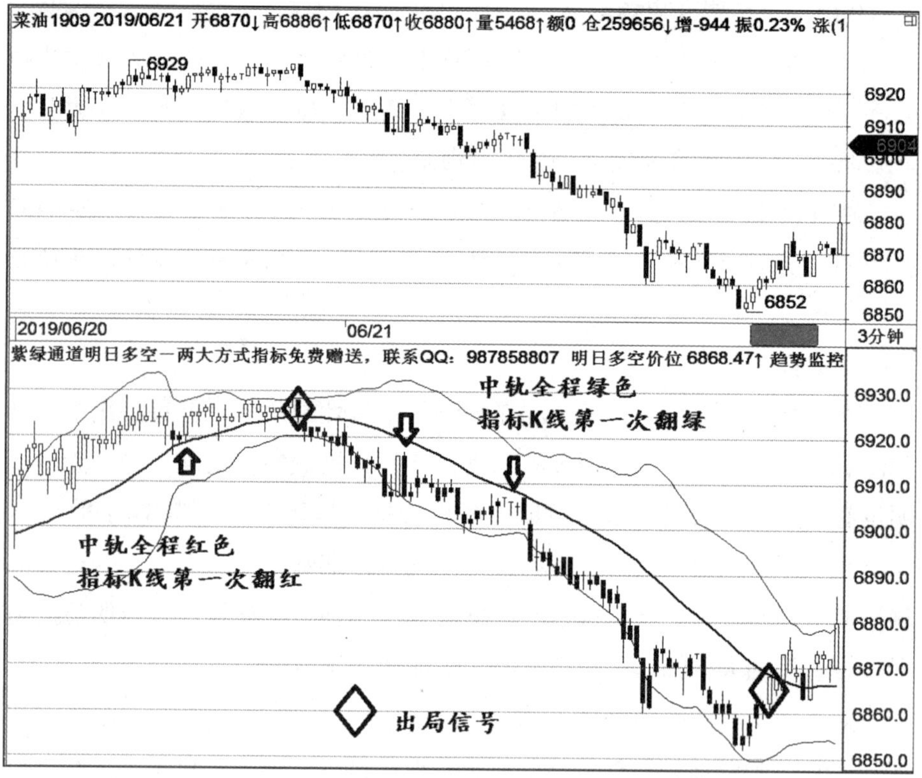

图 11－15　菜油 1909 合约 2019 年 6 月 21 日 3 分钟 K 线走势图

0 附加手续费开户杨琼英：

“双红”买点的形成要求中轨全程红色（空心），即使指标翻绿（实心）时，也要保持红色向上的状态。中轨全程红色说明价格方向向上，做多就顺应了趋势。中轨红色是“一红”，经调整后指标 K 线第一次空心翻红时即为“双红”买点。此时的“双红”为：中轨红，指标 K 线第一次翻红。开仓后，指标 K 线实心翻绿时，即为出局信号。

“双绿”卖点形成的时候，中轨全程绿色，提示投资者价格方向向下，经反弹之后价格再度下跌第一次空心翻绿时，“双绿”卖点形成，此时便可以入场进行做空操作。

彭助教：

“双红”买点与“双绿”卖点是操盘效果非常好的两种方法，学习起来也非常简单。就算您是零基础的投资者，现在也学会了吧？“大道至简”，好用的获利方法向来就是简单、直接、有效的。这种方法属于逢高做空的操盘技巧，若再配合趋势监控指标进行突破操作，机会就完全跑不掉了。

第12章 2019年6月24日实盘解析：多头拉动空头涨

序	代码	名称	最新	涨跌	↓涨幅
1	hc1910	热卷1910	3883	174	4.69%
2	rb1910	螺纹1910	3927	111	2.91%
3	fu1909	燃油1909	2640	60	2.33%
4	eg1909	乙二醇1909	4540	71	1.59%
5	sc1908	原油1908	444.2	6.0	1.37%
6	ZC909	动煤1909	610.0	8.2	1.36%
7	bu1912	沥青1912	3068	30	0.99%
8	au1912	黄金1912	316.20	2.85	0.91%
9	l1909	塑料1909	7790	50	0.65%
10	TA909	PTA 1909	5630	34	0.61%
11	v1909	PVC 1909	6830	40	0.59%
12	AP910	苹果1910	9087	50	0.55%
13	sp1909	纸浆1909	4534	18	0.40%
14	pp1909	PP1909	8342	25	0.30%
15	MA909	甲醇1909	2410	6	0.25%
16	OI909	菜油1909	6910	12	0.17%
17	ag1912	白银1912	3730	4	0.11%
18	SF909	硅铁1909	6106	2	0.03%
19	j1909	焦炭1909	2073.0	-1.0	-0.05%
20	SM909	锰硅1909	7590	-6	-0.08%
21	CF909	棉花1909	13660	-25	-0.18%
22	CJ912	红枣1912	10380	-20	-0.19%
23	cu1908	沪铜1908	46770	-120	-0.26%
24	p1909	棕榈1909	4326	-14	-0.32%
25	RM909	菜粕1909	2522	-14	-0.55%
26	y1909	豆油1909	5396	-36	-0.66%
27	jd1909	鸡蛋1909	4430	-35	-0.78%
28	m1909	豆粕1909	2871	-25	-0.86%
29	SR909	白糖1909	5033	-48	-0.94%
30	ni1908	沪镍1908	98270	-930	-0.94%
31	a1909	豆一1909	3427	-33	-0.95%
32	jm1909	焦煤1909	1374.5	-14.0	-1.01%
33	zn1908	沪锌1908	19400	-260	-1.32%
34	ru1909	橡胶1909	11570	-185	-1.57%
35	i1909	铁矿1909	799.5	-23.0	-2.80%

图 12－1 2019 年 6 月 24 日 09:15 涨跌排行榜

无形：

在正常的分化市场中，上涨品种并不会对下跌品种产生影响，下跌品种也不会把上涨品种给拉下来。涨跌品种同时出现且相安无事，这种情况多是板块性分化，处于涨跌两头的是毫不相关的品种。但在一种情况下，上涨品种会对下跌品种产生影响，或是下跌品种会对上涨品种产生影响。你能分析出这可能是怎样的市场状况吗？

一对一无形斩面授学员曾晓伟：

这是盘面分化，即同板块的品种之间也出现了分化。同板块内的相关品种形成了分化，因此，上涨品种很容易把下跌品种带起来，或是下跌品种很容易把上涨品种拉下来。

无形：

正是如此。在正常的分化市场上，可以利用“跷跷板效应”两头操作，但在板块分化的市场上，操作就要多加小心了。必须先衡量一下哪边的品种占上风，确定出谁更有可能把谁带动起来，然后再进行操作。在决策上要比标准的分化市场复杂一些。

在图 12－1 中，从早开盘的形势来看，这一天形成了明显的分化市盘面，一半品种上涨、一半品种下跌。看完了涨跌家数，接下来该如何进行分析呢？

一对一无形斩面授学员曾晓伟：

还要再看涨跌力度的对比以及板块结构。从品种的平均涨跌幅度来看，明显上涨品种的幅度更大，说明多头力量更强。从下跌品种的板块结构来看，各品种呈现分散的状态，下跌前五名之中只有铁矿与焦煤这两个黑色系板块品种。而上涨的品种中，虽然热卷与螺纹处于涨幅前列，但其他黑色系板块品种的跟风状况并不是很好，反倒是第二梯队的能源化工板块形成了明显的板块结构。从这个角度来看，能源化工板块也值得关注。

无形：

最好的情况就是涨幅居前的品种形成了板块，而像今天的盘面，涨幅居前的品种要看，形成板块的品种也要看。单看能源化工板块的表现，该板块形成了弱多的态势，并且各品种紧紧挨在一起，显然是可以进行操作的，这是典型的弱多板块结构。

在图 12－2 中，在夜盘的时候，热卷形成了温和且连续的震荡上涨的形态。这种技术形态虽然波动并不剧烈，但也有一个好处，就是逢低做多

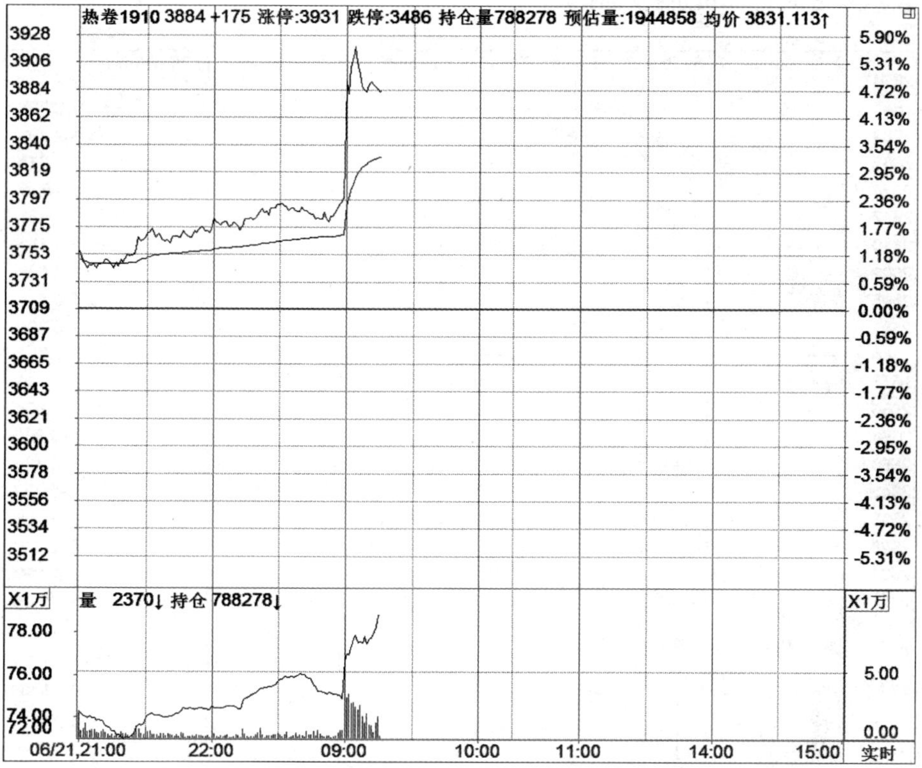

图 12－2　热卷 1910 合约 2019 年 6 月 24 日走势图

的机会比较多。

一对一无形斩面授学员曾晓伟：

逢低做多的机会形态依然是经典形态：低点连续抬高。但我发现在这种形态下，不太容易做突破。虽然说在创新高的点位开仓之后价格并没有打破止损，但上涨的力度不大，有些拖泥带水。

无形：

价格震荡上行时，成交量往往不会密集放大。在成交量放大状况不太好的情况下，价格也就很难形成快速上涨的走势。所以，虽然可以做突破，但从成交量分析中可以得知，获利的幅度可能不会太大，介入之后的价格走势也可能较为曲折。

日盘开盘后价格直线上涨，中途没有任何介入机会。面对瞬间大幅上涨的走势，一定要耐心等待价格进行调整，当持续调整后形成低点抬高的技术形态时再择机进行操作。

图 12-3　燃油 1909 合约 2019 年 6 月 24 日走势图

在图 12-3 中，燃油的价格在夜盘同样震荡上涨。这一期间成交量同样没有形成明显的规律性变化。这种量能下的价格变化一定要牢记于心。成交量就像油门，油门踩得猛，车才跑得快。

22:15 与 22:45，价格先后形成了两个低点。这两个低点形成了逢低做多的技术形态吗？

一对一无形斩面授学员曾晓伟：

如果抛开均价线来看，这两个低点相继抬高，是可以操作的。若结合均价线来看，第一个低点跌破了均价线，走势上又有一些矛盾。但我认为这种技术形态其实是可以进行操作的，价格的确是跌破了均价线一下，但并不属于明确跌破，跌破之后很快便反弹了回来，分时线整体依然位于均价线上方，保持着多头的波动形态。因此，在第二个低点可以进行操作。

无形：

均价线的支撑有3种形式。第一种像热卷一样，价格悬浮于均价线上方；第二种如此时的第二个低点一样，价格正好与均价线的支撑重合；第三种就是弱化形态，跌破一下但又马上回来。无论是哪一种都可以视为支撑确立。

价格在开盘瞬间上冲之后，要么等待价格有了一定周期的调整之后择机入场，要么等价格小幅调整后形成突破时入场。毕竟燃油得到了板块共涨的支持，因此，必须重点关注。

图12－4 铁矿1909合约2019年6月24日走势图

在图12－4中，从铁矿开盘时的走势来看，价格形成了一个反弹的高点，反弹的位置正好处于低开幅度的1/2处，是一个重要的压力与开空的点位。但由于当天的多头力量更强大，因此，对于这种单峰的高点最好不去操作，一定要等到高点降低的形态出现时再操作。若今天空头力量大，那单峰高点也可以进行操作。除此之外，在操作铁矿的时候，还有什么信息需要注意呢?

一对一无形斩面授学员曾晓伟：

下跌居前的品种并没有形成板块，因此，就算形成空头形态，也不宜有过高的收益预期，有利润之后应当见好就收。

无形：

这是一个很重要的因素。多数情况下，板块结构越清晰，涨跌幅度就越大，所以，一旦发现没有板块结构，就一定要懂得主动降低收益预期。除这个因素之外，另一个因素就是黑色系板块出现了分化。热卷与螺纹涨幅第一、第二，铁矿则跌幅第一，这可不正常，正常情况下它们应当同涨同跌。由于热卷与螺纹的涨幅大于铁矿的跌幅，因此，在对铁矿进行做空操作时，一定要小心热卷与螺纹对铁矿的带动作用，对铁矿的空单需要谨慎处理。

在图 12 –5 中，热卷上涨的幅度没有太大的变化，但螺纹涨幅加大。两个品种存在涨跌幅的差异很正常，但两个品种高度相关，涨跌幅度过大也不常见，要么热卷跌下来，要么螺纹涨上去。受螺纹带动，焦炭价格出现了上涨，可焦煤却仍在下跌，黑色系板块的分化非常严重。除了上涨的黑色系板块发生了一些变化，其他品种又有怎样的变化?

序	代码	名称	最新	涨跌	↓涨幅
1	hc1910	热卷1910	3884	175	4.72%
2	rb1910	螺纹1910	3949	133	3.49%
3	fu1909	燃油1909	2648	68	2.64%
4	j1909	焦炭1909	2111.5	37.5	1.81%
5	sc1908	原油1908	445.8	7.6	1.73%
6	ZC909	动煤1909	611.4	9.6	1.60%
7	eg1909	乙二醇1909	4537	68	1.52%
8	AP910	苹果1910	9135	98	1.08%
9	sp1909	纸浆1909	4564	48	1.06%
10	v1909	PVC 1909	6855	65	0.96%
11	au1912	黄金1912	316.30	2.95	0.94%
12	bu1912	沥青1912	3066	28	0.92%
13	l1909	塑料1909	7805	65	0.84%
14	SM909	锰硅1909	7626	30	0.39%
15	TA909	PTA 1909	5616	20	0.36%
16	CJ912	红枣1912	10435	35	0.34%
17	pp1909	PP1909	8338	21	0.25%
18	OI909	菜油1909	6911	13	0.19%
19	MA909	甲醇1909	2405	1	0.04%
20	ag1912	白银1912	3727	1	0.03%
21	cu1908	沪铜1908	46850	-40	-0.09%
22	SF909	硅铁1909	6094	-10	-0.16%
23	RM909	菜粕1909	2528	-8	-0.32%
24	ni1908	沪镍1908	98870	-330	-0.33%
25	CF909	棉花1909	13625	-60	-0.44%
26	jm1909	焦煤1909	1381.5	-7.0	-0.50%
27	p1909	棕榈1909	4312	-28	-0.65%
28	zn1908	沪锌1908	19525	-135	-0.69%
29	m1909	豆粕1909	2875	-21	-0.73%
30	y1909	豆油1909	5386	-46	-0.85%
31	jd1909	鸡蛋1909	4426	-39	-0.87%
32	a1909	豆一1909	3424	-36	-1.04%
33	SR909	白糖1909	5014	-67	-1.32%
34	ru1909	橡胶1909	11590	-165	-1.40%
35	i1909	铁矿1909	810.0	-12.5	-1.52%

图 12－5　2019 年 6 月 24 日 10:30 涨跌排行榜

一对一无形斩面授学员曾晓伟：

能源化工板块的龙头——燃油的涨幅也扩大了，说明该板块的多头力量并没有减弱，可以继续重点关注。同时，受黑色系板块价格上涨的带动，铁矿的跌幅整整减小了1.3%。正如早盘分析的一样，对它的做空操作一定要小心。除此之外，盘面并没有其他大的变化。

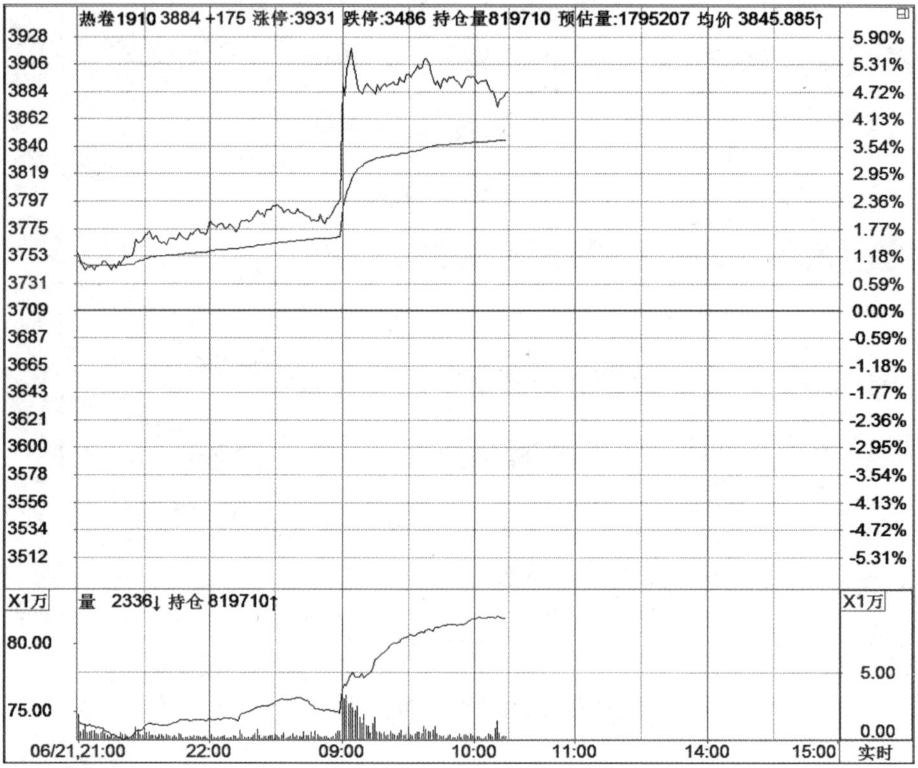

图12-6 热卷1910合约2019年6月24日走势图

无形：

在图12-6中，热卷直接跳高上去之后，长时间保持着震荡调整的走势，在10:30形成了低点降低的态势。这样的走势使得它暂时失去了操作的价值。虽然涨幅第一，但却没有形成好的多头形态，反而有偏空的迹象。

一对一无形斩面授学员曾晓伟：

涨幅前列的品种一定要形成多头形态。性质是多头，形态是多头，只要有了好的买点，做多盈利的概率就是极大的。但若形成了空头形态，其性质为多头，形态为空头，就产生了矛盾，在这种情况下就不能进行操作。这是我通过学习总结的经验。以前不知道如何应对这种走势，现在明白了，不需要什么应对方法，暂时放弃就可以。

无形：

暂时放弃并不等于今天就不理会它了，还需要时不时地查看一下，毕竟它涨幅第一的地位未变。对于此时的走势，只能等待它形成符合操作要求的技术形态。要么是价格在均价线上方形成抄底形态，要么是价格向上形成突破。在之前一直说的低点抬高的做多形态未形成之前，没有任何办法进行操作。

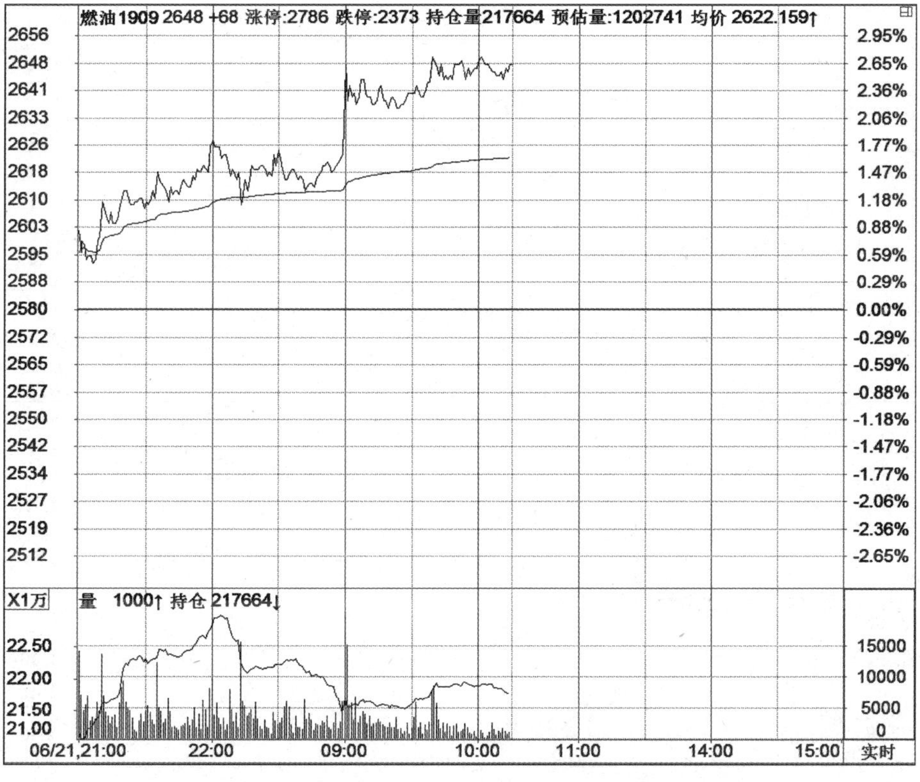

图12－7　燃油1909合约2019年6月24日走势图

在图12－7中，燃油的价格在突破了早开盘的高点之后，一直在此高点上方震荡。这种形态说明前高点支撑有效，是价格将会继续上涨的信号。那么该如何判断未来的上涨性质呢？

一对一无形斩面授学员曾晓伟：

价格后期震荡上涨的可能性较大，就像夜盘那样，主要原因就是成交量没有放大。在没有大量资金推动的情况下，价格不太容易快速上涨。

无形：

因为价格的形态属于继续看涨的形态，并且在调整过程中还形成了低点抬高的迹象，当前的点位恰好就是开仓的位置。只不过在这个点位做多之后，需要持仓一段时间才可以获得不错的盈利。判断未来价格有可能上涨，对于持仓会有很大的帮助，能够提前知道大致需要持仓多久，从而在面对价格曲折震荡的时候，不会过于着急。

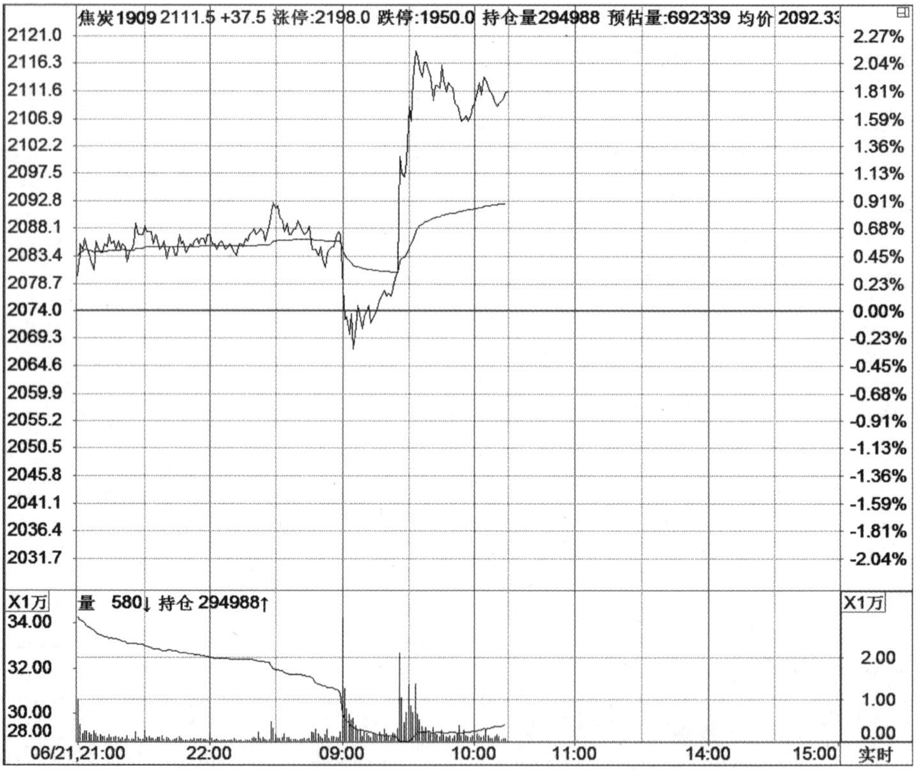

图 12－8　焦炭 1909 合约 2019 年 6 月 24 日走势图

在图 12－8 中，焦炭早开盘时与铁矿、焦煤一样，都是空头性质的，之后价格突然出现了快速上涨的走势。这一期间热卷与螺纹并没有发力上涨，所以，焦炭上涨的原因是无法从技术上找到确切答案的，只能说可能是受到了热卷与螺纹的带动。面对此时的波动，又该如何制订交易计划呢？

一对一无形斩面授学员曾晓伟：

从盘面的走势来讲，黑色系板块出现了明显的分化，这并不是产生大行情的环境。历史上，黑色系板块大涨的时候，都是集体上行的。因此，要给焦炭进一步的上涨空间打上一个问号。但焦炭由于此时调整的幅度较小，并且形成了低点抬高的迹象，因此，当价格有突破当前高点的迹象的时候，可以对它进行做多操作。

无形：

焦炭其实是黑色系板块中波动最活跃的品种，因为这个属性，所以对它进行突破操作是正确的。而当前的形态也的确是低点抬高且面临突破。除了做突破，逢低做多也可以。当前的走势恰好在买点附近，与前低点离得并不远，就算形态失败风险也不大。始终对这些小亏损形态进行操作，才可以真正实现较大的盈亏比。

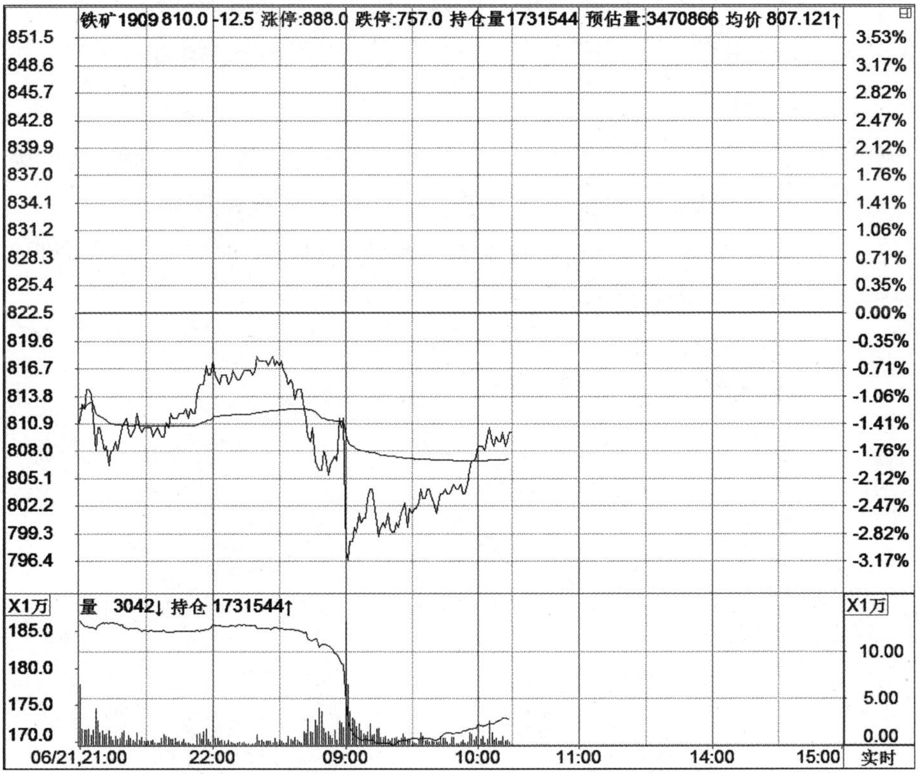

图12－9　铁矿1909合约2019年6月24日走势图

在图 12－9 中，上午开盘之后，铁矿虽然价格反弹到位，但由于热卷与螺纹大幅上涨，因此，对铁矿做空的操作必须谨慎。从现在的走势来看，这个思路是完全正确的，这也是面对板块分化时经常使用的思路。如果开盘后热卷与螺纹的价格下跌了，并未保持上涨，又该如何操作呢？

一对一无形斩面授学员曾晓伟：

涨幅靠前品种的多头力量消失，就迎来了做空的好机会。这个市场上要么多头发力整体上涨，要么谁都没劲保持不动，要么空头力量压过多头产生下跌。所以，当热卷与螺纹的价格不上涨并且开始下跌时，自然就要在铁矿身上寻找机会了。

无形：

铁矿价格目前位于均价线上方，价格的波动虽然形成了多头的态势，但它却是跌幅第一的空方龙头品种，做多肯定轮不到它，毕竟还有涨幅第一、第二的热卷与螺纹摆在那里。所以，铁矿目前的走势只能看不能操作，等分时线跑到均价线下方，并且热卷与螺纹有下跌迹象时，才可以对它进行做空操作。

在图 12－10 中，到了中午，盘面的情况就比较尴尬了：上涨品种的涨幅不再扩大，下跌品种的跌幅也没有扩大。这种情况说明多空双方处于“停火”的状态。此时，持仓的投资者可能比较难受，但对于空仓的投资者来说，却是选择交易机会的大好时机。

序	代码	名称	最新	涨跌	↓涨幅
1	hc1910	热卷1910	3865	156	4.21%
2	rb1910	螺纹1910	3929	113	2.96%
3	fu1909	燃油1909	2647	67	2.60%
4	sc1908	原油1908	445.6	7.4	1.69%
5	eg1909	乙二醇1909	4538	69	1.54%
6	l1909	塑料1909	7825	85	1.10%
7	ZC909	动煤1909	608.2	6.4	1.06%
8	AP910	苹果1910	9126	89	0.98%
9	RM909	菜粕1909	2560	24	0.95%
10	sp1909	纸浆1909	4558	42	0.93%
11	au1912	黄金1912	316.20	2.85	0.91%
12	v1909	PVC 1909	6850	60	0.88%
13	m1909	豆粕1909	2913	17	0.59%
14	TA909	PTA 1909	5622	26	0.46%
15	CJ912	红枣1912	10440	40	0.38%
16	pp1909	PP1909	8346	29	0.35%
17	OI909	菜油1909	6922	24	0.35%
18	j1909	焦炭1909	2080.5	6.5	0.31%
19	bu1912	沥青1912	3042	4	0.13%
20	MA909	甲醇1909	2405	1	0.04%
21	ag1912	白银1912	3726	0	0.00%
22	SM909	锰硅1909	7596	0	0.00%
23	cu1908	沪铜1908	46860	-30	-0.06%
24	zn1908	沪锌1908	19590	-70	-0.36%
25	CF909	棉花1909	13600	-85	-0.62%
26	y1909	豆油1909	5396	-36	-0.66%
27	a1909	豆一1909	3437	-23	-0.66%
28	ni1908	沪镍1908	98510	-690	-0.70%
29	p1909	棕榈1909	4308	-32	-0.74%
30	SF909	硅铁1909	6054	-50	-0.82%
31	jd1909	鸡蛋1909	4428	-37	-0.83%
32	jm1909	焦煤1909	1374.0	-14.5	-1.04%
33	SR909	白糖1909	5017	-64	-1.26%
34	ru1909	橡胶1909	11580	-175	-1.49%
35	i1909	铁矿1909	805.0	-17.5	-2.13%

图 12－10　2019 年 6 月 24 日 13:30 涨跌排行榜

一对一无形斩面授学员曾晓伟：

涨跌幅扩大时，可以持仓等着盈利，或是寻找突破的交易机会，因为此时没有逢低做多的交易机会。而当涨跌幅没有变化时，则可以寻找新的交易机会，此时，突破和逢低做多的机会都可以被找到。

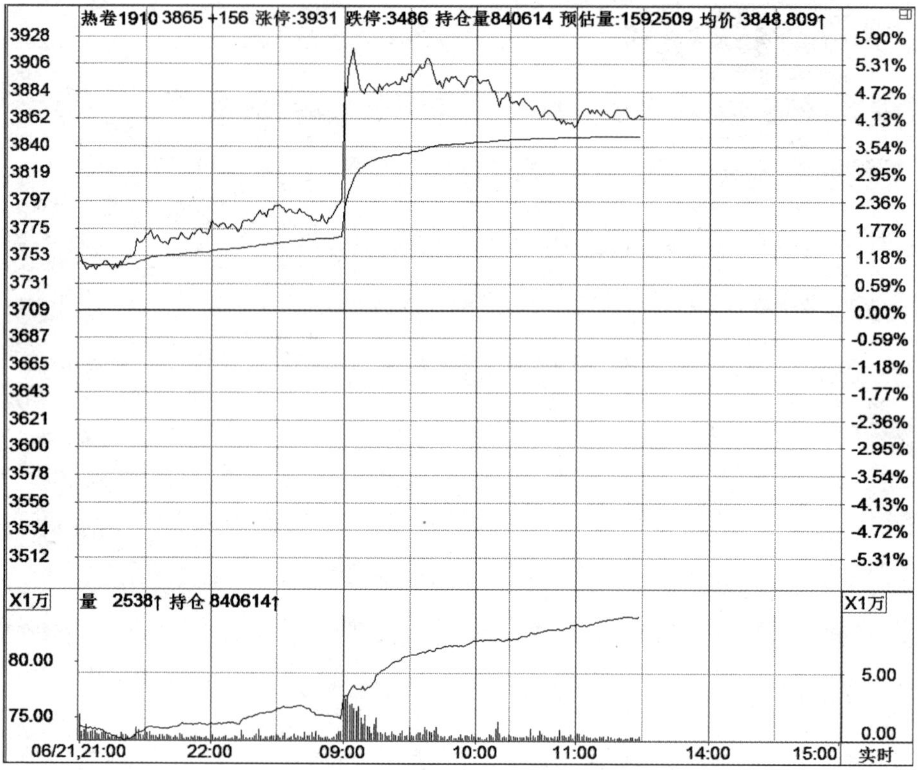

图 12－11　热卷 1910 合约 2019 年 6 月 24 日走势图

无形：

在图 12－11 中，热卷的价格在开盘快速上冲之后形成了长时间的调整。从时间的角度来讲，调整到位了；从幅度的角度来讲，价格也差不多调整到了高开缺口的 1/2 处，并且始终保持在均价线上方。无论是时间还是空间都已到位，接下来就是看价格的走势有没有形成符合要求的买点形态。

一对一无形斩面授学员曾晓伟：

下午开盘时，买点形成了，一开盘便可以直接入场操作，仍然是无比经典的低点抬高形态。

无形：

充分调整之后，价格形成了后一个低点高于前一个低点的走势。在均价线上方形成这种走势便意味着多头买点形态确立了。分时线在均价线上方为多头性质的波动，它提示的是性质，而低点抬高则是多头形态本身的外在表现，因此，完全有技术理由做多。入场之后，价格跌破前低点则小亏出局，未跌破便可继续持仓。开仓之后只有一件事可做，就是盯住止损点位。

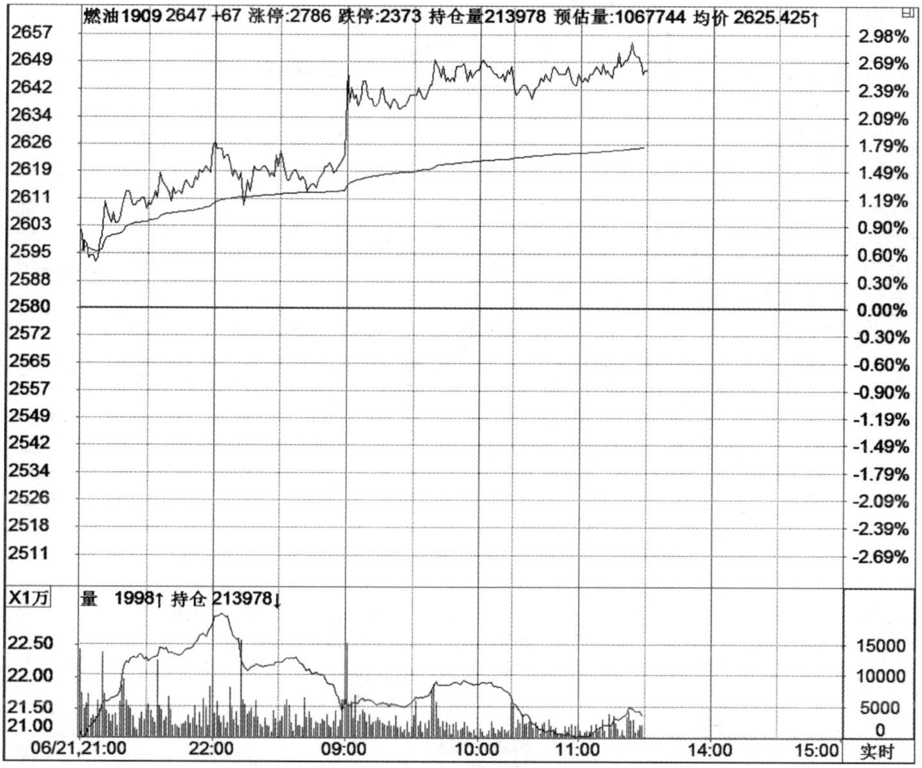

图 12－12　燃油 1909 合约 2019 年 6 月 24 日走势图

在图 12－12 中，燃油的价格在成交量非常低迷的情况下，果然出现了震荡式的上涨。受板块集体上涨的影响，价格不断上行，但又受资金入场数量不多的影响，价格涨幅有限。只要后期的成交量一直保持这种状况，便难以出现强劲的上涨行情。

一对一无形斩面授学员曾晓伟：

从价格整体的波动重心来看，可以画出一条斜率平缓的上升趋势线，价格围绕上升趋势线上下震荡。目前又出现了低点抬高的迹象，因此恰是一个买点，同样可以开盘便介入。

无形：

若是在中午收盘后发现价格形成了买点，则可以分配一下仓位，燃油与热卷各买一些。若是同一时间有多个品种形成了入场的信号，就只能分仓去操作了。最终谁形态失败便对谁进行止损，谁形态完好便一路持仓。因为燃油与热卷的成交量都是缩量状态，所以入场后不宜有过高的收益预期。

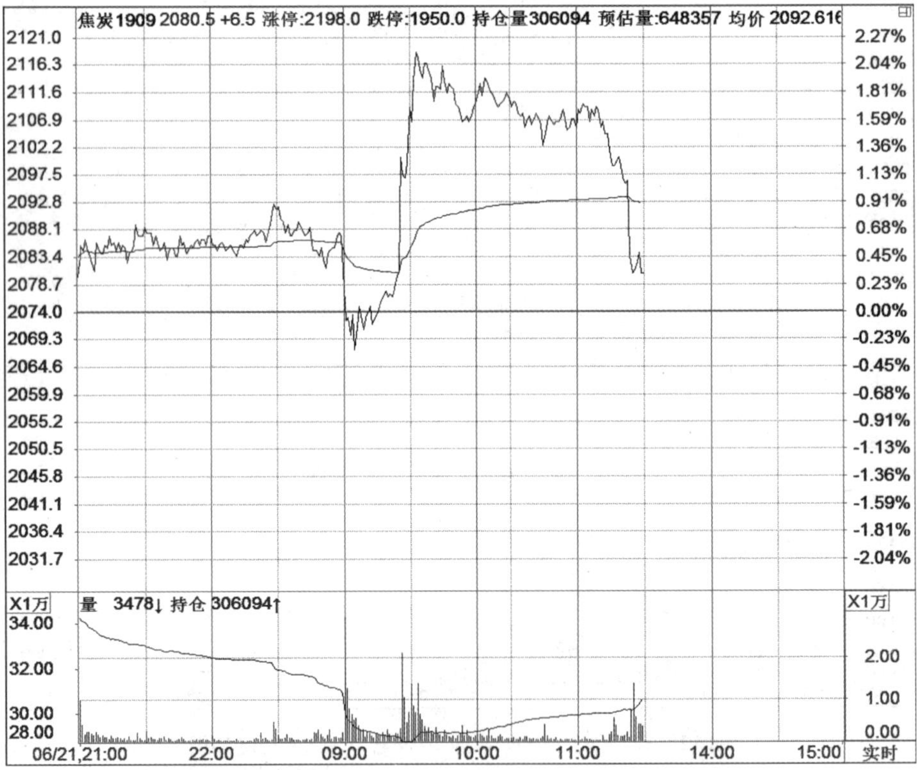

图 12－13　焦炭 1909 合约 2019 年 6 月 24 日走势图

在图 12－13 中，焦炭在调整过程中形成了低点不断降低的走势，这就使得之前在低点抬高处入场的多单需要止损出局。同时，之前预期的突破走势没有出现。现在价格刚刚跌破小的低点形成了突破的走势，价格快速跌破了均价线，可以找机会入场做空吗？

一对一无形斩面授学员曾晓伟：

不可以入场做空。技术形态的确是跌破了小低点并且开盘便可以入场，但是，它当前保持的是上涨的状态，而非下跌的状态。形态虽然符合做空的要求，但性质却并不符合。真要做空也应当盯着跌幅第一的铁矿或是形成实际跌幅的焦煤，焦炭从下跌幅度上来讲并不是好的选择。

无形：

如果仅关注焦炭，一开盘便可以操作，这是正确的。但结合整体盘面，它就变得不可以操作了。之前结合盘面进行分析，就是为了获得更加

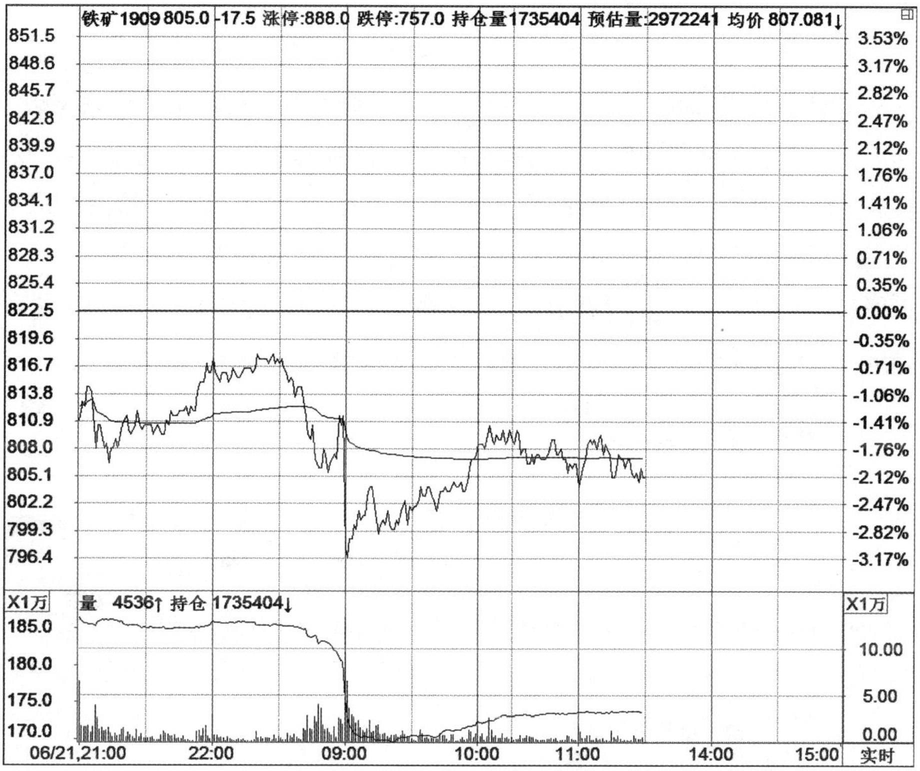

图 12－14　铁矿 1909 合约 2019 年 6 月 24 日走势图

可靠的交易机会，其中也必然会放跑一些机会。但相比之下，宁愿机会少一些，但形态确定性更大，也不要存疑的走势，唯有这样才可以使操作的稳定性提高。焦炭至此，放弃就可以了。

在图 12－14 中，铁矿的价格站上均价线上方之后出现了长时间的震荡走势。跌吧，受到热卷与铁矿上涨的影响，没有机会；涨吧，它又是跌幅第一的品种，同时成交量低迷没有资金积极入场推动。所以，铁矿的价格

只能围绕均价线震荡。铁矿的价格正要跌破 11:00 的低点，若形成突破，可以操作吗？

一对一无形斩面授学员曾晓伟：

若跌破前低点，的确可以操作，因为它跌幅第一，并且当前分时线位于均价线下方。只不过铁矿价格波动曲折，所以，对它进行逢高做空操作效果比较好，进行突破操作的话，相比于“生性活泼”的品种，效果要差一些。

无形：

“生性活泼”的品种，它们的涨跌往往干脆利落，所以最适合做突破，如沪镍、PP、苹果与原油；而有些品种因为价格低、整体波动空间窄，所以波动的时候较为曲折，如铁矿、玉米。举个例子，苹果当前的报价是 1 万多元每吨，铁矿则是 800 多元每吨，谁波动 50 个最小变动价位（50 跳）更容易？苹果两三根 K 线就能达到 50 跳了，但铁矿却要费很大的劲才有

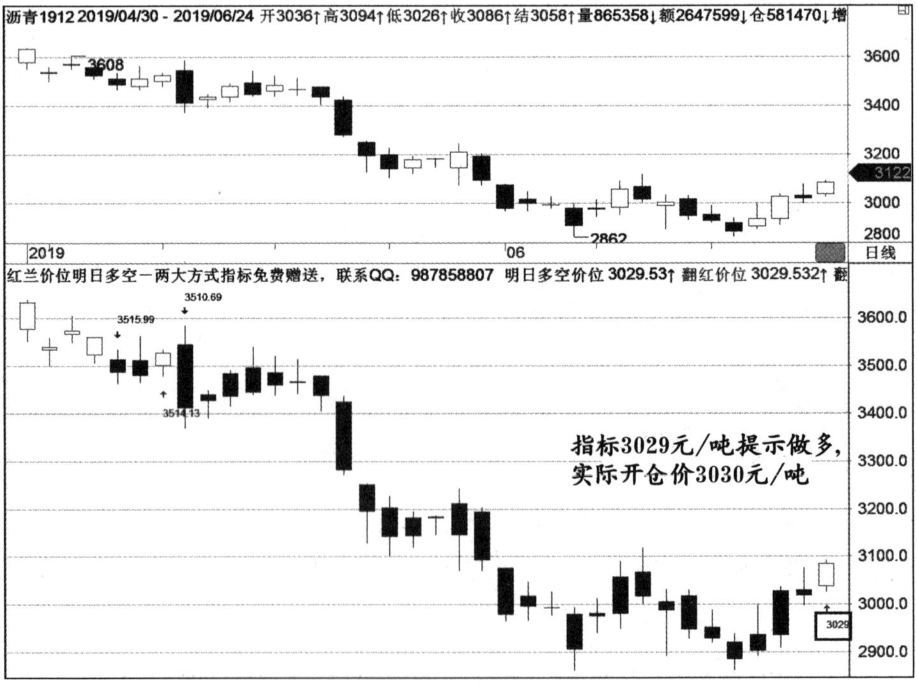

图 12 −15　沥青 1912 合约 2019 年 6 月 24 日日 K 线走势图

可能达到。50 跳已算是一波很大的日内行情了，除了跳极端情况，铁矿身上基本上不会出现两三根 K 线就能有几十跳的走势。

抛开均价线来看，铁矿形成了高点降低的走势，可惜的是这些高点并没有位于均价线下方，而是围绕着均价线，所以，形态虽好，但位置不对，无法操作。

在图 12－15 中，沥青 1912 合约日 K 线当天盘中发出了做多的信号，趋势监控指标于低位形成空心翻红的买点，指标提示的价格为 3029 元/吨，取整数 3030 元/吨为实际买入价位。大家可以关注这个品种做多的机会。若需要了解当前某个品种的多空状态，可随时与我们进行交流，以便为您的操作提供帮助。

第13章 2019年6月28日实盘解析：板块崩析终同路

无形：

分化市场常见，板块分化市场也常见。板块分化市场的操作难度较大，它不像单纯的分化市场，虽然有涨有跌，但涨的品种是一个板块，跌的品种也是一个板块，上涨的品种不会对下跌的品种产生影响，下跌的品种也不会影响上涨的品种，相安无事。在这种情况下，把整个市场一分为二操作即可，涨的品种运用多头思路操作，跌的品种运用空头思路操作。

一对一无形斩面授学员林详举：

板块分化市场不太容易操作的原因就是独立性差。如果是农产品板块上涨，能源化工板块下跌，从属性上来讲两者的直接联系并不密切，所以，你涨你的，我跌我的。但如果同一个板块中的品种出现分化，因为品种之间的关系极为密切，所以，上涨的品种随时可能把下跌的品种带起来，下跌的品种也随时可能把上涨的品种拉下去，从而加大了操作的难度。其难度在于，不能提前知道什么时候会出现影响，可能持续分化互不影响，也可能只能保持一会儿的分化。

无形：

在互不干扰的分化市场中，可以使用“跷跷板”的方法进行操作。其原理是：上涨或下跌的走势在同一时间往往只能形成一种，要么上涨要么下跌，而不会形成上涨与下跌共存的走势。上涨走势出现时，下跌的品种会处于“蛰伏”状态，虽然不一定跟着涨，但肯定不会下跌。当上涨的品种涨到尾声的时候，下跌品种就会开始发力下跌。而受到上涨品种自身调整与下跌品种下跌的影响，此时上涨品种不会继续上涨，但强势品种也不会下跌，而是会如同刚才的空头品种一样进入“蛰伏”状态。利用这种效应，投资者便可以在标准分化市场中两头操作：涨完了就去找跌幅靠前的品种做空，跌完了就去找涨幅居前的品种做多。如此一来，虽然多数情况下分化市场的涨跌幅度不会很大，但收益与单边的多头或空头盘面相比并不见得会少。

而在板块分化市场中，虽然有时候也可以利用这一效应进行操作，但实际效果却要差不少，因为不一定什么时候，下跌的品种就把上涨的品种拉下来了。今天的盘面就出现了这种情况，我们一起来再度学习一下。

序	代码	名称	最新	涨跌	↓涨幅
1	fu1909	燃油1909	2775	51	1.87%
2	i1909	铁矿1909	835.0	13.5	1.64%
3	TA909	PTA 1909	6030	80	1.34%
4	SR909	白糖1909	5046	63	1.26%
5	ni1908	沪镍1908	102020	930	0.92%
6	au1912	黄金1912	318.80	2.00	0.63%
7	jm1909	焦煤1909	1391.0	8.0	0.58%
8	AP910	苹果1910	9309	45	0.49%
9	rb1910	螺纹1910	4052	17	0.42%
10	OI909	菜油1909	6912	28	0.41%
11	ZC909	动煤1909	598.8	1.6	0.27%
12	bu1912	沥青1912	3142	6	0.19%
13	CJ912	红枣1912	10580	20	0.19%
14	a1909	豆一1909	3436	6	0.17%
15	hc1910	热卷1910	3945	5	0.13%
16	y1909	豆油1909	5402	4	0.07%
17	p1909	棕榈1909	4284	2	0.05%
18	ag1912	白银1912	3708	1	0.03%
19	cu1908	沪铜1908	47070	-30	-0.06%
20	v1909	PVC 1909	6820	-5	-0.07%
21	m1909	豆粕1909	2877	-7	-0.24%
22	jd1909	鸡蛋1909	4330	-12	-0.28%
23	sc1908	原油1908	449.6	-1.4	-0.31%
24	pp1909	PP1909	8405	-34	-0.40%
25	l1909	塑料1909	7860	-35	-0.44%
26	zn1908	沪锌1908	19895	-95	-0.48%
27	SM909	锰硅1909	7784	-54	-0.69%
28	ru1909	橡胶1909	11550	-95	-0.82%
29	RM909	菜粕1909	2552	-21	-0.82%
30	sp1909	纸浆1909	4520	-40	-0.88%
31	eg1909	乙二醇1909	4484	-44	-0.97%
32	CF909	棉花1909	13780	-165	-1.18%
33	j1909	焦炭1909	2069.5	-25.5	-1.22%
34	SF909	硅铁1909	6152	-112	-1.79%
35	MA909	甲醇1909	2310	-43	-1.83%

图 13－1　2019 年 6 月 28 日 09:05 涨跌排行榜

在图 13－1 中，从开盘后的数据来看，又见到了“老朋友”：分化市。随着交易品种、产业品种的不断增多，分化将会是未来较为常见的多空盘面现象。不掌握分化市场的操作方法，就必然会在分化市场中遭遇亏损。

再重复一下分化盘面的特点吧。

一对一无形斩面授学员林详举：

首先看涨跌家数，因为分化盘面最大的特点就是涨跌家数基本一致。上涨18家、下跌17家，典型的分化市场状态。其次看幅度。多数情况下分化盘面上涨的幅度与下跌的幅度都不会太大，否则行情就会呈现一边倒的局面了。最后看板块效应。今天上涨前五名的品种板块效应并不明显，没有抱团的现象，而下跌前五名的品种也没有形成明显的板块结构，这就意味着当天的操作会有一些难度。

无形：

从盘面的情况来看，上涨品种中的燃油、PTA与下跌品种中的甲醇，同属能源化工板块，因此，增加了对该板块操作的难度。但请记住，只是增加了一些难度，并不意味着它们不能操作。可以同时盯着涨幅第一的燃

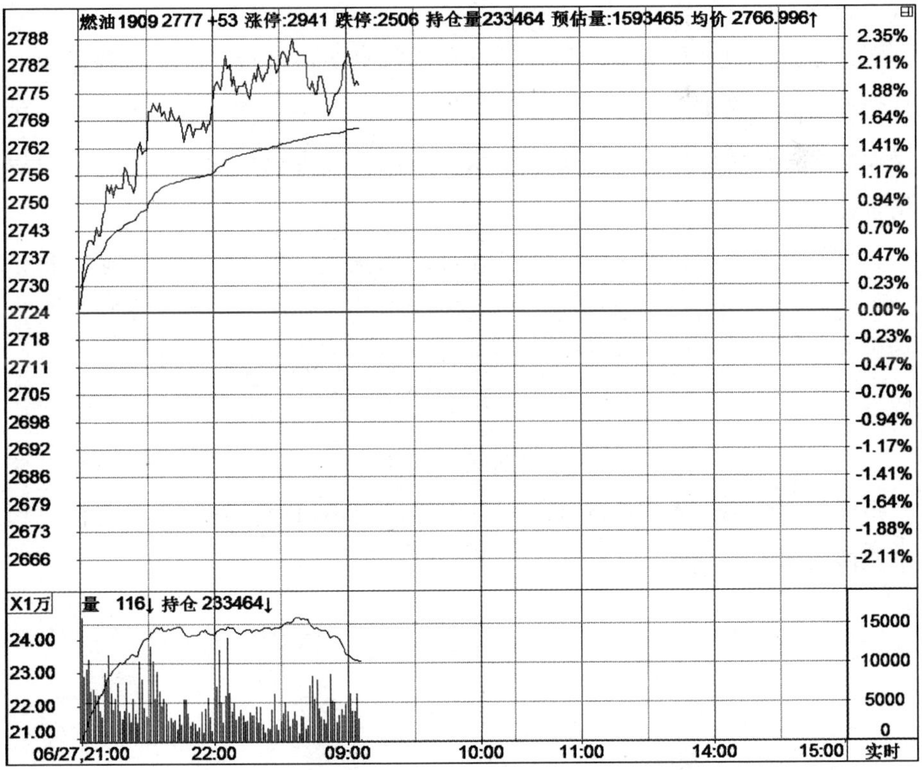

图13－2 燃油1909合约2019年6月28日走势图

油和跌幅第一的甲醇，谁有形态就对谁进行操作。只不过操作时一定要注意，若是做多，一旦发现甲醇有放量下跌的迹象时就要小心，若是做空，一旦发现燃油有放量上涨的迹象时就要做好随时平仓的准备。两虎相争，就看谁取胜吧。

在图 13 –2 中，燃油的走势在夜盘期间表现较好，成交量也出现了有规律放大的迹象。燃油的价格在夜盘上涨过程中都形成了哪些介入点？

一对一无形斩面授学员林详举：

上涨过程中出现过小幅度调整的走势，这带来了突破的操作机会。在价格创新高时入场做多，然后拿这些小幅度调整形态的低点作为止损。21:50左右，形成了一个规模略大的调整低点，提供了逢低做多的机会。当然，在分时图中可能看得不太明显，若看 1 分钟 K 线图并结合布林线指标，就可以看得非常清楚了。

无形：

这是最常见的两大技术形态。夜盘临收盘前还形成了一个规模略大并且形态较为复杂的低点抬高形态，与你说的低点结合在一起，这是第三种操作形态。只不过因为整体形态复杂，所以，既可以单独来看它，也可以结合在一起分析。

日开盘后，价格留下了一个小高点，也就可以确定操作机会了。价格向上突破高点则可以突破做多；若未形成突破，则可以根据价格后期具体的调整形态逢低做多。而目前的走势只能是等待，或是夜盘开仓后继续持仓。

在图 13 –3 中，白糖在夜盘期间，前半个小时的走势不错，价格调整的幅度都比较小，用突破的方法便可以抓住交易机会。在之后的震荡过程中又该如何操作呢？

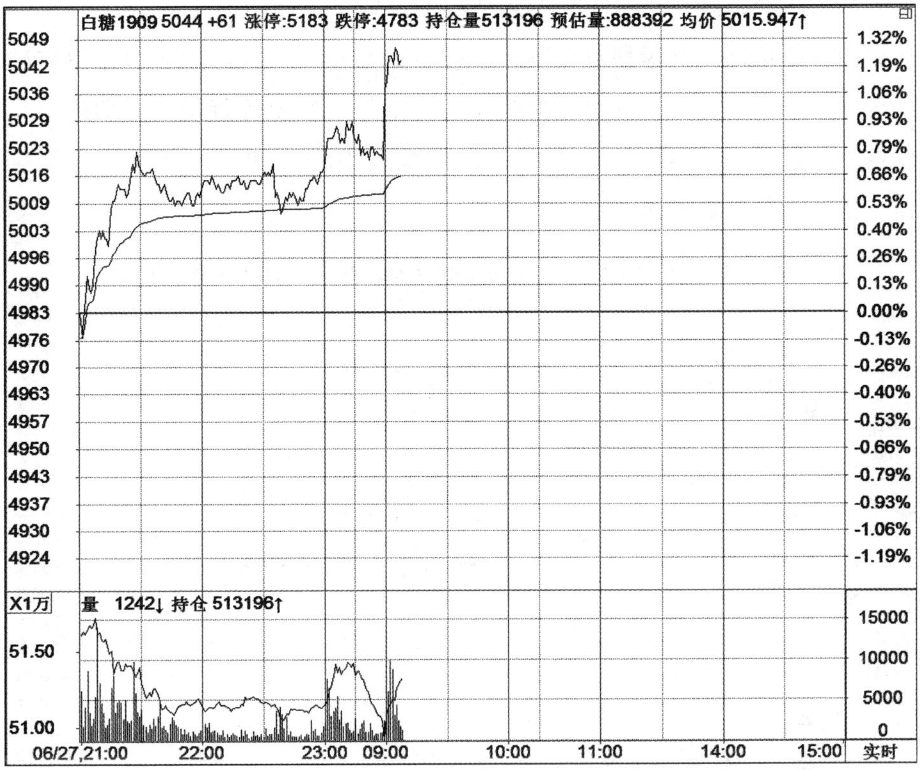

图 13－3　白糖 1909 合约 2019 年 6 月 28 日走势图

一对一无形斩面授学员林详举：

夜盘21:30之后的走势增加了交易的难度，因为技术形态都非常不标准。22:00的调整低点是一个重要的逢低做多的点位，开仓形态非常好，但在后面的走势却考验了持仓的技术。如果投资者的持仓细节没有处理好，则很容易被随后的一波放量调整“清理”出去。同时，22:00的调整低点虽然得到了均价线的支撑，但由于成交量有所放大，也不满足操作要求，因此，无法在这个点位进行逢低做多的操作。夜盘收盘前白糖的价格形成了另一个逢低做多的形态，但因为马上就要收盘，在日内操作中应该放弃。

无形：

白糖的走势的确如此，留下了一个逢低做多的机会之后，后两次的机会都不是太好，要么量能不符合要求，要么时间不符合，因此都需要放弃。这个市场就是这样，一定要懂得放弃，越懂得放弃的投资者越可以把握更多的机会，越是什么机会都想抓住的，资金反而越少。

白糖的价格一开盘便直接跳过了夜盘的高点，这样的走势也使得突破无法进行。手中有单子的可以继续持有，空仓的便要等待价格后期进一步调整再作打算。小调整便做突破，调整幅度大一些便进行逢低做多的操作，依然是两种老思路。

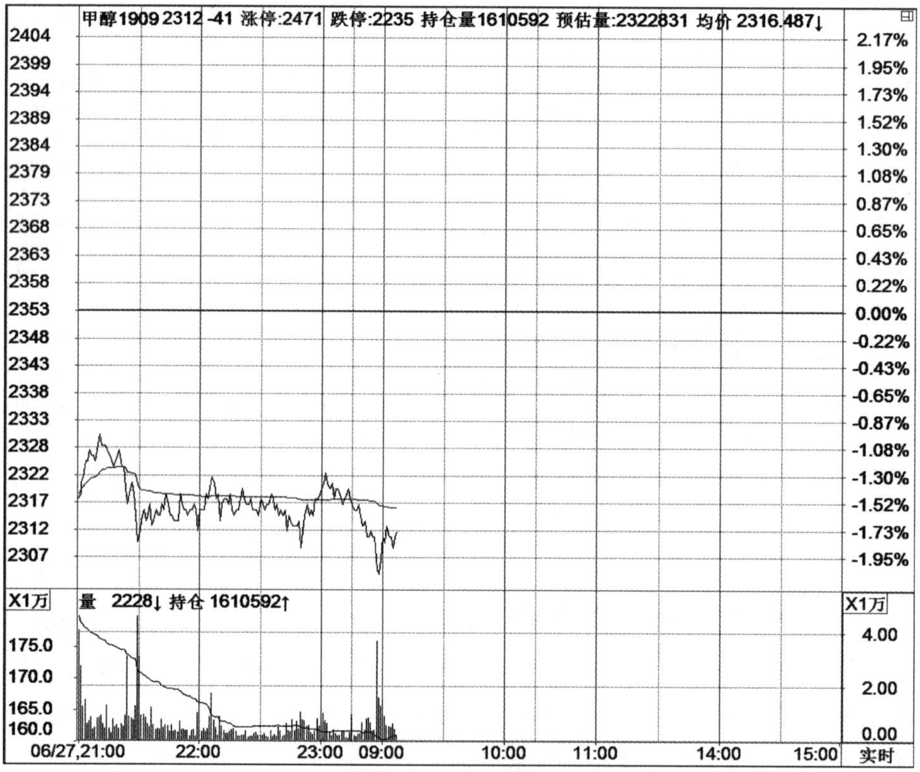

图 13－4 甲醇 1909 合约 2019 年 6 月 28 日走势图

在图 13－4 中，甲醇在夜盘的走势曲曲折折。分时线整体并没有长时间位于均价线下方，并且均价线在夜盘期间始终保持着水平波动的态势，这就使22:50那一次创新低的走势变成了假突破，入场做空的投资者都需要止损。而日开盘之后，价格形成了反弹，此时又该如何作打算呢?

一对一无形斩面授学员林详举：

因为分时线离均价线较近，若价格受到多方的带动向上突破均价线，则要暂时放弃对甲醇的操作。而如果甲醇的分时线始终位于均价线下方，则要等待形成高点降低形态时再进行做空操作。一是因为盘面是分化市，板块也形成了分化，二是因为当前的涨跌幅都不大，再加上夜盘那次假突破，因此，便不太好预期突破的操作了。

无形：

因为甲醇是跌幅第一的品种，所以，要做好对它做空的准备。但由于能源化工板块形成了分化的走势，因此又需要随时小心多头对它的带动。多头要防止被甲醇拉下来，甲醇也要防止被燃油拉上去，相互提防。考虑到整体盘面的因素，在燃油与PTA没有同步下跌的情况下，甲醇的确不太适合进行突破操作。

图13－5 棉花1909合约2019年6月28日走势图

棉花跌幅靠前，但在图13－5中，分时线却在均价线上方运行，面对这种走势该如何操作？

一对一无形斩面授学员林详举：

跌幅靠前说明它的波动属性为空，应当进行空单的操作；分时线位于均价线上方，说明价格的技术形态为多，应当留意做多的机会。由此，矛盾就出现了。面对矛盾的走势，应当放弃对棉花的操作，或是等待棉花的价格重新跌回均价线下方后，再寻找机会进行交易。

无形：

既然分时线在均价线上方，为什么不对棉花进行做多操作呢？这是因为棉花是跌幅居前的品种，而不是涨幅居前的品种。若要做多，还有那些涨幅靠前的品种，轮不着对棉花这个跌幅靠前的品种进行操作。所以，只能盯着棉花的空单，除非它逆袭到了涨幅前列。

在图 13－6 中，经过一个多小时的波动之后，情况发生了一些变化：下跌的家数悄然增多。这种盘面状态是分化市向空头市场行进的状态。这一变化通常是一个怎样的过程呢？

一对一无形斩面授学员林详举：

先是涨幅居前的品种停止上涨，之后下跌的品种开始领跌。这一点从甲醇身上便可以看到，它的跌幅明显变大了，并且将乙二醇的价格也带了下来。下跌品种跌幅加大，其他品种也随之下跌。当然，跟风品种的跌幅并不一定很大，那些涨幅很小的品种经过空方的带动价格有所下跌，从而使得下跌品种的数量多了起来。只不过当前市场还没有完全转变为空头市场，而是正在演变之中。

无形：

市场的多空转变肯定要一头停止、另一头发力才可以完成，不会两头同时发力，因此，在操作时，一定要只对一个方向进行操作。如果市场彻底由分化市转变为空头市场，就要坚定地进行做空操作。而如果下跌家数并不是很多，下跌只是由几个跌幅极小的品种引起的，那么一旦下跌停止便可以利用“跷跷板效应”再从涨幅居前的品种中寻找“战机”。就当前的形势而言，甲醇也跌得不少，但对整体能源化工板块的带动作用不强。从历史数据来看，这种情况往往都难以成气候，很可能甲醇 3.5% 的跌幅就是当天一个低点区域了，除非能源化工板块品种集体下挫。

序	代码	名称	最新	涨跌	↓涨幅
1	i1909	铁矿1909	836.5	15.0	1.83%
2	fu1909	燃油1909	2773	49	1.80%
3	au1912	黄金1912	320.05	3.25	1.03%
4	TA909	PTA 1909	6004	54	0.91%
5	ni1908	沪镍1908	101940	850	0.84%
6	SR909	白糖1909	5016	33	0.66%
7	ZC909	动煤1909	600.8	3.6	0.60%
8	OI909	菜油1909	6912	28	0.41%
9	AP910	苹果1910	9286	22	0.24%
10	jm1909	焦煤1909	1386.0	3.0	0.22%
11	ag1912	白银1912	3712	5	0.13%
12	a1909	豆一1909	3432	2	0.06%
13	cu1908	沪铜1908	47110	10	0.02%
14	p1909	棕榈1909	4280	-2	-0.05%
15	rb1910	螺纹1910	4033	-2	-0.05%
16	y1909	豆油1909	5394	-4	-0.07%
17	jd1909	鸡蛋1909	4337	-5	-0.12%
18	m1909	豆粕1909	2878	-6	-0.21%
19	hc1910	热卷1910	3931	-9	-0.23%
20	CJ912	红枣1912	10520	-40	-0.38%
21	RM909	菜粕1909	2561	-12	-0.47%
22	bu1912	沥青1912	3120	-16	-0.51%
23	sc1908	原油1908	448.5	-2.5	-0.55%
24	zn1908	沪锌1908	19875	-115	-0.58%
25	sp1909	纸浆1909	4518	-42	-0.92%
26	v1909	PVC 1909	6750	-75	-1.10%
27	pp1909	PP1909	8344	-95	-1.13%
28	l1909	塑料1909	7800	-95	-1.20%
29	CF909	棉花1909	13770	-175	-1.25%
30	SF909	硅铁1909	6180	-84	-1.34%
31	j1909	焦炭1909	2062.0	-33.0	-1.58%
32	SM909	锰硅1909	7714	-124	-1.58%
33	ru1909	橡胶1909	11400	-245	-2.10%
34	eg1909	乙二醇1909	4414	-114	-2.52%
35	MA909	甲醇1909	2273	-80	-3.40%

图 13－6　2019 年 6 月 28 日 10:30 涨跌排行榜

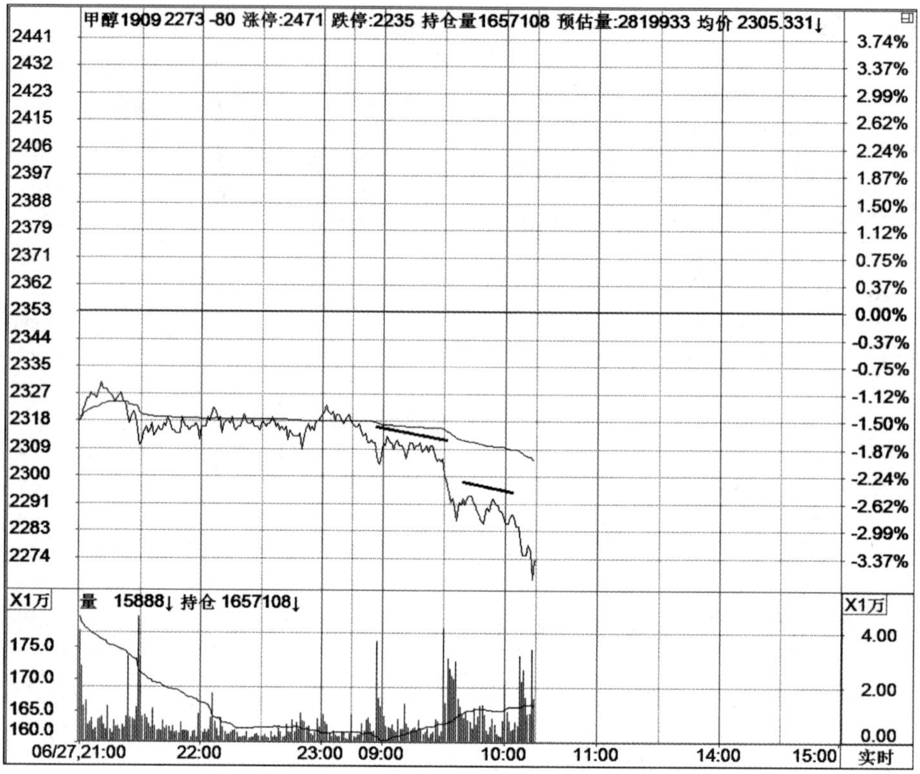

图 13－7　甲醇 1909 合约 2019 年 6 月 28 日走势图

在图 13－7 中，甲醇在这一个小时里出现了非常漂亮的下跌形态，给出的介入点也非常标准，这样的走势堪称经典，它有着怎样的技术特征呢？

一对一无形斩面授学员林详举：

价格下跌的时候成交量出现了放大的迹象，说明资金在场中做空的积极性非常高。有资金积极介入，价格也就有了足够的动力连续下跌。早开盘时，分时线在波动的时候便形成了低点降低的走势，这种走势在预期之中，是能够入场做空抓住后续价格下跌带来的盈利机会的。而且价格在下跌中途反弹的过程中，再度形成了高点降低的迹象，说明多方的力量依然比较弱，价格继续下跌的概率是比较大的，需要继续耐心持仓。

无形：

从反弹的幅度来看，每一次反弹的幅度都不大，直接说明了多方力量的虚弱。在空强多弱的情况下，自然要在有盈利作保护的时候放胆持仓。当然，在价格跌了3.37%的时候也要小心，因为整体盘面与能源化工板块配合得不太好，这样的跌幅能否继续扩大不得而知。从历史的经验来看，跌幅进一步扩大的概率并不大。因此，持仓的话可以考虑找机会减仓。若是空仓状态，就只能在价格有了像样的反弹之后再找机会入场做空。跌幅第一的品种，就算形成了反弹，也是不能入场做多的。

图13－8　乙二醇1909合约2019年6月28日走势图

在图13－8中，乙二醇除了日开盘后的第一个和第二个反弹高点，下跌的中途便没有了好的逢高做空的机会。在实战操作时，投资者一定要学会两种操盘方法：逢高做空（逢低做多）和突破。反弹幅度或调整幅度小的就做突破，因为价格不会提供好的高低点机会；调整幅度或反弹幅度大一些的，多头趋势就逢低做多，空头趋势就逢高做空。其中，突破比较简单，主要涉及开仓之后的各项细节，谁处理得好，谁就越容易得到大的盈亏比。一直和大家强调的就是寻找小的反弹形态，这样盈亏比才大，因为常规的操作方法就是用反弹高点止损。除此之外就是突破之后的持仓问题，谁的持仓方法越好、策略越齐全，谁就越能抓住大波段。逢高做空（逢低做多）的机会更多，但操作难度略大，因为涉及开仓高低点的选择、止损等细节，所以，这是投资者最需要花精力学习的。

一对一无形斩面授学员林详举：

反弹幅度大就等高点做空，反弹幅度小就不要等了，而要守着突破点。经过无形老师一对一制订的实战训练计划，现在这两项常用的操盘手法我已经没有任何问题了。您教过我们，当价格出现反弹的时候，直接在突破点画线下单或挂条件单都是可以的。如果反弹幅度小，价格很快又跌了下来，就直接自动开仓了；若反弹幅度大，在高点完成了开仓操作，即使形成了突破也没有资金开仓，就算自动撤单了。

无形：

突破与逢高做空操作的不同之处就在于：逢高做空需要随时关注价格的波动，因为并不能提前知道高点在哪里出现、在什么情况下出现，要跟踪才行；而突破的开仓点则是“死”的，今天没有形成突破，明天突破点照样还会生效，因此可以在价格下跌并出现反弹之后提前挂单。

像乙二醇在09:40左右的反弹就属于小反弹。在创新低的点位开空单，在反弹高点止损，且不说赚多少钱，大的亏损是绝对不会出现的。相比后面的下跌，1:5的盈亏比就这样做出来了。所以说，在恰当的位置以小亏损为代价的操作才是唯一的盈利之路。盈利只与盈亏比有关，与成功率无关。

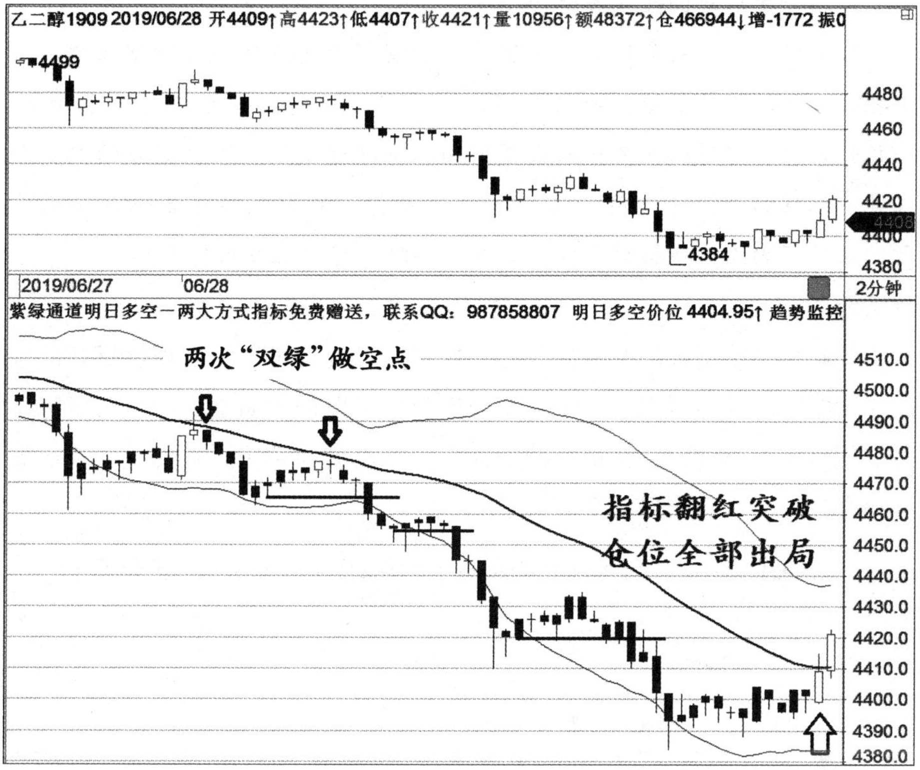

图13－9　乙二醇2019年6月28日2分钟K线走势图

为了更好地学习突破操作，再来看一下图13－9中乙二醇2分钟K线的走势图。对于波动活跃、价位高的品种，如沪镍、PP、苹果来说，使用1分钟K线即可，但对于波动平缓一些的品种，最好选择2分钟及以上周期的K线。从图13－9中可以看到，两处向下的箭头是两次“双绿”卖点，都在价格反弹的高点区间提示了投资者做空。它的信号特征为：趋势监控指标通道中轨全程绿色，保持向下的状态，而后指标K线第一次翻绿。第一次“双绿”卖点实现的盈利不大，但第二次“双绿”卖点就捕捉到了当前的主要下跌波段，下跌过程中指标K线全程实心绿色，一直提示投资者持有空单。

除了“双绿”卖点，还有三次突破的操作机会。那么这三次突破操作该如何下单呢？

一对一无形斩面授学员林详举：

在价格向下跌破前低点的时候，可于创新低的点位进行做空操作，做空之后一直盯着趋势监控指标即可。只要指标保持实心绿色就一直持仓，一旦指标形成空心红色便可以止盈出局。下跌途中第一次做突破的机会如果没有抓住的话，还有第二次、第三次机会，不管在哪个点位入场做突破，在箭头向上处指标形成空心翻红状态时便可以止盈出局了。

无形：

按趋势监控指标的突破战法进行操作，投资者可以不必理会反弹的幅度。大幅度的反弹可以做，小幅度的反弹更可以做，做空之后只要指标不翻红便可以一路持有。在指标的帮助下，交易就简单了，在哪里止损、怎样持仓、何时止盈出局就全知道了。

图 13－10　铁矿 1909 合约 2019 年 6 月 28 日走势图

在图 13－10 中，铁矿的价格在波动过程中只是占了幅度较大的优势，技术形态上没有什么明显的规律。日盘开盘之后价格虽然有突破的形态，但突破之后价格没涨多少便掉了回来。主要是因为铁矿的价格低，涨不了几块钱就算是一个大涨幅，虽然涨幅大但实际波动次数少，所以，形态的完成状态一般。

一对一无形斩面授学员林详举：

价格在波动的时候，分时线一会儿位于均价线上方一会儿又跌下来，多空的性质不稳定。再加上成交量在盘中比较散乱，所以，应当放弃这种品种，转而关注并操作那些分时线持续位于均价线上方的品种。

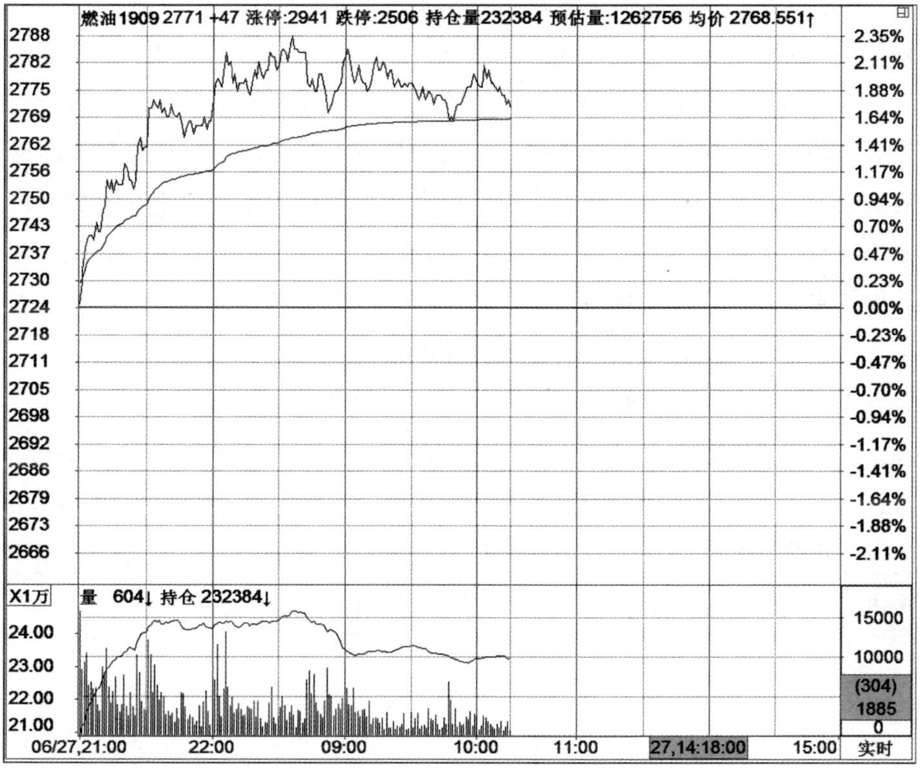

图 13－11　燃油 1909 合约 2019 年 6 月 28 日走势图

无形：

在图 13－11 中，燃油走到了一个关键的点位。从夜盘整体上涨的周期来看，上涨了一个半小时，而从最高点到当前的调整周期来看，调整周期与上涨周期是对等的。这种情况的出现往往意味着从周期的角度来看，调整到位了。再从分时线的形态来看，价格的调整始终位于均价线上方，并且至少当前分时线是高于前低点的。此时该如何制订操作计划？

一对一无形斩面授学员林详举：

若价格在前低点上方稳住，并且出现向上勾头的迹象，根据我学习过的无形斩的方法，此时的波动就是无形斩出现了做多信号，可以入场操作了。而对于没有学习过无形斩的投资者来说，可以把价格高于前低点并且向上勾头的迹象当作入场的信号。

无形：

一旦价格给出这样的交易机会，就坚定入场。但也要考虑到，毕竟跌幅第一的甲醇跌幅不小，之前的“严刑拷打”燃油也算是扛住了，但能不能扛到最后呢？这得画一个问号，但不是重点。在买点形成之后，若形态是成功的，那肯定不会打掉止损位，而如果形态失败，价格就必然会跌破均价线的支撑和前低点。触发止损位也意味着价格想要涨上来是比较困难的。所以，当前应当做好两手准备，一是价格扛住了甲醇下跌的带动，继续保持多头形态，二是价格最终受到甲醇影响而下跌。从价格当前的位置来看，就算形态失败，造成的亏损也并不大。

在图 13 – 12 中，到了下午开盘的时候，涨跌排行榜的数据又出现了问题。下跌的甲醇跌幅没有继续扩大，而是保持在 3.57% 的幅度。这也正常，在没有板块高度配合且板块分化的情况下，这样的跌幅已经够大了。下跌的品种跌幅没有扩大，上涨的品种涨幅也依然如初，但是盘面却由空头占优势变成了标准的分化市。这是什么原因？

序	代码	名称	最新	涨跌	↓涨幅
1	fu1909	燃油1909	2768	44	1.62%
2	i1909	铁矿1909	832.5	11.0	1.34%
3	au1912	黄金1912	319.55	2.75	0.87%
4	ZC909	动煤1909	602.0	4.8	0.80%
5	SR909	白糖1909	5022	39	0.78%
6	ni1908	沪镍1908	101690	600	0.59%
7	jm1909	焦煤1909	1390.0	7.0	0.51%
8	rb1910	螺纹1910	4054	19	0.47%
9	AP910	苹果1910	9307	43	0.46%
10	OI909	菜油1909	6911	27	0.39%
11	a1909	豆一1909	3440	10	0.29%
12	TA909	PTA 1909	5964	14	0.24%
13	hc1910	热卷1910	3948	8	0.20%
14	jd1909	鸡蛋1909	4350	8	0.18%
15	RM909	菜粕1909	2575	2	0.08%
16	m1909	豆粕1909	2885	1	0.03%
17	y1909	豆油1909	5398	0	0.00%
18	p1909	棕榈1909	4280	-2	-0.05%
19	ag1912	白银1912	3705	-2	-0.05%
20	cu1908	沪铜1908	47030	-70	-0.15%
21	bu1912	沥青1912	3124	-12	-0.38%
22	sp1909	纸浆1909	4534	-26	-0.57%
23	SF909	硅铁1909	6228	-36	-0.57%
24	CJ912	红枣1912	10490	-70	-0.66%
25	pp1909	PP1909	8371	-68	-0.81%
26	SM909	锰硅1909	7770	-68	-0.87%
27	l1909	塑料1909	7825	-70	-0.89%
28	v1909	PVC 1909	6760	-65	-0.95%
29	zn1908	沪锌1908	19790	-200	-1.00%
30	sc1908	原油1908	445.6	-5.4	-1.20%
31	j1909	焦炭1909	2067.5	-27.5	-1.31%
32	CF909	棉花1909	13740	-205	-1.47%
33	ru1909	橡胶1909	11380	-265	-2.28%
34	eg1909	乙二醇1909	4406	-122	-2.69%
35	MA909	甲醇1909	2269	-84	-3.57%

图 13－12　2019 年 6 月 28 日 13:30 涨跌排行榜

一对一无形斩面授学员林详举：

从下跌品种的情况来看，在空头无法继续领跌的情况下，那些跌幅小的品种便有了趋势反弹的机会，微微一涨便翻红加入了多头的阵营，导致盘面又回到了分化的状态。

无形：

盘面的变化就像跷跷板一样，既然一头起不来了，另一头就要起来。空头跌不动了，多头就会发力，就算力量不大，但使几个跌幅微小的品种变成微小上涨的状态还是没有任何问题的，从而使盘面发生了性质上的改变。不过，仍然要重点关注上涨居前的品种，看一下它们的涨幅是原地踏步还是有所扩大。这是核心所在。

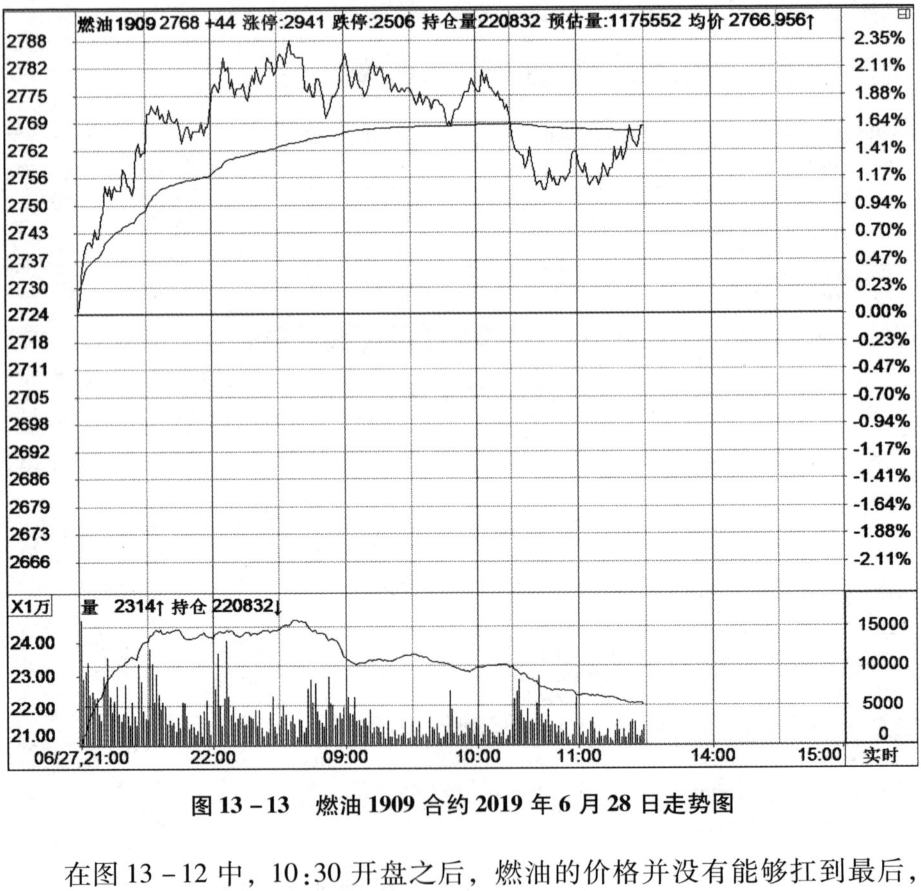

图 13－13　燃油 1909 合约 2019 年 6 月 28 日走势图

在图 13－12 中，10:30 开盘之后，燃油的价格并没有能够扛到最后，而是直接跌破了前低点和均价线。在均价线下方的时候，价格形成了低点抬高的迹象，这个点位可以进行做多操作吗？

一对一无形斩面授学员林详举：

在无形斩面授提高环节，您为我们讲解了抄底方法的核心奥妙：进行抄底操作的时候，是不必理会方向的，因为必然是逆势的。抄底品种的选择极为重要，既要价格下跌，又要保持强势。而燃油正好符合这一点，它是涨幅第一，而且下跌了。在甲醇下跌结束不再继续下跌时，燃油价格的低点抬高说明了空方力量的衰弱，这种情况下就可以进行抄底操作了。

无形：

其实仍然是“跷跷板”的交易思路。甲醇停止下跌，说明市场中力量最大的空头品种要休息了。在空头休息的情况下多头必然发力，当前的盘中并没有保持多头形态，所以，只能寻找抄底形态进行操作。在众多的抄底形态中，低点抬高是最佳的形态。它与上升趋势中的低点抬高形态是一个意思，反映的都是空方力量的减弱。把这些因素综合起来，燃油也就可以入场进行抄底操作了。空方一“死”，多方就来劲，这就是涨跌两头的品种都要盯的最重要原因。

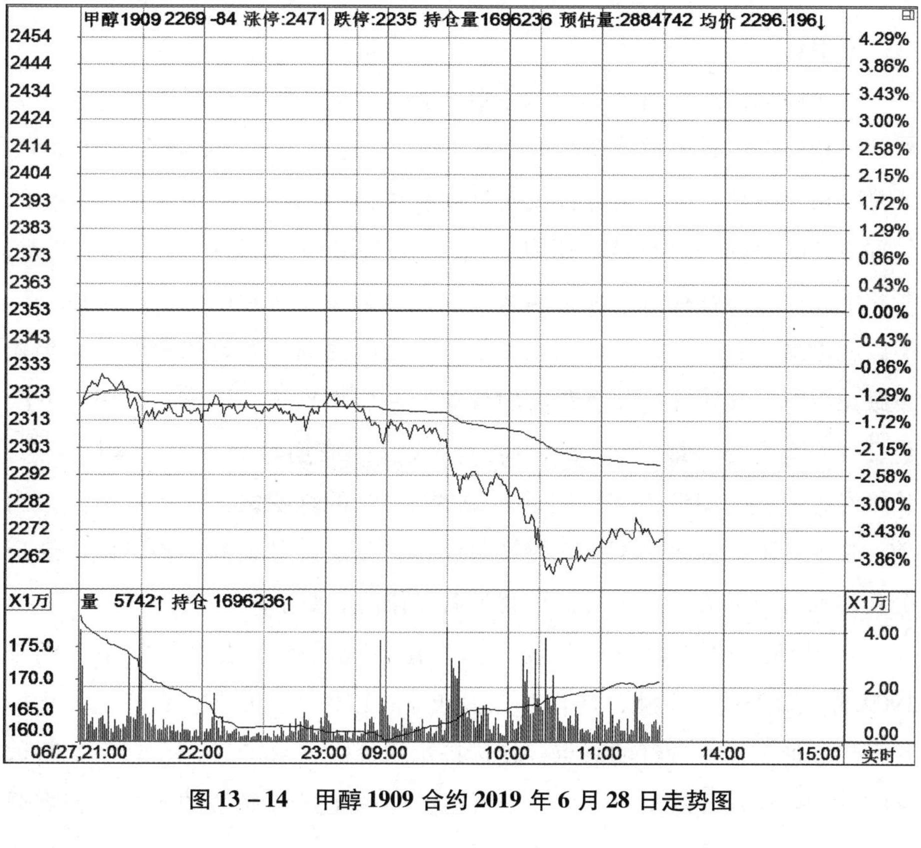

图 13－14　甲醇 1909 合约 2019 年 6 月 28 日走势图

在图 13－14 中，甲醇在下跌过程中，成交量的整体变化是非常完美的。下跌初期成交量微微放大，反弹时成交量明显萎缩，再下跌时成交量进一步放大，说明资金对下跌的认可度很高。有了足够的资金推动，价格就容易产生大的波动空间，任何大的行情都绝对不可能在无量中产生。价格下跌过程中还在波浪运行结构上形成了两个常见的现象，你能识别出来吗？

一对一无形斩面授学员林详举：

自 23:00 的下跌开始算起，价格总共经历了三大波下跌，符合您之前讲解过的“三波下跌定低点”的技术要点，因此，当第三波下跌出现的时候，就要多加小心了。此外，价格在下跌过程中形成了波浪延长的现象，第二波下跌比第一波下跌的幅度大，第三波下跌比第二波下跌的幅度大。当最长的那个波浪出现的时候，下跌往往也就到了尾声。这就是常见的两大特点。

无形：

从当前的情况来看，第三波下跌了约 1.3%，按等比例的幅度进行分析，价格后期下跌的幅度至少应当是 2%。这样一来，价格就逼近跌停了。不是不可能跌停，而是在分化盘面整体涨跌力度都不大且板块出现分化的情况下，跌停的概率很低。所以，出现第四波延长式下跌的可能性不大。延长下跌的可能性很低，那第四波下跌幅度减少总可以吧？的确可以，但下跌幅度减少意味着什么？意味着空方力量的衰弱。并且当第四波衰竭式下跌出现时，MACD 指标底背离的现象就一定出现了。因此，第四波下跌就会变为空方的“最后一跌”，而后见底反弹或逆转为上涨，这样一来，价格经过一些时间还得回到之前所说的 3.5% 的跌幅之内。由此可见，当前价格继续下跌的概率不大，就算下跌也是见底前的最后一波下跌。综合分析，面对甲醇当前的走势，也就没有操作的必要了。

在图 13－15 中，下午开盘之后，在甲醇跌不下去的影响下，纸浆 1909 合约盘中放量上涨，使日 K 线发出了可以做多的信号。趋势监控指标于低位，形成空心翻红的买点，指标提示的价格为 4607.15 元/吨，取整数 4608 元/吨为实际买入价格。大家可以关注这个品种做多的机会。若需要

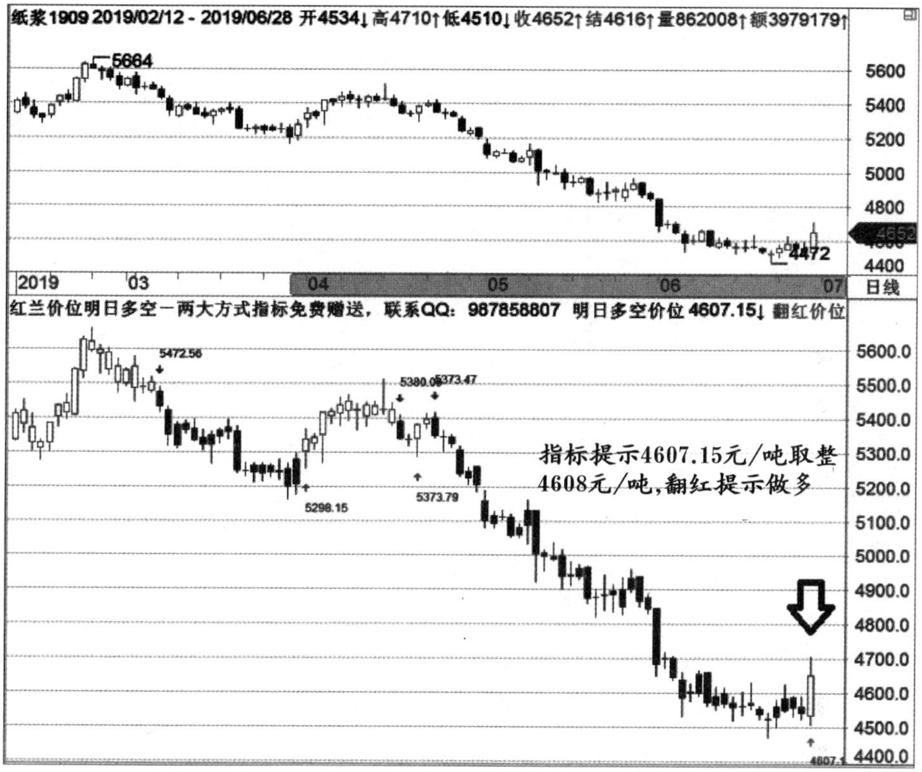

图 13－15　纸浆 1909 合约 2019 年 6 月 28 日日 K 线走势图

了解当前某个品种的多空状态，可随时与我们进行交流，以便为您的操作提供帮助。

后 记

看到这里，再次感谢各位读者朋友的支持，希望本书中的内容您已完全理解并开始用于实战，更希望在本书实战技巧的帮助下，听闻您频传的获利捷报！

我自2003年推出第一本投资技巧类图书至今，已陆续出版了近40本证券期货类书籍。丛书的实战性和实用性，得到了读者朋友们的认可。特别是我创立的日内投机操盘技巧以及无形套利模式更是通俗易懂，便于操作，在我和我的实战团队的多次实践和读者朋友们的使用中屡创佳绩，成为许多期货投资者实战操作中的“利器”。

在此基础上，我和我的团队还为各位读者朋友提供以下服务，若有需要可随时与我们联系。

一、福利期货开户服务

此服务旨在利用我方优势，帮助投资者把期货交易成本降到最低！

在我方合作的期货公司开户，您的手续费便是交易所状态，期货公司完全0附加。出厂价的手续费，没有中间商赚差价，同时还可申请交易所保证金水平以进一步提高资金利用率！让您的资金交易成本直降到底，与其他投资者在起跑线上就拉开最大的差距！

以下为各品种目前交易所收费标准，等于您开户后的手续费标准（若因交易所原因提高或降低手续费的，则同步进行调整。数据截止日期为2019年6月28日）：

上海期货交易所活跃品种手续费：铜0.5‱（单边）、铝3元/手（单边）、锌3元/手（单边）、铅0.4‱（单边）、镍1元/手（单边；1月、5

月、9月6元/手双边)、黄金10元/手（单边)、纸浆0.5‱（单边)、白银0.5‱（双边)、螺纹1‱（双边)、热卷1‱（双边)、燃油0.5‱（单边)、沥青1‱（双边)、橡胶0.45‱（双边)、原油20元/手（单边)、股指期货开仓0.23‱（3.45‱平今)。

大连商品交易所活跃品种手续费：豆一2元/手（双边)、豆二1元/手（双边)、玉米1.2元/手（双边，平今减半)、玉米淀粉1.5元/手（双边，平今减半)、乙二醇4元/手（双边，平今减半)、铁矿石0.6‱（双边，非主力合约0.06‱)、焦炭0.6‱（双边，1月、5月、9月1.8‱)、鸡蛋1.5‱（双边)、焦煤0.6‱（双边，1月、5月、9月1.8‱)、聚乙烯2元/手（双边，平今减半)、豆粕1.5元/手（双边，平今减半)、棕榈油2.5元/手（平今减半)、聚丙烯0.6‱（平今减半)、PVC 2元/手（平今减半)、豆油2.5元/手（平今减半)。

郑州商品交易所活跃品种手续费：苹果5元/手（双边)、棉花4.3元/手（单边)、红枣3元/手（双边，平今6元/手)、玻璃3元/手（双边，平今6元/手)、甲醇2元/手（双边，平今6元/手)、菜籽油2元/手（单边)、菜粕1.5元/手（单边)、硅铁3元/手（双边)、锰硅3元/手（双边)、白糖3元/手（单边)、PTA 3元/手（单边)、动力煤4元/手（双边，非主力合约0.5元/手)。

此外，还将通过两大方式赠送您犀利的实战武器（本书图中的趋势监控指标)，额外赠送您实战操盘指导服务。这两大福利，让您的实战胜率与其他投资者拉开最大的差距！

二、实战培训服务

（一）一对一高端面授课程

旨在改变投资者错误的交易习惯，树立正确的操作理念，建立高度可复制、适合自己财产状况与交易喜好的操盘模式。高端培训均以一对一的方式进行，在与学员充分沟通、了解学员以往全部交易状况与未来发展意向后，有针对性地制定课程内容，以达到最佳学习效果。

第一步：报名后，先行自学统一内容的视频课程，并按视频课程中的方法进行至少两周的实战操作，从而积累交易经验与技术上的问题。对于操作状态混乱的学员，会在此阶段制订第一阶段的实战训练计划，学员学习并交易达标后进入下一环节的学习与训练。

第二步：一对一面授学习。根据学员前期学习与操作的状况，为学员量身定做最适合其自身情况的培训课程。此课程因每位学员的状况不同而不同，旨在更全面地建立与完善属于学员自己的盈利模式。

第三步：根据学员的学习状况制订新的操盘训练计划。在此阶段学员需要及时与老师进行沟通，随时调整学习与训练计划的内容，直至完全拥有独立、正确、持续且稳定的获利状态。

（二）网络视频课程

旨在帮助更多的投资者更便捷地学习期货交易技巧。网络视频课程课程设置丰富且全面，能完善投资者的交易体系，提升投资者的操盘技能。最新一期的网络视频课程可随时向助教咨询。

十几年来，我共主讲过数千场次培训，其中实战面授培训300余场次，网络视频培训达数千余场次，累计培训近10万人，使大量投资者改变了之前错误的投资理念、错误的投资方式，走上了持续且稳定盈利的正路。

三、资管服务

包括高收益预期与中等风险的激进式投机操作模式（日内与趋势交易）、中高收益预期与低风险的套利模式交易。

十几年来的职业投资生涯，我和我的交易团队为近千名客户提供了资管服务，稳健而又不失灵活的操盘风格获得了业内的高度评价和投资者的高度认可。我和我的交易团队可根据客户需要，定制风险与收益的组合方式，以满足客户的个性化操盘需求。

在投资领域，我和我的交易团队始终坚持谦虚、谨慎、稳健和长久获利的原则，愿与投资者交流经验，分享技巧，畅谈投资心得，更愿意帮助所有投资者实现财富梦想。

我的团队联系方式：

QQ：987858807［李助教（领取视频及技术交流答疑）］

电话：13810467983、18588880518（可加微信，请注明为读者）

扫码加微信：

无　形

2019 年 7 月 1 日